新编法国概况

李万文 编著

东南大学出版社
SOUTHEAST UNIVERSITY PRESS
·南京·

内容提要

本书从历史、地理、政治、经济和文化等方面简明扼要地介绍了法国的概况，重点突出、详略得当，有助于学习者掌握关于法国的一般知识，并为进一步深入研究奠定基础。本书图文并茂，编排新颖，对于法语学习者及有志于了解法国的读者极有帮助。

本书适用于普通高校学习者，也可供有兴趣的人员参考使用。

图书在版编目(CIP)数据

新编法国概况 / 李万文编著. — 南京：东南大学出版社，2017.12(2024.8重印)

ISBN 978-7-5641-7626-6

Ⅰ.①新… Ⅱ.①李… Ⅲ.①法国-概况 Ⅳ.①K956.5

中国版本图书馆 CIP 数据核字(2017)第 014292 号

责任编辑:刘 坚　　责任校对:子雪莲　　封面设计:王 玥　　责任印制:周荣虎

新编法国概况

编　　著	李万文		责任编辑	刘　坚
电　　话	(025)83793329　QQ:635353748		电子邮件	liu-jian@seu.edu.cn
出版发行	东南大学出版社			
地　　址	南京市四牌楼2号		邮　编	210096
销售电话	(025)83794561/83794174/83794121/83795801/83792174/83795802/57711295(传真)			
网　　址	http://www.seupress.com		电子邮件	press@seupress.com
经　　销	全国各地新华书店		印　刷	广东虎彩云印刷有限公司
开　　本	700mm×1000mm　1/16		印　张	14
字　　数	350千字			
版　　次	2017年12月第1版		印　次	2024年8月第4次印刷
书　　号	ISBN 978-7-5641-7626-6			
定　　价	45.00元			

* 未经许可，本书内文字不得以任何方式转载、演绎，违者必究。

* 东大版图书，如有印装错误，可直接向发行部调换，电话:025-83791830。

前言 Preface

法国作为联合国五个常任理事国之一,一个重要的欧盟国家,在世界政治、经济、军事、外交舞台上都扮演着重要角色。根据2017年全球软实力研究报告"The Soft Power 30",法国从2016年的第5位首次超过美国荣登榜首,获得最具影响力的国家称号。《软实力30强》报告由英国波特兰公关公司和美国南加利福尼亚大学外交研究中心共同发布。从2015年起,排名结合25个国家的客观数据来衡量一个国家的软实力,2017年是第三次发布。排名涉及政府、文化、美食、外交政策、街头暴力、体育锻炼、数字化、对经济创新的认知能力以及对游客和留学生的吸引力等方面。今年软实力30强排名前五的国家是法国、英国、美国、德国和加拿大。全球软实力排名,2015年法国排名第4,2016年因受恐怖袭击影响降到第5位,而2017年则超过美国攀升到第1位,虽然在一定程度上这要归功于新当选总统马克龙的影响,同时也说明了法国在世界上所具有的影响力。

法国是西方发达国家中第一个与中华人民共和国建交的国家。自1964年1月27日建交以来,中法两国在政治、经济、科技和文化方面的交往日益增多,两国关系虽有波折,但总体呈良好发展势头。法国是欧洲历史与文明的发源地之一,中国是有五千年文明的国家,具有很多相似之处。在中法两国发表建交联合公报后的记者招待会上,戴高乐总统称赞中国有"比有记载的历史还要悠久"的古老文明。著名的历史学家陈崇武在其《中国的法国史研究》一文中认为,法国与我国有着惊人的相似，有人把它称之为"欧洲的中国"。法国是一个以农业为本而实现了由农业国向工业现代化转变的国家。它所走的现代化道路既不同于美国也不同于英国，是一个有着自己特色的国家。它的现代化经验更易于被一些后发型的现代化国家所借鉴，因此研究它有着重要的现实意义。2014年在中法建交50周年之际，两国都举办了一系列庆祝活动，为中法全面战略伙伴关系注入了新的活力。2017年11月29日，在"一带一路"巴黎论坛首届会议上，法国国际关系和战略研究院（Institut de Relations Internationales et Stratégiques）博尼法斯（Pascal Boniface）院长在致辞中表示，马克龙总统高度重视法中关系，对法中两国在"一带一路"框架下开展务实合作寄予厚望。"一带一路"倡议将为提升中法两国关系的发展提供新的契机。

　　本书作为"南京航空航天大学'十三五'重点教材"建设项目，旨在扩大学生知识面和开阔视野。南京航空航天大学是一所以工为主，理工结合，工、理、经、管、文等多学科协调发展，具有航空航天民航特色的研究性大学，而法国独具特色的工程师教育、发达的航空航天科技以及丰富多彩的文学艺术都值得我们的学生进一步了解。

　　本书内容包括历史、地理、政治、经济和文化五个部分。具体内容如下：

　　历史部分从史前时期介绍到2017年法国最新的发展历程，旨在让广大读者对法国历史发展脉络有一个比较全面的了解和把握；

　　地理部分全面介绍法国的自然环境、主要山脉和河流以及各个地区的自然风貌和人文景观；

　　政治部分对法国宪法及其来源、法国的选举制度、行政管理机构、立法和司法、主要政党都进行了比较全面的介绍；

　　经济部分介绍法国的经济政策以及法国的工农业、交通、旅游和

商业贸易等主要经济支柱领域;

文化部分对法国的教育体制与特色作了简要介绍,同时也介绍了法国灿烂的文学和艺术以及重要的文化设施。

本书的特色是图文并茂,形象生动;主题明确,编排新颖;内容丰富,活泼有趣;语言简朴,通俗易懂。总之,编者希望本书能对广大学生以及对法国有兴趣的读者提供一定的帮助。

最后,要特别感谢南京大学外国语学院的张新木教授、南京师范大学外国语学院的宋学智教授、南京航空航天大学教务处和外国语学院的相关领导,以及东南大学出版社编审刘坚博士后在本书编撰和出版过程中所提供的帮助,他们不时鼓励和出谋划策,增强了编者克服编写过程中所遇到的各种困难的勇气。多亏了他们的帮助和支持,本书才得以顺利完成。此外,真诚地感谢为本书的编写提供素材的所有同行、学生和亲朋好友。

本书设置为32学时,使用者也可根据实际情况适当增减。

由于时间仓促,编写过程中难免有疏漏和错误,不妥之处,还请广大读者和同行不吝赐教,以便在今后的工作中不断改进和完善。

目录 Contents

| 法国概况 | 001 |

第一章　历史

第一节　上古简史 …… 003
一　史前时期(公元前1000年以前) …… 003
二　凯尔特人入侵(公元前750年—公元前58年) …… 004
三　罗马人入侵(公元前58年—5世纪) …… 005

第二节　中古简史 …… 006
一　中世纪初期(5—10世纪) …… 006
二　中世纪中期(10—15世纪) …… 009
三　中世纪晚期(16—18世纪) …… 012

第三节　近代简史 …… 015
一　法国大革命(1789—1799年) …… 015
二　第一帝国(1804—1815年) …… 016
三　复辟时期(1814—1830年) …… 017
四　第二帝国(1852—1870年) …… 019
五　第三共和国(1870—1940年) …… 020

第四节　现代简史 …… 020
一　"一战"时期(1914—1918年) …… 020
二　20世纪20—30年代(1918—1939年) …… 021
三　"二战"中的法国(1939—1945年) …… 021

┃第五节　当代简史 …………………………………………………… 022
　　一　临时政府(1944—1946年) ………………………………… 022
　　二　第四共和国(1946—1958年) ……………………………… 023
　　三　第五共和国(1958—　) …………………………………… 024

▶▶▶ 第二章　地理 ◀◀◀

┃第一节　自然环境 …………………………………………………… 030
　　一　多样地貌 …………………………………………………… 030
　　二　温带气候 …………………………………………………… 031
　　三　广袤森林 …………………………………………………… 031
　　四　能源矿产 …………………………………………………… 032
　　五　海外领地 …………………………………………………… 032
┃第二节　主要山脉 …………………………………………………… 033
　　一　孚日山脉 …………………………………………………… 033
　　二　汝拉山脉 …………………………………………………… 034
　　三　阿尔卑斯山脉 ……………………………………………… 034
　　四　比利牛斯山脉 ……………………………………………… 035
　　五　圣米歇尔山 ………………………………………………… 036
┃第三节　主要河流 …………………………………………………… 037
　　一　卢瓦尔河 …………………………………………………… 037
　　二　罗讷河 ……………………………………………………… 040
　　三　加龙河 ……………………………………………………… 040
　　四　莱茵河 ……………………………………………………… 041
　　五　塞纳河 ……………………………………………………… 041
┃第四节　地区划分 …………………………………………………… 042
　　一　巴黎(法兰西岛) …………………………………………… 043
　　二　西北地区 …………………………………………………… 049
　　三　法国东北地区 ……………………………………………… 052

四　东南地区 ·· 055
　　五　西南地区 ·· 058

第三章　政治

第一节　宪法 ·· 063
　　一　1789年法国大革命 ··· 063
　　二　1875年的第三共和国宪法 ··· 065
　　三　1958年第五共和国宪法 ··· 067

第二节　选举制度 ··· 068
　　一　全国性选举 ··· 068
　　二　地方性选举 ··· 074
　　三　公民投票 ·· 079

第三节　行政 ·· 080
　　一　总统 ··· 080
　　二　总理与政府 ··· 081
　　三　地方行政 ·· 083

第四节　立法与司法 ··· 096
　　一　立法 ··· 096
　　二　司法 ··· 097

第五节　主要政党 ··· 099
　　一　左翼政党 ·· 099
　　二　中间党派 ·· 101
　　三　右翼政党 ·· 103

第四章　经济

第一节　经济概述 ··· 107
　　一　早期经济 ·· 107

二　近代经济 …………………………………………………… 107
　　三　当代经济 …………………………………………………… 109
▍第二节　经济政策 ………………………………………………… 111
　　一　研发与创新 ………………………………………………… 111
　　二　可持续战略 ………………………………………………… 114
　　三　欧洲一体化 ………………………………………………… 114
▍第三节　重要领域 ………………………………………………… 116
　　一　工业与农业 ………………………………………………… 116
　　二　交通与通信 ………………………………………………… 126
　　三　旅游与商贸 ………………………………………………… 131

第五章　文化

▍第一节　社交礼仪 ………………………………………………… 136
　　一　见面问候 …………………………………………………… 136
　　二　交际艺术 …………………………………………………… 137
　　三　访客礼仪 …………………………………………………… 139
　　四　餐桌礼仪 …………………………………………………… 143
▍第二节　国民教育 ………………………………………………… 148
　　一　管理制度 …………………………………………………… 148
　　二　教育简史 …………………………………………………… 149
　　三　教育体制 …………………………………………………… 151
　　四　院校介绍 …………………………………………………… 163
▍第三节　文学艺术 ………………………………………………… 174
　　一　文学概览 …………………………………………………… 174
　　二　电影戏剧 …………………………………………………… 184
　　三　音乐美术 …………………………………………………… 191
　　四　文化设施 …………………………………………………… 207
▍参考书目 …………………………………………………………… 211

法国概况

常识

- 名称　法兰西共和国(La République Française),简称法国(La France)。
- 国旗　法国的国旗是长条形,有蓝白红三种颜色。

- 格言　自由(Liberté)、平等(Egalité)、博爱(Fraternité)

- 首都　巴黎(Paris)是法国政治、经济和文化中心
- 国歌　《马赛曲》(La Marseillaise)1795 年定为国歌
- 面积　551 500 平方公里
- 人口　66 990 856 人[法国国家统计与经济研究所(INSEE)2017 年统计数据]
- 货币　欧元(Euro)
- 宗教　绝大多数人信仰天主教,其次是伊斯兰教、新教、犹太教、佛教、东正教和其他宗教。

第一章 历史

第一节　上古简史

一　史前时期（公元前 1000 年以前）

在欧洲大陆上一片地形平坦开阔、气候温暖湿润、土地肥沃富饶、极为适合人类生活的区域，诞生了现代意义上的法国。远古时期，在现在法国的这块土地上就有人类居住，而最早的人类遗迹则大致可以追溯到 180 万年前[①]。法国的先民们利用简单的石器作为生产生活的工具，进而过渡到旧石器时代。居住在这块土地上的居民用石头、兽骨和兽角等制造工具，以游牧、狩猎和捕鱼为生。

考古人员在法国境内西南部的东比利牛斯山省发现了远古人类骨骸，距今约有 50 万年。此后不久，原始人类考古人员又在该地区发现了一颗完整的古人类头骨。这颗头骨是在陶塔维村（Tautavel）的阿拉戈洞（Cave de l'Arago）里发现的，它所对应的人类，在法国乃至欧洲人类史上都很具代表性，因此，考古人员就使用头骨出土地所在的陶塔维村的名字命名。

随着时间的推移，欧洲的人类文明继续向前发展。距今 3 万至 10 万年，法国境内又出现了一种被称为尼安德特人（Néandertal）的原始人类。虽然尼安德特人依然处在旧石器时代，但是他们相较陶塔维人而言，已经有很大的进步。他们已经能够使用相对准确的语言进行交流，他们还懂得了使用火。这样，他们便可以吃熟食，熟食能够提升他们的脑容量，同时也更有益于他们的身体健康。此外，他们还学会了剥下兽皮缝制衣服，从而让他们能更好地抵御严寒。有史学家认为尼安德特人在距今 4 万年的时候走向衰退，甚至消失，也有人认为至今在欧洲仍然有他们的后代。

在尼安德特人之后，欧洲大陆又出现了一种名叫克罗马农的远古人类。他们已经会制作更加精细的工具，挑选更好的食物。他们开始制作弓箭用以狩猎。他们甚至开始从事艺术创作，考古学者在法国南方发现多处雕刻作品和岩壁绘画。

---

① Histoire de la France[M]. Paris：Larousse-Vuef，2002：1.

公元前 5000 年，来自其他地区的更为先进的文化侵入，将法国带入新石器时代。外来文化主要来自两个地方，一个是从法国南部的地中海沿岸登陆的文化，另一个是来自欧洲中部的莱茵河流域的文化。新石器时代的文化主要以比较独特的陶器为代表，陶器上镶嵌有一种名为"鸟蛤"的贝壳，因而得名为"鸟蛤陶文化"。此外，羊的圈养技术和定居文化也影响了这一地区的原住民生活，他们开始从之前的逐水而居的游牧生活，逐渐适应定居生活。此外，来自欧洲中部的莱茵河流域的文化进入法国的北部地区。这种文化也是因为陶器而闻名，只是他们的陶器上刻有独特的纹理，因此被称为"印纹陶文化"。这个时期，除了南部的"鸟蛤陶文化"和北部的"印纹陶文化"，西部还产生了一种"巨石文化"，其代表就是巨石阵。这种文化产生的时间在公元前 2000 年到公元前 1400 年之间，也是新石器文化的组成部分。

公元前 2500 年左右，新石器时代接近尾声。法国境内开始出现了金属工具，最先出现的金属器是黄铜。很长一段时间，黄铜器都是稀缺物，很多先民依然使用石器，所以被称为金石并用时代。金属统治时代始于青铜冶炼技术的传入。公元前 1800 年，青铜冶炼技术从中东和中欧传入法国，相对于黄铜器，青铜器柔韧性更强，更具实用性，因此很快在法国得到了推广。

随着时代的发展，在公元前 12 世纪，法国境内进入了一批来自东欧的民众。他们大多是因为原住地长期战乱而进入法国，为法国带来了迈锡尼文明。迈锡尼文明给法国境内原有的文化带来了冲击，其中冲击最大的是丧葬文化，法国原住民的土葬文化与迈锡尼的火葬文化之间起了冲突。此后，法国境内的原始社会不断遭受着外来文化的侵袭。青铜器时代末期，中欧、希腊、西班牙和埃及等地的氏族和部落纷纷进入法国，他们带来了先进的生产力，从而使法国于公元前约 1000 年进入了铁器时代，也宣告了法国史前时期的结束。

二 凯尔特人入侵（公元前 750 年—公元前 58 年）

公元前约 750 年，被希腊人称为"凯尔特"人(Celtes)、后来又被罗马人称为"高卢"人(Gaulois)的部落首次来到法国的中央高原及其周围地区，在此过着游牧生活并与当地人融合在一起。后来，随着凯尔特人分批进入法国的东部、南部和北部地区，到公元前 500 年，在整个法国大地上都有凯尔特人的足迹，他们俨然成了这块土地的新主人。

当时凯尔特人已进入了铁器时代。公元前8世纪左右,来自黑海沿岸的凯尔特人携带铁制的兵器和农具迁居至现法国境内①。他们在高卢(地区或国家名称,即现在的法国)开发铁矿,其铁器冶炼和制造技术已达到相当高的水平。在经济方面,凯尔特人主要从事农业和畜牧业。他们在高卢的土地上使用马和铁制农具进行耕作、种植。从新石器时代开始,法国境内就不断遭受到外来文化的侵袭,不过,这些外来文化对法国的影响往往是局部的,或者是短暂的,这种现象直到凯尔特人的到来才发生改变。

凯尔特人并不是一个单一人种,而是最初生活在欧洲中部地区的众多部族的统称。根据历史学家的描述,凯尔特人身材魁梧、皮肤白皙、头发金黄,这些特征是他们被认为是现代欧洲人祖先的重要依据。"研究结论表明,凯尔特人是当今法国人的祖先之一。"②最初统治法国南部的希腊人称呼这些人为凯尔特人,后来罗马人将阿尔卑斯山的另一侧土地称为高卢,因而将生活在这里的人称为高卢人。凯尔特人统治法国或者说高卢的历史从公元前450年一直持续到公元前1世纪的下半叶。在长达500多年的时间里,高卢社会呈现出一盘散沙、四分五裂的社会状态。不过,数十个松散的部落尽管内部矛盾重重,还是维持着高卢社会的整体平衡与发展。

当时的高卢人给人的印象之一是勇武好斗,这让其成为与北方的好战民族日耳曼人齐名的欧洲大陆两大"蛮族"之一。在史学家看来,高卢人情绪不稳定,易受外界因素的影响,经常大喜大悲,性格狂野暴躁。正因为如此,高卢人主要的社会活动之一便是战争。松散的部落状态,让高卢人并没有国家的概念。在当时的高卢,那些掌握武装力量的人成为贵族,他们借助武装力量维护自己的利益,建立自己的势力范围。

罗马人入侵(公元前58年—5世纪)

此时,罗马人已在意大利半岛具有了强盛的文明与武力。他们将阿尔卑斯山与莱茵河之间的区域,即大致为现在的法国、比利时、瑞士、荷兰、德国东部和意大利北部地区称为高卢(la Gaule),称那里的居民为"高卢人",即凯尔特人。

---

① Histoire de la France[M]. Paris: Larousse-Vuef, 2002:14.
② 江乐兴. 法国简史[M]. 北京:北京工业大学出版社,2017:9.

恺撒 Jules César
（公元前102年—公元前44年）

公元前58年，罗马军事统帅恺撒（Jules César）应高卢一个部落的请求，率领军队击退了已占领高卢东部的日耳曼部落。恺撒趁此机会驻扎在高卢，并开始入侵高卢。高卢人在维钦托利（Vercingetorix）带领下进行了顽强抵抗，最终弹尽粮绝，被罗马人围困在城里。为了避免更大的伤亡，维钦托利独自前往罗马人的营地，来到恺撒面前缴械求和。后来，他被送往罗马，投进了监狱，直到最后被恺撒处死。他也因此被视作法兰西第一个民族英雄[1]。随着恺撒的胜利，罗马人逐渐占领了高卢全境，从此高卢受罗马统治达500年之久。

罗马帝国给高卢带来了奴隶制，加速了高卢原始社会的解体。罗马帝国在对高卢进行残酷统治的同时，也带来了先进的生产技术和工艺，推动了高卢经济的发展。公元2世纪末，高卢经济开始走向衰落，手工业凋敝，大批农民破产。不堪忍受奴役的高卢人民多次举行起义，沉重地打击了罗马统治者。到公元3世纪，日耳曼部落纷纷入侵高卢，从而使罗马帝国在高卢的统治及其奴隶制度逐渐走向崩溃。公元476年，西罗马帝国灭亡时，整个高卢都掌握在蛮族诸王的手中。

第二节　中古简史

一、中世纪初期（5—10世纪）

从西罗马帝国灭亡到文艺复兴时期，长达一千多年时间，西方称之为中世纪[2]。在此期间，法兰克人在法兰西这块土地上建立了法兰克王国，先后经历了墨洛温王朝、加洛林王朝、加佩王朝和瓦卢瓦王朝。

---

[1] Histoire de la France[M]. Paris：Larousse-Vuef，2002：1.
[2] Histoire de la France[M]. Paris：Larousse-Vuef，2002：14.

第一章 历 史

1. 墨洛温王朝（les Mérovingiens, 486—751年）

公元481年，克洛维斯一世（Clovis 1er）登基做了国王，这标志着西方历史的一个重要时刻。公元486年，法兰克人（les Francs），即居住在莱茵河下游的日耳曼人的部落联盟，在克洛维斯带领下打败罗马人。克洛维斯成了高卢的国王，开创了法兰克王国（Royaume France）。他以自己祖父的名字（Mérovée）将第一个王朝命名为墨洛温王朝。

克洛维斯一世 Clovis 1er
（465—511）

然而，克洛维斯一世的后代大多是昏君，越来越衰败，以致在历史上出现所谓的"懒王"。实际上，在墨洛温王朝后期，军政大权已经掌握在宫相①查理·马特，也称铁锤查理（Charles Martel）的手里。虽然他是国家实际统治者，但只是使用宫相称呼，并无国王称号。他在737年去世时，将自己的权力分给了两个儿子：丕平和卡洛曼。此后，卡洛曼退隐，丕平实际掌权，称丕平二世（Pépin Ⅱ）。公元751年，丕平二世的儿子，史称丕平三世（Pépin Ⅲ）继承宫相职位。希尔德里克三世（Childeric Ⅲ）是墨洛温王朝的最后一个国王，他在公元751年被丕平三世废黜，墨洛温王朝至此结束。

2. 加洛林王朝（les Carolingiens，751—987年）

公元751年，丕平三世，又称"矮子"丕平（Pépin le Bref）与教皇达成协议，废黜希尔德里克三世，并在苏瓦松（Soissons）接受教皇加冕，开创了加洛林王朝。为了回报教皇的支持，丕平将罗马附近的拉文纳（Ravenna）地区送给教皇，史称"丕平献土"。这块土地奠定了教皇国的基础。公元768年，丕平去世后将王国传给了两个儿子查理（Charles）和卡洛曼（Carloman）。公元771年卡洛曼去世，查理成为唯一王位继承人。查理通过20年征战，建立了疆域辽阔的帝国，东至易北河和多瑙河，西南至埃布罗河，北临北海，南面至意大利北部。从789年起，他在亚琛（Aachen）建都。作为教会的保护人，教皇的捍卫者，教皇于公元800年在罗马为他举行了加冕典礼，查理成为皇帝，史称查理曼②，或查理大帝（Charlemagne），公元768年至814年执政。他在行政、司法、军事制度以

---

① 宫相：官职名称，法兰克王国墨洛温王朝的宫廷总管（Maire du palais），或国王的首仆。
② 查理曼（Charlemagne，742—814），原名查理，"曼（magne）"意为"伟大"，故也译为查理大帝。

查理大帝 Charlemagne
（742—814）

及经济生产等方面进行改革，并大力发展文化教育事业。鉴于他在欧洲文明方面的杰出成就，他被后世尊称为"欧洲之父"（le Père de l'Europe）。

最初，查理曼准备将帝国传给三个儿子，然而在他去世前一年，即公元813年，他的两个儿子先后去世，因此，他只得将王位传给另一个儿子路易，史称"虔诚者"路易（Louis le Pieux，778—840）。软弱的路易既没有父亲的威望，也缺乏足够的政治和军事才能，从而让他和儿子，以及儿子之间矛盾重重，甚至兵戎相见，最终导致分裂。公元840年，路易去世，其长子洛泰尔（Lothaire）继承王位。然而，他的两个兄弟"日耳曼人"路易（Louis le Germanique）和"秃头"查理（Charles le Chauve）结成同盟，在842年签署著名的《斯特拉斯堡誓言》（Le Serment de Strasbourg），反对洛泰尔。《斯特拉斯堡誓言》是第一件法语书面文稿，也是一份杰出的政治和外交文献。此后，洛泰尔战败，谈判求和。于是，兄弟三人在公元843年签订《凡尔登条约》（Traité de Verdun），将统一的帝国瓜分为三个部分：长子洛泰尔承袭帝号，分得意大利、莱茵河两岸、勃艮第、普罗旺斯，称中法兰克王国。路易分得帝国东部地区，从萨克森到巴伐利亚地区，称东法兰克王国。查理分得帝国西部地区，称西法兰克王国（la Francie Occidentale）①。西法兰克王国后来演变成现在的法兰西。这也是后来欧洲三个国家——意大利、德国和法国的大致雏形。

《凡尔登条约》划分的三个国家图示

西法兰克国王查理在教皇约翰八世（Jean Ⅷ）的支持下，于875年在罗马加

---

① Les grands évènements de l'histoire de France[M]. Paris: Larousse-Bordas, 1997: 58.

冕为皇帝,并参加了随后由教皇主导的战争。他虽然赢得了意大利的战争,但是却在877年病死于一个小村庄。

公元911年,为了避免来自北方的人(les Normands),也称为维京人(Vikings),即北欧海盗的侵害,西法兰克国王查理三世,也称为天真汉查理(Charles le Simple)在现在的瓦勒德瓦兹省(Val d'Oise)的一个村庄,与占据法国北部的海盗头领罗隆(Rollon)进行协商并签订协议。国王将女儿嫁给海盗头领,封其为公爵,赐予封地。这就是诺曼底(la Normandie)大公的来历。当然,这一举动给后来的法国历史带来深远的影响,因为诺曼底吉绕姆公爵(le Duc Guillaume),后来也称征服者威廉(le Conquérant, 1027—1087)或私生子威廉(le Bâtard),在1066年借口英国国王爱德华生前许以王位,渡海侵入英国。获胜后,自封为王,称威廉一世(William Ⅰ)。法国国王与英国国王兼诺曼底公爵之间的矛盾从未间断,直到1337年至1453年期间爆发的英法百年战争,都与此不无关系。

从公元5世纪到10世纪,墨洛温家族和加洛林家族统治法国。这一时期,高卢—罗马文化与日耳曼文化逐渐融合。加洛林王朝末期,为了调和内部斗争和抵御外族入侵,王位采用选举的方式产生。

三 中世纪中期(10—15世纪)

1. 加佩王朝(les Capétiens,987—1328年)

公元987年,加洛林王朝国王路易五世去世,膝下无嗣。法兰克公爵(le Duc des Francs)加佩(Hugues Capet)被贵族和僧侣推选为国王,开创了加佩王朝。

加佩王朝出现过几位贤君,其中就有路易六世,也称"胖子"路易(Louis Le Gros)。他在1108—1137年间在位。为了解救平民百姓,他向凶残的领主开战,因而受到百姓的拥戴。菲利普·奥古斯都(Philippe-Auguste)于1180—1223年在位,他在与金雀花王朝国王兼诺曼底大公亨利二世及其后世的斗争中获得胜利。此外,他率

加佩国王 Hugues Capet
(941—996)

兵打败了入侵法兰西的日耳曼人，从而保卫了国家的领土完整，赢得人民的爱戴。另外一位是路易九世，也称圣路易（Saint Louis），他于1226—1270年在位，以慷慨、仁慈、公正和勇敢而受到人们的爱戴。

菲利普六世 Philippe Ⅵ
(1293—1350)

2. 瓦卢瓦王朝（les Valois，1328—1589 年）

1328 年，查理四世（Charles Ⅳ）身亡无嗣。来自加佩家族旁支的瓦卢瓦的菲利普（Philippe de Valois）以先王侄子身份继承王位，建立瓦卢瓦王朝。

当时英国国王爱德华三世（Edouard Ⅲ）则以法国国王查理四世外孙的名义，宣称自己是王位的唯一合法继承人。王位之争成为战争的导火索。1337 年，英王率军进攻法国，直到1453 年法军取得胜利。战争持续了一百多年，史称英法百年战争（Guerre de Cent Ans）。

圣女贞德（Jeanne d'Arc）的故事就是发生在这场战争之中。她原本是一个 16 岁的少女，声称得到上帝的启示，要求她带领法国军队收复被英军占领的法国失地。在获得兵权后，她带领法国军队，勇敢地抵抗英军的入侵，尤其是在 1429 年解除了英军对奥尔良的围困（Siège d'Orléans）。这场战役成为战争的转折点，为法国最后取得胜利奠定了基础。不过，贞德却从不使用武器，她也从未杀人，她在进攻时手里总是举着她的军旗，一马当先。她在贡比涅（Compiègne）的战斗中被俘，敌人污蔑她是魔鬼派来的女巫，最后由英国人控制的

圣女贞德 Jeanne d'Arc
(1412—1431)

宗教裁判所，以异教徒身份将她判处火刑，并于 1431 年 5 月 30 日在法国鲁昂当众处死。英军被赶出法国后，教皇卡利克斯特三世（Alfons de Borja Ⅲ）重新审判贞德的案子，最终于 1456 年为她平反，并于 500 年后在梵蒂冈封圣。如今，她被视为法国的民族英雄，艺术家们常以她的故事为主题，创作了众多的艺术作品。

15世纪末期至16世纪上半叶,法国与意大利之间进行了60年左右的战争。法国国王弗朗索瓦一世(François 1er),又称大鼻子弗朗索瓦(François au Grand Nez),虽未取得与意大利战争最后的胜利,但是却在文化艺术方面颇有斩获,他甚至将意大利文艺复兴时期的重要人物达·芬奇(Léonard de Vinci)带回法国,直到后者在法国去世。

弗朗索瓦一世 François 1er
(1494—1547)

弗朗索瓦一世被视为开明的君主,是法国历史上最受爱戴的国王之一。在位期间(1515—1547年),他特别热衷文艺复兴时期的艺术品,鼓励艺术家来法国居住和创作。他还派人收购意大利文艺复兴时期的杰出艺术家米开朗琪罗(Michel-Ange)、提香(Titien)以及拉斐尔(Raphaël)的作品,今天人们在卢浮宫所见到的很多收藏都有弗朗索瓦一世的功劳,尤其是达·芬奇的名画《蒙娜丽莎》。可以说,在其统治时期,法国的文化繁荣达到了一个新的高潮。此外,在弗朗索瓦执政时期,正值德国神父马丁·路德(Martin Luther,1483—1546)倡导宗教改革。当时教会宣称,无论犯了多大的罪行,只要购买了"赎罪券"都可以得到上帝的宽恕,死后灵魂就可以升入天堂。路德在1517年万圣节前夕,写了一个辩论提纲,即《九十五条论纲》,张贴在教堂门口,宣布他反对赎罪券。路德随即遭到攻击,并被罗马教皇逐出教会。路德的宗教改革在西方产生了巨大的影响。法国国内也有约翰·卡尔文(Jean Calvin,1509—1564)为首的宗教改革。对此,弗朗索瓦一世起初采取比较宽容的态度。但在其与教皇签署协议后,尤其是在1534年10月17日夜里,在他住所门上出现煽动性的布告,即所谓的布告事件(L'Affaire des Placards)[1]后,他开始了严厉惩罚,将35人作为异端判处火刑烧死。这为此后法国国内的宗教战争留下了隐患。

法国的宗教战争(1562—1598年)持续了三十多年,最初以1562年天主教

---

[1] Les grands évènements de l'histoire de France[M]. Paris: Larousse-Bordas, 1997: 108-109.

教徒(Catholiques)在马斯(Massy)暗杀新教教徒(Protestants,又称胡格诺教徒Huguenots)开始。最恐怖的是1572年8月24日在巴黎发生的圣巴泰勒缪之夜大屠杀(Massacre de la Saint-Barthélemy)事件,一夜之间,数千新教教徒被屠杀。屠杀暴行持续三个多月,死伤人数达十万之众。此后,天主教教徒和新教教徒仍然不时暴发相互厮杀的事件。这期间,法国经历了亨利二世(Henri Ⅱ在位:1547—1559年)三个儿子的执政。长子弗朗索瓦二世(François Ⅱ:1559—1560年)十五岁继位,一年后病故。次子查理九世(Charles Ⅸ:1560—1574年)十岁继位,实际上是其母亲凯瑟琳·德·美第奇(Catherine de Médicis)摄政。软弱的查理九世一直活在母亲的阴影下,24岁亡故。王位由他的弟弟亨利三世(Henri Ⅲ:1574—1589年)继承,在继位前,亨利三世就曾在圣巴泰勒缪之夜大屠杀中扮演过重要角色。在他继位后,法国的宗教战争达到了白热化程度。1589年8月1日,亨利三世遇刺身亡。因无子嗣,王位由纳瓦尔(Navarre)国王亨利四世(Henri Ⅵ)继承。至此,瓦卢瓦王朝结束。

三 中世纪晚期(16—18世纪)

在这个时期,法国是在波旁王朝的统治之下(les Bourbons,1589—1792年)。

1. 亨利四世(在位:1589—1610年)——王朝的创立者

亨利四世 Henri Ⅳ
(1553—1610)

亨利四世继位后,于1598年4月13日颁布南特敕令(L'Edit de Nantes),宣布天主教为国教,同时给予新教教徒充分的信仰自由。宗教宽容政策的施行结束了长达30多年的宗教战争,收获了民心,同时也促进了工商业的发展。此外,在其好友苏利(Sully)的帮助下,亨利四世善待曾经的对手和饱受战乱的农民,以治愈战争留下的创伤。然而,1610年5月13日,他被一名狂热的天主教徒刺杀身亡。很多法国人伤心不已,认为他们失去了一个好国王,因为法国社会在他统治时代逐渐稳定,经济也发展起来。

2. 路易十三(在位：1610—1643年)——欧洲最有权势的国王

亨利四世的儿子路易十三在亨利四世去世时,年仅九岁,其母美迪奇家族的玛丽(Marie de Médicis)摄政。路易十三正式继位后,由红衣主教大臣黎塞留(Richelieu)辅佐施政。黎塞留非常严厉,他处死了那些不服从国王和他的人,让所有人都习惯于服从。路易十三并不喜欢他,甚至嫉妒他,然而,他也很需要他。在黎塞留的辅佐下,路易十三分别与西班牙和德国开战并取得胜利,从而成了欧洲最有权势的国王。

路易十三 Louis XIII
(1601—1643)

3. 路易十四(在位：1643—1715年)——欧洲霸主

路易十四 Louis XIV
(1638—1715)

路易十三去世时,路易十四只有四岁,由其母亲西班牙公主在大臣马扎然(Mazarin)辅佐下摄政。由于他母亲与奥地利哈布斯堡(Habsburg)家族的关系,所以也被称为奥地利的安妮(Anne d'Autriche)。1661年,马扎然去世,路易十四亲政。路易十四加强封建中央集权统治,大力削弱地方贵族的权力,从而完成了黎塞留和马扎然为了建立一个中央集权、专制国家的努力,法国专制王权达到鼎盛时期。此外,他还制定政策促进资本主义工商业发展,通过战争扩大法国疆域,一生发动了三次大的战役：法国与荷兰的战争,法国与荷兰、英国、奥地利的战争以及西班牙王位继承的战争。路易十四还在多次小规模冲突中获胜,从而使法国在1680年开始成为欧洲霸主。路易十四号称"太阳王"(Le Roi Soleil),还被授予"大帝"(Louis le Grand)尊号。他在位72年,成为欧洲历史上有确切记录在位时间最长的君主。在他的晚年,他意识到自己大兴土木、年年征战,导致国库空虚,民众苦不堪言,因此嘱咐继任者吸取教训,千万不要继续像他那样。

4. 路易十五(在位:1715—1774年)——最糟糕的国王

路易十五 Louis XV
(1710—1774)

路易十五是路易十四的曾孙,因为路易十四的儿子和孙子都先他而去。路易十五继位时年仅五岁,所以初期主要是摄政王奥尔良公爵施政。路易十五从小便被宠坏了,长大后自私自利、懒惰、挥金如土、为所欲为,他被认为是"法兰西诸王之中最糟糕的"[①]。在他的统治下,当权者贪赃枉法、卖官鬻爵,百姓的税赋加重,民不聊生。专制王权在他在位时期(1715—1774年)日趋衰落。

5. 路易十六(在位:1774—1792年)——唯一被处决的国王

路易十六是路易十五的孙子,1774年继位时,法国封建制度已经陷入严重的危机。在位期间,尽管法国深陷经济危机,仍然开销庞大。尤其是王后玛丽·安托瓦内特(Marie Antoinette,1755—1793)极尽奢华。为了解决经济危机,路易十六召集中断已久的三级会议。1789年5月5日,三级会议代表齐聚凡尔赛,商讨对策。以封建贵族和宗教僧侣为首的特权阶层与代表平民的第三等级之间严重对立,国内矛盾激化。6月17日,第三等级在人们的支持下通过决议,宣布自己为代表人民利益的国民议会(Assemblée nationale)。7月9

路易十六 Louis XVI
(1754—1793)

日,国民议会改称国民制宪会议(Assemblée nationale constituante),以便制定宪法。国王调来军队,试图镇压巴黎人民并解散制宪会议。巴黎人民早就不满国王的昏庸统治,他们忍无可忍,法国大革命终于爆发。

---

① 拉维斯.法国史ABC[M].汪少卿,译.上海:东华大学出版社,2014:185.

第三节 近代简史

一、法国大革命(1789—1799 年)

1789 年 7 月 14 日,巴黎人民攻占了象征封建君主专制堡垒的巴士底监狱(Bastille),法国资产阶级大革命爆发。

1789 年 8 月 26 日,制宪议会通过《人权和公民权宣言》(Déclaration des Droits de l'Homme et du Citoyen,简称《人权宣言》)。它是法国大革命时期颁布的纲领性文件,它强调人生下来就是而且始终是自由的,在法律面前人人平等,私有财产神圣不可侵犯等原则。这部宣言不仅是法国历史上的第一部人权宣言,而且也是人类历史上第一部正式的人权宣言,具有极其重要的历史意义。

攻占巴士底狱后,法国的政权落到了拉法耶特(Lafayette)等君主立宪派的手中。然而,法国王室仍显得惊慌失措。路易十六及其家人密谋出逃,却被抓了回来,关在杜勒丽宫(Tuileries)。为了重获政权,他求助于王后的兄弟、德意志皇帝。法国人对此感到愤慨,因为他竟然引狼入室,让外国人来攻打自己的子民。愤

路易十六在断头台上被处决

怒的人群杀死了卫兵,攻占了杜勒丽宫,将国王一家囚禁在丹普尔宫(la Prison du Temple)。1792 年 9 月 22 日,当时的最高立法机构国民公会(la Convention nationale,1792—1795)判处国王死刑,因为他犯有"阴谋反对公众自由和危害国家安全"的罪行。同时公告天下,法兰西再也没有国王了,共和国就此成立。1793 年 1 月 21 日,昏庸、懦弱的路易十六在巴黎的革命广场,即今日的协和广场被送上断头台,成为法国历史上唯一被处决的国王。

大革命后,法兰西第一共和国(La 1ᵉʳᵉ République Française)于 1792 年 9 月 22 日成立。虽然共和国成立了,但是法国仍然面临着重重危机。一方面欧洲各国君主担心类似革命在自己国家爆发,纷纷组成反法联盟,妄图推翻革命成果,恢复波旁王朝的统治。如 1793 年神圣罗马帝国与普鲁士、英国、荷兰、西

班牙组成第一次反法联盟,后来这个联盟被法国军队击溃而瓦解。另一方面,国内的保皇党也发动叛乱。此外,在革命党内部,吉伦特派(Girondins)、沼泽派(Marais)、山岳派(Montagnards)等派系斗争不断,这一切导致严重的恐怖统治。山岳派得势时将自己的敌人不加区别地一律处死,无论是王室贵族,还是参加大革命的其他派系的人员,最后连创立"革命法庭"的丹东(Georges-Jacques Danton),还有"救国委员会"的罗伯斯庇尔(Robespierre)本人也都被处死。巴黎处决犯人的协和广场每天血流成河,外省也不例外,到处是血雨腥风。1795年成立的督政府(le Directoire)离不了将军们的支持。一方面是随时准备起义的巴黎人民,另一方面是保皇党在普罗旺斯、布列塔尼和旺代等地的叛乱,即所谓"白色"的外省。1799年夏天,政权当权者举棋不定,政体与政府不断更迭,法国国内形势迅速恶化。西部和南部内战重起,十分激烈。全国盗贼遍地,生命财产毫无保障。督政府的内外政策受到指责,督政府的"督政们"无力维持秩序。人们意识到,不论是巴黎的无政府主义还是外省的反动势力,都不应危及共和国的前途。必须有一支强有力的军队才能维持现政权。一支军队应运而起这支军队建立于大革命时期,年轻优秀的指挥官大多是在战火中锻炼出来的,而士兵们没有军饷,参军时衣衫褴褛,是理想驱使他们来参军。拿破仑·波拿巴(Napoléon Bonaparte),即拿破仑一世(Napoléon 1er)率领这支军队取得了金字塔等战役的胜利而深得民心,受到士兵们的拥戴。11月9日,在议长的帮助下,借口保护"善良"的议员,拿破仑发动政变,建立"执政官行政委员会"取代了督政府。

二 第一帝国(1804—1815年)

拿破仑一世 Napoléon 1er
(1769—1821)

1799年11月9日(共和八年雾月18日),拿破仑发动雾月政变(Coup d'Etat du 18 Brumaire),结束了督政府的统治,建立临时执政府(Consulat)。参议院任命三位执政官,拿破仑作为第一执政官(Premier Consul),有权宣战和媾和,任命文武官员,提出法律。一个高度集权的制度立即建立起来:拿破仑任命各省省长,由省议会协助。他还任命各专区区长,由专区议会协助。他甚至还任命各市市长。5 000居民以下的市镇则由省长任命市镇长。警察局长和塞纳省省长负责治理巴黎。随后法国与教皇达成相互谅解协议。拿破仑外出征战,战胜奥地利,与英国媾和,签订《亚眠和约》,在国内将那些反对他的将军流放国外或严密监视,秘密审讯并枪决那些密谋叛乱的贵族等。

1804年5月18日,元老院决议"将共和国的治理托付给拿破仑皇帝",民意投票通过了元老院的决定。共和国完结了,拿破仑称帝,建立法兰西第一帝国。1804年颁布的《民法典》(Code Civil)是帝国社会法律组织的主要文件,民法典的颁布从法律上维护和巩固资本主义所有制和社会秩序。1805年,奥地利帝国、英国、沙俄组成第三次反法联盟,法军在拿破仑的指挥下,取得了奥斯特利茨(Austerlitz)战役的决定性胜利,反法联盟瓦解。1813年,第六次反法联盟在莱比锡(Leipzig)战役中击败拿破仑。1814年4月,拿破仑宣布退位,并被流放到意大利的厄尔巴岛(Île d'Elbe),波旁王朝复辟。拿破仑在1815年从厄尔巴岛逃了出来,并胜利挺进巴黎,重新登上皇位,史称"百日王朝"(Cent Jours)。不久,第七次反法联盟在比利时的滑铁卢(Waterloo)打败法军。拿破仑第二次退位,被流放到大西洋上的圣赫勒拿岛(Île de Sainte-Hélène)。1821年5月5日,拿破仑在岛上病逝。不过,直到今天,拿破仑的死因仍然是一个谜。

三 复辟时期(1814—1830年)

拿破仑失败后,波旁王朝复辟。由于路易十六的儿子,路易十七(Louis-Charles,1785—1795)在法国大革命后被囚禁,十岁便死于狱中,所以路易十六的两个弟弟先后在复辟时期继位。首先是普罗旺斯伯爵,即路易十八(Louis XⅧ,1755—1824)1814年在反法联军进入巴黎后被推选为国王。1824年路易十八去世,他的弟弟查理十世(Charles Ⅹ,1757—1836)继位。查理妄想恢复旧制,试图推行镇压法,废除大革命时期的政策。他于1830年7月25日签署了几条敕令:关闭报社、解散国会、改变选举法等,然而他的政策逐渐失去民心,最终导致1830年七月革命的爆发,政权被推翻。查理流亡英国,1836年终老于意大利。

路易十八 Louis XVIII
(1755—1824)

查理十世 Charles X
(1757—1836)

路易·菲利普 Louis Philippe III
(1773—1850)

七月革命后，法国国会推举奥尔良公爵路易·菲利普，又称菲利普三世（Philippe III, 1773—1850）继承王位。由于他是以波旁-奥尔良为姓氏，因此他的七月王朝也被称为波旁-奥尔良王朝（la Monarchie d'Orléans, 1830—1848 年），又称七月王朝（la Monarchie de Juillet）。确切地说，他是依靠银行家、大矿主、大地主的支持登上王位，可以说这是一个代表金融资产阶级贵族利益的王朝。王朝建立后，多次立法改革，以增强资产阶级在政府中的影响力。当时法国经济持续衰退，工农业萧条，自然灾害频发，民众生活艰难。笼罩欧洲的饥荒同样在法国产生了重大影响，极端的贫困逼得男女老少走投无路，只好冒着枪林弹雨，走向街头。然而，游行示威遭到镇压，随后，巴黎的所有街道都布满了街垒。最终王朝在 1848 年被推翻，法兰西历史上最后一个国王——菲利普三世逃亡英国并客死他乡。

在 1848 年二月革命后，路易·拿破仑·波拿巴（Louis-Napoléon Bonaparte），即拿破仑一世的侄子乘船从英国返回法国，隐居在巴黎，等待时机。6 月 23 日巴黎街头又筑起了失业者的街垒，然而，这次起义却遭到临时当局的镇压。社会始终处于混乱之中，11 月 12 日，制宪委员会在紧张匆忙中投票通过了宪法，它奠定了法兰西第二共和国（1848—1852年）的基础。宪法规定，总统由直接普选产生，任期四年，不得连任。总统负责任命官吏和部长，指挥军队和领导外交，签订条约和宣布战争。路易·拿破仑利用法国民众，尤其是农民对拿破仑的崇拜，在1848年12月总统选举中，获得最多选票，当选共和国总统。路易·拿破仑七岁时便被流放，青少年时期在瑞士、德国、英国等地颠沛流离，但是他一直怀有野心。他曾多次密谋生事，虽屡遭失败，仍坚持不懈，甚至在1840年的未遂政变后，被判处终身监禁。因此，自从当选总统后，他便图谋重建帝国，效仿他的叔父做皇帝。他终于在1851年12月2日调动军队，占领巴黎，发动政变。他解散国会，逮捕反对他的议员，镇压民众的反抗，在全国实行戒严，宣布建立帝国，自封皇帝，史称"拿破仑三世"（Napoléon Ⅲ）①，终于实现了他当皇帝的美梦。

拿破仑三世 Napoléon Ⅲ
(1808—1873)

四 第二帝国（1852—1870年）

为了摆脱国内危机，转移民众的视线，同时也为争夺欧洲大陆霸权以及海外殖民掠夺，拿破仑三世发动了多场对外侵略战争，如克里米亚战争（1853—1856年），侵略意大利的法、意、奥战争（1859—1860年），伙同英国，发动侵略中国的第二次鸦片战争（1857—1860年），远征墨西哥战争（1862—1867年），直到1870年，法国以西班牙王位继承事宜为借口，对普鲁士宣战。结果，法国在色当战役中惨败，拿破仑三世9月2日在色当被俘后投降，法兰西第二帝国随之覆灭。1871年，拿破仑三世被释放后到英国隐居，直至1873年病逝。

---

① 拿破仑一世与他的第二位皇后玛丽·露易丝（Marie-Louise）生了一个儿子，名字叫弗朗索瓦·约瑟夫·夏尔·波拿巴（François Joseph Charles Bonaparte，1811—1832），史称"拿破仑二世"（Napoléon Ⅱ）或"罗马王"（Roi de Rome）。拿破仑失败后，罗马王被母亲带到她位于帕尔马的领地，后来又送到维也纳，他的外祖父神圣罗马帝国皇帝弗兰茨二世那里。由于身患肺结核，拿破仑二世的身体状况一直不好，1832年，年仅22岁便在维也纳去世。

五 第三共和国(1870—1940年)

色当战役失败以及拿破仑三世投降的消息震惊巴黎,9月3日晚,成千上万的工人、学生、军人和市民纷纷走向街头,高喊"打倒帝国""共和国万岁"的口号。9月4日下午,议会宣布废除第二帝国,建立法兰西第三共和国。

1870年普法战争失败后,法国政府投降,而巴黎人民从1871年初呼吁建立巴黎公社(La Commune de Paris),继续抗战。巴黎工人阶级组成国民自卫军,在巴黎人民的支持下夺取了政权。巴黎公社是在1871年3月18日至5月28日期间统治巴黎的政府。以梯也尔为首的临时政府纠集了反革命武装,并勾结普鲁士军队对巴黎公社进行血腥镇压,3万多名战士倒在巴黎街头,还有4万名公社战士或被处决,或被监禁,或被流放。巴黎公社虽然失败了,但它给人类历史留下了宝贵的财富。

1878年12月,共和派夺回了行政权。从大革命开始,经过革命和反革命、复辟和反复辟、前进和倒退的较量,经过了君主立宪制、帝制、共和制的多次反复,共和国的政治体制终于得到最后的确定。参、众两院做出决定:将国家权力机构从凡尔赛宫迁回巴黎;《马赛曲》定为国歌;7月14日定为法国国庆节;对巴黎公社的流亡者予以赦免。

第四节 现代简史

一 "一战"时期(1914—1918年)

1914年8月,第一次世界大战爆发。它是以法、英、俄、美等协约国为一方,以德、奥、意、土耳其、保加利亚同盟国为另一方。法国参战的目的主要是对普法战争失败的复仇,想夺回失去的阿尔萨斯和洛林地区,并侵占萨尔煤矿区,分裂德国,恢复其在欧洲的霸权地位。

早在战争爆发前,法国就已经在积极准备。法国政府在8月1日发布总动员令,在议会通过了军事拨款。内阁在保卫法兰西的名义下,动员一切力量参加战争。8月3日,德国向法国宣战,法国卷入第一次世界大战。1918年7月

18 日,协约国军队在马恩河一带大败德军。8 月 18 日又在亚眠地区全歼德军 16 个步兵师。9 月,法国率领协约国军队发起总攻,德军主力迅速瓦解。同年 11 月 11 日,德法双方在贡比涅附近的火车站签署停战协议。第二年召开了巴黎和会,签订《凡尔赛和约》。

二 20 世纪 20—30 年代(1918—1939 年)

1919 年签订的《凡尔赛和约》让法国收回了因普法战争失败而丧失的阿尔萨斯和洛林地区。此外,法国还可以利用萨尔的煤矿,巨额的战争赔款让法国的经济得以恢复和发展。从 1921 年至 1929 年,法国工业生产增长了一倍多,工业年平均增长率约为 5%,超过了英国和德国同期的增长速度。19 世纪 20 年代,法国工业结构也发生了重大变化,新兴的工业部门迅速地崛起。农业生产逐渐走向现代化。国内外贸易增长了 50%。随着经济的发展,城市人口也在迅速增加,到 1931 年,城市人口占人口总数的 51.2%。

1930—1936 年,法国爆发了经济危机。经济危机激化了法国社会的各种矛盾,在德国法西斯的影响下,法国极右势力抬头。极右势力反对民主制度,主张在法国建立个人专制独裁。他们宣传反犹太主义,鼓吹民族沙文主义。在法西斯威胁的紧要关头,法国共产党、社会党、激进党等党派摒弃前嫌,共同组织游行示威,并成立了人民阵线全国委员会,联合所有的左派力量,并于 1936 年在议会选举中取得了胜利,组成了以勃鲁姆为总理的人民阵线政府。

1938 年 4 月,激进党人达拉第组成了以激进党为主体、吸收中间派和右翼人士参加的政府。激进党抛弃了人民阵线的纲领,并与 11 月份正式宣布退出人民阵线。自此,人民阵线彻底瓦解了。在对外政策上,达拉第政府推行"不干涉主义",即"绥靖政策"。它于 1938 年 9 月与德国、英国和意大利举行四国首脑会议,签订了《慕尼黑协定》。

1939 年,当德国先后吞并捷克,并将罗马尼亚和匈牙利变成德国的附庸之后,法国政府才意识到一场灾祸即将降临到法国国土之上,但为时已晚。

三 "二战"中的法国(1939—1945 年)

1939 年 9 月 1 日,德国侵犯波兰。3 日,法国对德国宣战,由于备战不力,实际是宣而不战,史称"奇怪的战争"(la Drôle de Guerre)。1940 年 5 月,德军在西线全面进攻,突破马其诺防线(la Ligne Maginot)。法军节节败退,不久,巴黎沦陷。6月22日双方签订停战协定,法国投降,成立以贝当(Henri Philippe Pétain, 1856—1951)为首的维希傀儡政府(Régime de Vichy: 1940—1944年),第三共和国宣告终结。不过,戴高乐(Charles de Gaulle)在1944年8月26日重回巴黎圣-多米尼克街的战争部时强调,维希政权只是一段插曲,共和国从来没有停止存在过。

戴高乐在伦敦发表《告法国同胞书》

1940年6月巴黎沦陷,法国军队溃败,维希政府与德国占领军签订停战协议。戴高乐坚决要求抵抗德国侵略者,他来到伦敦,走上了抵抗道路。1940年6月18日他在英国广播公司(BBC)发表《告法国同胞书》(A tous les Français),发出抵抗号召,呼吁人民继续战斗。然而,他却被维希政府指责是叛国,并由军事法庭缺席判处死刑。1941年9月戴高乐建立领导机构"自由法国民族委员会"(简称"自由法国"la France Libre),发起"自由法国"运动,着手组建"自由法国"武装力量。1943年6月联合其他抵抗组织,成立"法国民族解放委员会"(le Comité français de libération nationale)。1944年6月,法国解放。

第五节 当代简史

一、临时政府(1944—1946年)

1944年6月,法兰西共和国临时政府(le Gouvernement Provisoire de la République Française)宣布成立,戴高乐出任首位临时政府首脑。临时政府审判并惩办了法奸,其中首脑贝当被判死刑,后改判终身监禁。维希政府总理拉瓦尔(Pierre Laval, 1883—1945)等20余人被处死,还有14 000余名维希政府官员受到惩办。

二战结束后,法国政界围绕着国家的政体展开了激烈的争论。1945年10

月,法国举行了战后首次公民投票。投票结果是大多数公民主张放弃1875年宪法,即第三共和国宪法,重新制定一部新宪法。身为临时政府首脑的戴高乐,极力反对实行多党制与议会制,认为这样将导致国家政权的软弱无力。他主张建立总统制的资产阶级共和国,以提高政府的行政能力。然而他的观点并未得到大多数人的赞同,而且他与各党派的分歧越来越严重,从而导致他在1946年1月要求增加军费的提案被议会否决,戴高乐愤而辞职。1946年10月通过宪法,成立第四共和国。

三 第四共和国(1946—1958年)

1946年的宪法规定,法国的政治体制为多党议会制。议会由国民议会和参议院两院组成,议会的实权在国民议会。国民议会是一个常设机构,政府没有权力干涉国民议会的决定。国民议会有立法、批准条约、通过预算、授权总理组阁、推翻内阁以及与参议院共同选举总统的权限。总统提名总理人选,但须经过国民议会绝对多数通过。总统任期七年,可以连选连任,但其职权有限。

第四共和国政府通过一系列复兴计划,振新工业,发展民生。对外关系上,第四共和国在冷战、北大西洋公约组织和德国问题上追随美国,同时也积极推行欧洲一体化政策。在法国推动下,1951年4月,法国与联邦德国、意大利、荷兰、比利时、卢森堡签订《建立欧洲煤钢共同体条约》(通称《巴黎条约》)。1957年3月,六国在罗马签订《建立欧洲经济共同体条约》和《建立欧洲原子能共同体条约》(通称《罗马条约》),向欧洲经济一体化迈出决定性的一步。

此外,"二战"后,殖民地人民要求独立已经成为一股历史潮流。在印度支那、非洲的马达加斯加、摩洛哥、突尼斯与阿尔及利亚等地,反对法国殖民统治的呼声此起彼伏。然而,法国当局对民族独立运动却采取了疯狂和野蛮的镇压,尤其是在印度支那和阿尔及利亚战场,这不仅引起财政困难,也造成法国的国际声望严重下降。日益严重的财政危机以及政府频繁更迭所引起的政策摇摆,导致法国社会的普遍不满,从而造成社会动荡,加剧了政治危机。

总体而言,第四共和国的特征是政体不稳定,在印度支那和阿尔及利亚的殖民战争后难以为继。可以说,在一系列政治、经济、军事危机中,第四共和国走向终结。

三 第五共和国（1958— ）

1958年10月4日法国颁布宪法成立第五共和国，主张建立强有力的总统制的戴高乐重新上台。作为第四共和国最后一位总统，科蒂（René Coty）担任过渡期总统。

1. 戴高乐（Charles de Gaulle，1890—1970）

戴高乐总统 Charles de Gaulle
（1890—1970）

1959年1月起，戴高乐正式担任法兰西第五共和国第一任总统，从1959年1月直至1969年4月辞职。

1959年，戴高乐宣布阿尔及利亚人民享有自决权。1962年3月22日，法国与阿尔及利亚签署《埃维昂协议》随后，阿尔及利亚宣布独立，同时与法国保持合作关系。

戴高乐执政期间，奉行独立自主的外交政策。他极力主张继续推行第四共和国的核武器政策，1960年2月，法国在撒哈拉沙漠试爆第一颗原子弹。他拒绝美国人的监护，逐渐从北大西洋公约组织中撤出。1966年法国宣布脱离该组织，法国军队全部退出，迫使该组织总部撤离法国，前往布鲁塞尔，不过法国仍然是大西洋联盟的成员国。戴高乐还寻求建立一个欧洲人的欧洲，并在1963年1月与德国签署《爱丽舍条约》，有意建立以法德为轴心的欧洲体制。此外，他曾于1963年和1967年两度拒绝英国加入欧洲经济共同体，他认为英国是美国安放在欧洲的"特洛伊木马"。1964年，戴高乐宣布承认中华人民共和国，法国与中国恢复外交关系。1965年，法国举行了首届总统普选。第一个七年任期结束后，戴高乐以54.8%的选票击败密特朗，再度当选共和国总统。1969年4月，他提议就有关区域和参议院体制改革进行全民公投被否决，随即宣布辞职。此后深居简出，直到1970年11月9日去世。

2. 蓬皮杜（Georges Pompidou，1911—1974）

1969年4月戴高乐在总统任期辞职。同年6月15日蓬皮杜以58%的高票当选法兰西第五共和国第二位总统，他于1969年6月至1974年4月担任总统，在任期间因白血病去世。

他在担任总统期间,继续执行戴高乐的政策,不过,1969 年 12 月,他同意英国加入欧洲共同市场(la Communauté Européenne)。他于 1973 年访华,是首次访问中国的法国国家元首,也是西方国家元首中访华的第一人。位于巴黎拉丁区北侧、塞纳河右岸博堡(Beaubourg)大街的乔治·蓬皮杜国家艺术文化中心(le Centre National d'Art et de Culture Georges Pompidou)就是以他的名字命名。最初,蓬皮杜总统倡议兴建一座现代艺术馆,以纪念"二战"中带领法国击退纳粹德国的戴高乐将军。后来,因为他本人在总统任期内因白血病去世,所以工程结束后,作为纪念便命名为乔治·蓬皮杜中心。

蓬皮杜总统 Georges Pompidou
(1911—1974)

3. 德斯坦(Giscard d'Estaing,1926—)

德斯坦总统 Giscard d'Estaing
(1926—)

1974 年 5 月 19 日,德斯坦在蓬皮杜去世后的总统选举中获胜,就任法兰西第五共和国第三位总统,任期从 1974 年 5 月至 1981 年 5 月。

1979 年,德斯坦和当时的德国总理施密特共同倡议建立欧洲货币联盟,为欧元奠定了基础,故被称为"现代欧元之父"。2002 年,他出任欧洲制宪委员会主席,起草《欧盟宪法条约》,因此有了"欧洲宪法之父"的美称。此外,德斯坦还是中法合作的推动者,他连续 6 年率领法国企业家代表团来京参加中法经济研讨会。2003 年,他被选为法兰西学院(L'Institut de France)院士。此外,德斯坦总统还是写作高手,2009 年,他出版新书《王妃和总统》(La princesse et le président),用小说的形式曝光了他与已逝英国王妃戴安娜的恋情,小说写得很精彩,故事真假难辨,只是引起坊间议论纷纷。

4. 密特朗（François Mitterrand，1916—1996）

密特朗总统 François Mitterrand
(1916—1996)

密特朗1981年5月至1995年5月担任总统。他从政多年，从1945年起就入选国民议会。他先后在多个内阁中任职，先后担任过国务部长、内政部长、司法部长等要职。在法国，密特朗以反对"戴高乐主义"著称，他在1965年和1974年参加总统选举，均告失败。1981年击败在职的德斯坦，成为法国第一个社会党人总统。1988年5月连选连任，1995年5月到期卸任，成为法兰西第五共和国第四位、也是任职时间最长的总统。1996年1月8日因前列腺癌医治无效在巴黎去世。同年12月9日，法国巴黎新建的国家图书馆被命名为"弗朗索瓦·密特朗国家图书馆"（François Mitterrand la Bibliothèque Nationale de France），以此作为对这位总统的纪念。

5. 希拉克（Jacques Chirac，1932— ）

希拉克1995年5月至2007年5月担任总统。希拉克曾经做过巴黎市长、政府总理，直到1995年5月第三次参选总统，击败社会党候选人若斯潘（Lionel Jospin），当选法兰西第五共和国第五位总统。2002年5月成功连任，直到2007年5月任期届满。

在法国媒体多次对"法国人最喜欢的政治家"民调中，希拉克都名列前茅。在外交政策方面，他奉行戴高乐主义，反对单极世界，倡导多极化格局，主张不同文明之间的对话。2003年，他公开反对美国发动对伊拉克的战争。在担任总统的12年中，他曾四次访华。1997年希拉克来华访问，与中国建立"全面战略伙伴关系"，这是"西方阵营"中第一个与中国建立这种关系的国家。中国新闻网曾这样报道："作为戴高乐将军留下的政治遗产的继承者，他给法中两国关系的发展留下了自己的深刻印迹。"[①]他造就了

希拉克总统 Jacques Chirac
(1932—)

---

① 佚名·希拉克：热爱中国的人[EB/OL].（2007-03-20）[2016-07-06]. http:///www.china.com.cn/inter national/txt/2007-03/20/content_18421202_2.htm.

中法关系的"黄金十年"。

6. 萨科齐(Nicolas Sarkozy，1955—)

萨科齐 2007 年 5 月至 2012 年 5 月担任总统。萨科齐年轻时就踏入政治仕途，先后担任过议员，法国最年轻的市长，执政党法国人民运动联盟主席，国务部长，经济、财政和工业部长，内政部长，直至在 2007 年 5 月参加总统选举，成功当选法兰西第五共和国第六位总统。

萨科齐代表传统右翼，主张支持自由市场经济和增加就业，同时改革现行社会福利和劳工制度、改善治安状况、加强对移民控制。在其担任总统的五年时间里，曾六次访华。他认为，当今世界上，解决国际货币制度和世界和平问题需要中国的参与。2012 年 5 月竞选连任总统时，萨科齐败给社会党参选人奥朗德。

萨科齐总统 Nicolas Sarkozy
(1955—)

7. 奥朗德(François Hollande，1954—)

奥朗德总统 François Hollande
(1954—)

奥朗德 2012 年 5 月至 2017 年 5 月担任总统。1981 年密特朗当选总统，奥朗德成为总统府顾问。他在 1997—2008 年期间担任社会党第一书记，2012 年 5 月就任法兰西第五共和国第七位总统。

执政期间，法国在 2013 年 4 月通过了同性恋婚姻合法化的法案《开放同性伴侣结婚 344 法案》(Projet de loi ouvrant le mariage aux couples de personnes de même sexe, n° 344)。法国也曾遭遇多次恐怖袭击：2015 年 1 月 7 日，法国巴黎《查理周刊》(Charlie Hebdo)杂志社遭一伙武装分子持冲锋枪和火箭炮袭击，导致包括周刊主编在内的 12 人死亡，多人受伤。2015 年 11 月 13 日，巴黎的餐馆、音乐厅和体育场等多个地点遭恐怖袭击，导致 128 人遇难。2016 年 7 月 14 日，尼斯市在举行法国国庆日庆祝活动时遭袭。一辆大卡车冲向正在观看烟花表演的人群，造成 84 人死亡，202 人受伤。恐怖袭击、经济不振、失业率上升、难民问题等让法国人对这一届政府失去信心。

2016年10月,根据法国《世界报》(Le Monde)做出的民调显示,奥朗德总统的支持率已经跌至4%。在此情形下,奥朗德宣布放弃竞选连任,他也是法兰西第五共和国第一个放弃竞选连任的总统。

8. 马克龙(Emmanuel Macron,1977—)

马克龙总统 Emmanuel Macron
(1977—)

法国政治家,曾任法国经济部长。2017年5月14日就任法兰西第五共和国第八任总统,年仅39岁,成为第五共和国60年以来最年轻的总统。

马克龙的仕途可谓是一帆风顺。24岁加入法国社会党,27岁到法国经济部任职,30岁辞职到罗斯柴尔德和西埃银行(Rothschild & Cie Banque)任投资银行家,促成了雀巢(Nestle)和辉瑞(Pfizer)之间的著名交易。2012随奥朗德胜选进入爱丽舍宫并被任命为副秘书长,2014年担任经济部长。2016年4月,马克龙表达了希望参选2017年法国总统的愿望,但受到了社会党内部的阻挠。于是,他于2016年4月创立号称"跨越左右之分"的"前进运动"(Le Mouvement en Marche),8月份辞去经济部长职务,11月正式宣布以独立候选人身份参与竞选。马克龙认为自己既不是左翼,也不是右翼,而是代表整个法国。这种新的政治视角,为他联合所有愿意推进改革的政治力量提供便利。在法国传统左右翼两大政党遭遇滑铁卢的情况下,马克龙与极右翼政党候选人、国民阵线主席玛丽娜·勒庞(Marine Le Pen)进入总统选举的第二轮,并以超过66%的高票当选总统,任期至2022年5月。

复习思考题:
1. 简述法兰西民族形成的几个历史阶段。
2. 试析法国大革命及其影响。
3. 比较法兰西五次共和国的异同。

第二章 地理

法国领土面积为 551 602 平方公里,包括科西嘉岛(Corse)和沿海岛屿,但不含海外省(Département d'Outre-Mer,简称 DOM)和海外领地(Territoite d'Outre-Mer),是西欧最大的国家,在世界上排名第 40 位。地处北纬 42 度至 51 度之间,属于温带,气候宜人。法国拥有得天独厚的自然环境:绵长的海岸线、广袤的森林、众多的河流湖泊、肥沃的土地等等,既适宜人居,也有利于农作物的生长和畜牧业的养殖。

法国位于欧洲大陆西部,自北向南与 8 个国家接壤:北部与比利时、卢森堡相连;东部毗邻德国、瑞士;东南临意大利、摩纳哥;西南接西班牙、安道尔。法国处于北半球的中心,欧盟的心脏部位,享有世界各国、各大洲空中交通枢纽的地位。法国三面临海,三面靠陆。西北隔拉芒什(La Manche)海峡,又称英吉利海峡(English Channel)和加来海峡(Pas de Calais)与英国相望,北边朝向北海(Mer du Nord),东南临地中海(Méditerranée),西濒比斯开湾(Biscaye)和大西洋(Océan Atlantique)。阿尔卑斯山脉和比利牛斯山脉的山峰顶线构成了天然的陆地边界。法国拥有辽阔的海疆,其边境线总长度为 5 695 公里,海岸线总长度为 2 700 公里,陆地线为 2 800 公里,其专属经济区面积达 1 100 万平方公里。如此优越的地理位置赋予法国很多有利的自然条件。法国的版图呈六边形,每边的边长不超过 1 000 公里,也有"神奇的六边形"的美称。

第一节 自然环境

一 多样地貌

法国既有高原、平原和低地,也有高山、河流和湖泊,地貌多种多样。总体上,法国的地势是东南高西北低。平原和丘陵约占法国领土的 80%,既有肥美的沉积平原,也有富饶的冲积平原,算是一个平原国家。法国的平原和低地由于成因不同,景色也各异。有的沿海平原是由河海沉积物在近海淤积而成,有的是在沉积作用下形成的,还有美丽的冲积平原。北部是经过长年风化侵蚀而形成的古老的高原,东北是孚日(Vosges)山区的坡地,南部是中央高原(Massif Central)的边缘地区,西部则是丘陵。法国东南部地形更加起伏不平,山脉连绵

不断。这些山脉从海拔500米到4 000多米不等,有些山峰和峡谷是暴雨冲积而成,呈现出令人叹为观止的地貌,有些是由富含石灰质的沉积岩构成,峰谷交替,形成天然绝佳的交通要道。五条大河流经法国,形成法国工业和城镇发达的中心地带。沿海地带地形多种多样,绵长的海岸线勾画出千姿百态的地貌,既有陡峭悬崖海岸,也有港湾形海岸,还有石质海岸以及沙滩海岸、沼泽海岸等等,呈现出一道道独特的风景线。

二 温带气候

法国地理位置与赤道和北极的距离大致相等,所以,法国大部分地区为温带区域,只有南部地区属于亚热带。法国三面环海和三面靠山,因此受到海洋性气候、大陆性气候和地中海亚热带气候的交互影响。总体而言,法国的大部分地区为海洋性气候。当然,受海洋、纬度和海拔因素的影响,法国气候具有多样性。西部以海洋性气候为主,其特点是有规律和充沛的降雨量,冬暖夏凉、温和湿润。洛林和阿尔萨斯地区具有大陆性气候的特点,夏季炎热多雨,冬季寒冷干燥。西南地区为海洋性气候,特点是夏季热,秋季晴朗。东南部和科西嘉岛,以地中海型气候为主。特点是夏季炎热干燥,冬季温暖。降雨主要集中在春秋两季,以暴雨为主,会造成水土流失,甚至是可怕的洪灾。在沿海平原地区,罕见降雪和霜冻,这对葡萄和水果种植比较有利。地中海沿岸夏季的平均气温在摄氏23度左右,非常适宜旅游观光。中央高原夏季酷热,冬季寒冷,气候恶劣。总之,法国各个地区的气候差别较大且多变,时而阴云密布,时而细雨绵绵,抑或阳光灿烂。越向内陆,气候条件越差。

三 广袤森林

法国林业资源储量丰富,拥有1 600万公顷的森林,占国土面积的29%,而且还以每年7.5万公顷的速度增长。这要归功于法国大部分地区是丰富的良田沃土:巴黎盆地是软泥土,大西洋森林是褐土,而地中海地区则是红土壤。自20世纪以来,法国森林面积不断扩大,在一个世纪里几乎翻了一番,而且还

法国森林

在继续增长。在海洋性气候地区有阔叶林,阳光充足的地方是橡树,而较为潮湿和凉爽的地区则以山毛榉为主。在地中海地区,夏季干燥,适于常绿树种类生长。在山林中山岩和低坡上生长着阔叶林,随着海拔的升高,逐渐被更加耐寒的针叶树所取代。在阿尔卑斯山南部的干旱地区,各种落叶松则是森林植被的主体。据说法国的树种多达136种,在欧洲实属罕见。目前法国私人林地占到总面积的75%,这在一定程度上增加了林地采伐难度。法国政府拟通过提高林木采伐机械化作业、开辟新的林场道路、强化对私人林地的干预管理等措施提升采伐能力。

四 能源矿产

法国地下蕴藏着丰富的建筑材料,如砾石、沙子、石灰石以及各种原材料,如高岭土、滑石、硫黄、盐、钾等,但能源和矿石产品贫乏。法国最主要的矿藏是铁矿,还是世界上铁矿最丰富的国家之一,估计蕴藏量有70亿吨,居西欧之首,其中最大的铁矿位于洛林(Lorraine)地区。不过,由于铁矿收益不足,已基本停止生产。煤炭储量不多,且品质低,开采成本高,故煤矿大多已关闭。石油、天然气储量有限,远远不能满足国家的需要。因此,法国发展所需要的矿石基本上依靠进口。不过,值得一提的是,法国的核电在"二战"后异军突起,并在石油危机期间大规模发展。法国年核电发电量世界排名第二,排在美国之后。75%电力来自核电,世界排名第一。核电及核基础设施的对外出口为法国带来巨大经济效益。然而,2017年2月9日法国西北部的弗拉芒维尔(Flamanville)核电站发生爆炸。虽然爆炸并未造成核泄漏危险,但却加速了法国去核电化进程。法国新任总统马克龙曾在竞选时表示,2025年前法国的核电比例要降至一半。此外,在可再生能源方面,法国以20%的产量成为欧洲最大生产国,可再生能源保证了法国12%的能源消费量。

五 海外领地

法国除了本土之外,在世界各地还有一些海外领地。法国的海外领地面积约12万平方公里,人口有220万左右,它们能为法国提供热带饮料、水果和矿石。此外,其广阔的海域面积可为法国提供多种生物资源、能源和矿产储备。

第二节 主要山脉

法国的主要山脉沿东部边界从北到南依次为：孚日山脉(Les Vosges)、汝拉山脉(Le Jura)、阿尔卑斯山脉(Les Alpes)和位于中央高原(Le Massif Central)中心地带的其他山脉，以及法国与西班牙两国的分界山脉——比利牛斯山脉(Les Pyrénées)等。其中法意边境的勃朗峰(Le Mont Blanc)为欧洲最高峰，海拔4 810米。值得一提的还有著名的旅游景点圣米歇尔山。

法国山脉分布图

一 孚日山脉

位于法国东部，绵延于上莱茵省、下莱茵省和孚日省境内莱茵河谷的西部。最高点为盖布维莱尔峰(Ballon de Guebwiller)，海拔1 424米。山上一年中有四分之三的时间被积雪覆盖，是冬季滑雪运动的绝佳场所。此外，这里盛产一种矿泉水，其历史可追溯到一亿多年前，在古罗马恺撒时代就备受推崇，最

孚日山脉

初被称作"布依伦泉"(Les Bouillens),意思是"沸腾之水",直到19世纪末期才被充分发掘。随后,路易·佩赫尔(Louis Perrier)博士对泉水进行药用研究,并得到圣约翰·哈姆斯沃思(St John Harmswort)爵士的资助,两人于1906年成立了一家佩里耶矿泉水公司(Compagnie de la source Perrier)。绿色玻璃瓶装的Perrier矿泉水享有"水中香槟"的美誉,深受法国人的喜爱,也远销全球140多个国家和地区。

二 汝拉山脉

汝拉山脉

汝拉山脉从东北到西南延绵360公里,近似一个弧形,构成了法国和瑞士难以逾越的国界,但是顶部较平坦,海拔约1 000米。最高峰内日峰(Cret de la Neige)在日内瓦附近,海拔1 718米。主要由石灰岩构成,溶洞、地下洞穴、伏流等岩溶地形遍布。这里拥有众多温泉,森林大多位于山脉的东南部。

这里还是法国化学家、近代微生物学的奠基人路易·巴斯德(Louis Pasteur,1822—1895)的家乡。1822年,巴斯德出生在汝拉省(Jura)的多尔镇(Dole)。为表彰巴斯德在狂犬病研究领域做出的贡献,法国政府于1888年在巴黎建立了巴斯德研究所。如今,巴斯德研究所已成为著名的生物医学研究中心。

汝拉从西向东,展现了无穷的魅力。瀑布、湖泊、高原牧场上的绮丽风光,西部和南部的葡萄园以及果园、菜地等美景让人流连忘返。这里夏季堪称避暑胜地,冬季则为滑雪佳所。

三 阿尔卑斯山脉

阿尔卑斯山横亘于法国和意大利之间,形成了一道天然国界,从地中海海岸尼斯附近向北延伸至日内瓦湖,然后再向东北至多瑙河上的维也纳。阿尔卑斯山脉呈弧形,长约1 200公里,最高峰是勃朗峰(Le Mont

阿尔卑斯山勃朗峰

Blanc),海拔4 810米,位于法国、意大利和瑞士的交界处。勃朗峰不仅号称欧洲第一峰,而且被世人称为"大自然的宫殿"和"真正的地貌陈列馆"。由于峰顶终年积雪而成为世界著名的风景区和旅游胜地,也是冰雪运动、登山运动、高空滑翔伞运动的圣地,探险者的乐园。

阿尔卑斯山脉是欧洲最大的山脉,同时也是个巨大的分水岭,欧洲许多大河,如多瑙河、莱茵河、波河、罗讷河等均发源于此。河流的上游都具有典型山地河流特点,水流湍急,水力资源丰富,同时,也是西欧自然地理区域中最为重要的自然景观。

安纳西是上萨瓦省(Haute-Savoie)的首府。它是法国阿尔卑斯山区最美丽的小镇,也称童话小镇。安纳西小镇由运河环绕,因此也有"阿尔卑斯山下的威尼斯"的美誉。安纳西湖的水来自阿尔卑斯山上的冰雪,号称全欧洲最干净的湖。总之,安纳西的山四季常青,这里的水常年碧绿,堪称旅游爱好者的天堂。

安纳西小镇

法国18世纪启蒙运动最卓越的代表人物让-雅克·卢梭(Jean-Jacques Rousseau,1712—1778)曾在这里居住创作,他的主要作品有《社会契约论》《忏悔录》等。他死后被安葬在巴黎先贤祠(Le Panthéon),在他的雕像上可见金字题词:"自由的奠基人"。

安纳西城堡博物馆(Musée-château d'Annecy)曾是日内瓦伯爵的府邸,现在成为安纳西的象征。安纳西老城中运河遍布,商店、餐馆、咖啡厅鳞次栉比。位于休河(Thiou)中央岛上的三角形宫殿"岛宫"(Palais de l'île),也是安纳西的标志性建筑。它们与城区的小街、流水、鲜花和游客构成了安纳西老城独特的旅游景观。

四 比利牛斯山脉

比利牛斯山脉是欧洲西南部最大山脉。东起地中海海岸,西至大西洋比斯开湾,全长约430公里。比利牛斯山脉的山顶称得上是法国和西班牙两个国家的分界线。最高点是比利牛斯山脉中部的马拉德塔(Maladeta)山的阿内托峰

阿内托峰

(Pic d'Aneto),海拔3 404米。

比利牛斯山脉形成了欧洲大陆与伊比利亚半岛的天然屏障。按照地理环境,比利牛斯山脉可分为东、中、西部三个自然区:东比利牛斯山脉或地中海比利牛斯山脉、中比利牛斯山脉和西比利牛斯山。这种划分似乎与不同的植被、语言的分布以及民族和文化的特点相吻合。山的北面属温带海洋性气候,山的南部属地中海气候。气候和植被垂直变化明显。比利牛斯山中多硫黄温泉,并以温泉浴著称。冬季是滑雪爱好者的乐园,夏季则可避暑小住、狩猎垂钓或参观国家公园。

安道尔(Andorre)公国位于比利牛斯山脉的法国和西班牙两国之间,法国和西班牙曾签署和约,共同负责安道尔的国防。它的国土面积只有468平方公里,人口约8万,是一个有名的"袖珍国"。安道尔境内高山环抱,峰峦相映,拥有天然的比利牛斯山滑雪场与狩猎场,可供游客滑雪、打猎自娱。安道尔是一个极具魅力的度假中心,各种旅游设施

安道尔

应有尽有:高级旅馆、体育场馆、游览区、滑雪场、登山中心随处可见。发达的旅游业促进了当地商业的发展,大小商店遍布各处,被称为"千家商店之国",也有"避税天堂"之称。

五 圣米歇尔山

圣米歇尔山

圣米歇尔山(Mont-Saint-Michel)位于诺曼底大区拉芒什省(La Manche en Normandie)孤立的岩石岛上,距离海岸两公里。整个小岛呈圆锥形,由耸立的花岗石构成,高出海滩92米,只有在涨潮时才成为岛。由于受到海洋潮汐作用,圣米歇

尔山交替与大陆相连和分隔,成为世界的一大奇观。圣米歇尔山及其海湾早已成为了诺曼底区最有名的风景点,也是法国最著名的十大风景胜地之一,每年的游客访问量达两百万左右。圣米歇尔山是天主教的重要圣地,历史悠久,自然风光优美。1979年被联合国教科文组织列入世界文化遗产名录。

第三节 主要河流

法国的主要河流有:卢瓦尔河(La Loire),罗讷河(Le Rhône),塞纳河(La Seine),加龙河(La Garonne),马恩河(La Marne)和莱茵河(Le Rhin)。这些河流基本上都是从高山流向大海,其中大多数向北向西流向大西洋,只有罗讷河向南流向地中海。

法国主要河流分布图

一、卢瓦尔河

卢瓦尔河发源于西部边陲的塞文山脉(Cevennes),向西流入大西洋,全长1 020公里,是法国最长的河,也被认为是最美的河。卢瓦尔河的中游河谷一带堪称法兰西文化的摇篮。历代皇家贵族曾在此大兴土木,建造了众多雄伟壮观的城堡,整个地区都被联合国教科文组织列为世界文化遗产,有"法国花园"之美称。这些古老的宫堡绝大多数建于十五、十六世纪法国文艺复兴时期,这些城堡成为法兰西文明的见证。

香波堡(Château de Chambord)是卢瓦尔河谷城堡群中最大的一个,共有440个房间,365个烟囱,13个主楼梯和70个副楼梯,是法国君王狩猎时住的行宫。香波堡是被称为"文艺复兴国王"的弗朗索瓦一世的杰作。弗朗索瓦一世非常欣赏意大利文艺复兴时期的辉煌艺术和建筑风格,还不遗余力地将这些艺术瑰宝移植过来,为此他将达·芬奇等艺术大师请到法国,堪称建筑史上一绝的双舷梯就是由达·芬奇设计。双舷梯由两组独立的楼梯相互交错地围绕着一个共同的轴心,螺旋式地盘旋而上。据说这样可以避免王后和国王的情妇相遇而发生纠纷。无论此说法是否真实,香波堡的确曾发生过王室成员的爱情故事,至今余韵袅袅。此外,城堡中还珍藏了4 000多件绘画、挂毯、家具和艺术品。

香波堡

双旋梯

香波堡兴建于1519年,国王年满25岁时正式动工兴建,历经弗朗斯瓦一世、亨利二世等几任国王,直到路易十四时代才大功告成,前后持续近两百年的时间。它在布局、造型、风格装饰上既反映了法国传统的建筑艺术,又受到意大利文艺复兴的影响,成为法国文艺复兴时期的代表作之一、法国人炫耀的国宝。1981年,香波堡被列入了世界文化遗产名录。

舍农索城堡(Château de Chenonceau)由主堡垒、长廊、平台和圆塔串联而成,横跨卢瓦尔河支流希尔河(La Cher)河面,是卢瓦尔河谷宫堡群中最富有浪漫情调的"水上城堡",被喻为停泊在希尔河上的航船。河岸上分建两个大花园,宛如两幅精美的油画。始建于1513年的舍农索城堡，又称"妇人堡"，因为先后有美迪奇的卡特琳娜（Catherine de Médicis）和洛林的路易斯（Louise de Lorraine）等多位王后、宠妃和贵妇人在这里居住过，留下许多香艳缠绵的故事。

舍农索水上城堡

舍农索城堡侧面

舍维尼城堡（Château de Cheverny）是卢瓦尔河谷所有城堡中家具最华丽的一座。城堡建于1634年，建筑风格受巴黎卢森堡宫的影响很大，已经从深壁高垒、塔楼林立、细部构造令人眼花缭乱的传统哥特式城堡形式变成了朴素简洁的文艺复兴与古典风格的结合，这也正是法国式建筑风格的开端。

城堡的最大特点是其拥有者并非王室，而是属于虞霍·德·维布赫耶（Hurault de Vibraye）的贵族的私有财产，城堡也得到完善的维护。无论是餐厅、画廊，乃至接待国王和王后的豪华寝室，无不独具匠心。在舍维尼城堡，人会感受到一种家的温馨。

舍维尼城堡北面

舍维尼城堡

昂布瓦兹皇家城堡（Château Royal d'Amboise）位于法国卢瓦河上的昂布瓦兹市（Amboise）。1434年前，这座城堡连续四个世纪都属于强大的昂布瓦兹家族（Famille d'Amboise）。15世纪起，瓦卢瓦王朝将宫廷迁至卢瓦尔河地区，城堡自然也成了皇室的城堡。瓦卢瓦王朝的查理八世（Charles Ⅷ）曾下旨扩建城堡,随后继位的路易十二(Louis Ⅻ)继续整修工程。后来弗朗索瓦一世成为城堡的主人,他聘请了大量的艺术家到法国工作,其中包括著名画家达·芬奇(Léonard de Vinci)。达·芬奇死后亦葬于昂布瓦兹城堡的圣·于贝尔小教堂(Chapelle Saint-Hubert)。

昂布瓦兹皇家城堡

昂布瓦兹皇家城堡露天全景图

二 罗讷河

罗讷河

罗讷河源于瑞士境内阿尔卑斯山南侧的罗讷冰川,全长812公里,在法国境内522公里。罗讷河从北到南流经法国20个省,其中包括法国的工业中心里昂,注入地中海。多条运河将罗讷河与莱茵河相连,成为法国北部、东部和地中海沿岸的重要通道。

三 加龙河

加龙河发源于比利牛斯山东段的西班牙境内,全长650公里,法国境内的长度为575公里。加龙河流经法国西南部,在波尔多(Bordeaux)注入大西洋。加龙河有很多支流,在与多尔多涅河(La Dordogne)汇合后称吉伦特河(La Gironde)。加龙河水流不稳定,故不适合现代航运,但河口湾地区有波尔多等重要港口。河谷地带多种植葡萄等果树。

加龙河

四 莱茵河

莱茵河发源于瑞士境内的阿尔卑斯山北麓，是西欧第一大河，全长 1 325 公里，在法国境内的长度仅为 188 公里。莱茵河蜿蜒流经法德两国边境，沿途还经过列支敦士登、奥地利、荷兰，最后注入北海(la Mer du Nord)，可谓欧洲重要的一条国际航运水道。作为欧洲最重要的运输线之一，莱茵河一直对地中海和北部之间的文化交流起着促进作用。

莱茵河

2002 年，莱茵河中上游河谷被列入世界遗产目录，理由是这里不仅环境优美，而且还凝聚了浓厚的传统文化底蕴。

五 塞纳河

塞纳河发源于勃艮第大区(Bourgogne)的科多尔省(Côte d'Or)的朗格勒高原，全长 776 公里。塞纳河流经巴黎市区，最后注入拉芒什海峡(la Manche)。传说塞纳河的源头有一尊女神雕像，名塞纳，塞纳河就以此为名。女神白衣素裹，半躺半卧，嘴角挂着微笑，姿态优美。一条小溪从其背后悄悄流出，蜿蜒而下，最终变成大河。

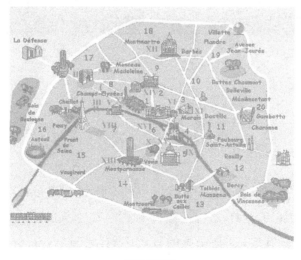

塞纳河周边

塞纳河流经巴黎盆地，穿过巴黎市中心。巴黎就是在塞纳河城岛及其两岸逐步发展起来的。巴黎市沿着塞纳河十多公里都是石砌码头和宽阔的堤岸，有30多座精美的桥梁横跨河上，高楼大厦排列于两岸，倒影入水，景色十分美丽壮观。塞纳河从东向西流经巴黎并将城市划分为两大区域：左岸和右岸。左右两岸不仅是地理位置的划分，而且也是"生活方式"的区别。右岸代表了保守和考究，左岸则显示了艺术和自由。塞纳河左岸，即南部巴黎，有著名的奥斯特里兹车站（Gare d'Austerlitz）、法国国家图书馆（Bibliothèque Nationale de France）、植物园（Jardin Botanique）、法兰西学院（Institut de France）、奥赛博物馆（Musée d'Orsay）、波旁宫（Palais Bourbon）、外交部（Ministère des Affaires Étrangères）、荣军院（Hôtel des Invalides）、埃菲尔铁塔（Tour Eiffel）。塞纳河右岸，即北部巴黎，有圣路易岛（Île de Saint-Louis）、西岱岛（Île de la Cité），里昂站（Gare de Lyon）、巴黎市政厅（Hôtel de ville de Paris）、卢浮宫（Musée du Louvre）、杜乐丽公园（Jardin des Tuileries）、协和广场（Place de la Concorde）、大、小皇宫（Petit et Grand Palais）和法国广播电台（Maison de la Radio France）等。塞纳河是巴黎的灵魂，它静静地流淌着，将巴黎温柔地拥入怀抱。1991年，塞纳河及两岸的建筑物均被列入世界文化遗产名录。

塞纳河

塞纳河夜景

第四节　地区划分

提到法国，一般人都知道法国被划分成22个大区（Région），另外还有5个海外大区。从2016年开始，法国已经将本土的22个大区缩减为13个，海外5个大区没有变化。其实，这是法国的行政区划，它与省（département）和市镇

(commune)构成法国三级行政管理机构。法国电信部门从地理位置上将法国分成5大区域,有些区域与行政大区重叠,有些则包含了几个行政大区。不仅如此,每个区域前面加上编号,出现在固定号码的前面,如:巴黎大区,即法兰西岛大区(Île de France)为01,02这个数字加在法国西北地区的电话号码前面,03放在法国东北地区的号码前面,04为东南地区号码前面的数字,05为法国西南地区号码前面的数字。

法国本土13个大区示意图

法国5大区域示意图

一 巴黎(法兰西岛)

法国首都巴黎是世界上最繁华的都市之一。巴黎位于法国北部巴黎盆地的中央,横跨塞纳河两岸,属温和的海洋性气候,夏无酷暑,冬无严寒,气候宜人。

巴黎有小巴黎、大巴黎之分。小巴黎指大环城公路以内的巴黎市区,人口200多万。大巴黎包括巴黎市及周围的其他7个省:上塞纳省(Hauts-de-Seine)、瓦勒德马恩省(Val-de-Marne)、塞纳-圣但尼省(Seine-Saint-Denis)、伊夫林省(Yvelines)、瓦勒德瓦兹省(Val-d'Oise)、塞纳-马恩省(Seine-et-Marne)和埃松省(Essonne)。它们共同组成巴黎大区,被称作"法兰西岛",人口1 000多万,约占全国人口的六分之一。

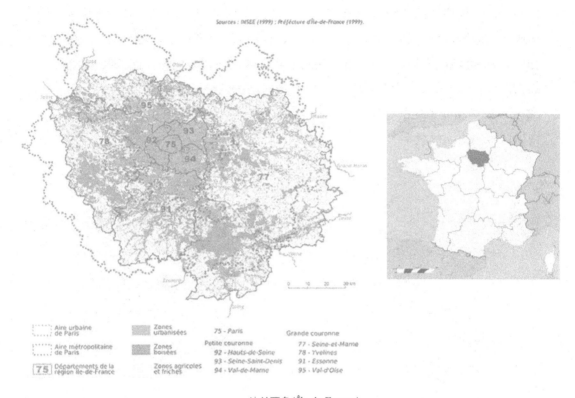

法兰西岛(Île de France)

1. 巴黎市

巴黎市,即小巴黎,被划分为20个区(arrondissement,缩写为 arr.),第一区位于中心,其他区则呈螺旋状、按顺时针方向依次向外扩展。

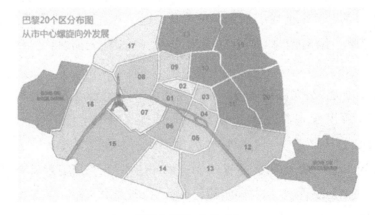

巴黎市(Ville de Paris)

巴黎建都已有1400多年的历史,它不仅是法国,也是欧洲的政治、经济和文化中心。巴黎具有"艺术之都""电影故乡""欧洲启蒙运动中心""现代奥林匹克运动会发源地"等多种美誉,大量的博物馆、图书馆、研究院、电影院、剧院、音乐厅分布在城市的各个角落。巴黎还是一座"世界会议城",联合国教科文组织、经济合作与发展组织等国际机构的总部均设在巴黎。巴黎被塞纳河分成左岸(Rive Gauche)和右岸(Rive Droite),河中央坐落着两座小岛——西岱岛(Île de la Cité)和圣路易岛(Île St.-Louis)。塞纳河就像巴黎市的分水岭,蜿蜒曲折地穿越整个城市,构成了南北两岸截然不同的风景。

塞纳河上的两座岛屿——西岱岛和圣路易岛是巴黎悠久历史的中心。最初,这里是一个渔村,后来发展成了一座具有战略性的罗马城镇,接着成为了法国诸王的王宫所在地,之后又成了法国大革命的发源地。这段历史的证据可以在一些著名的景点里发现。

巴黎圣母院(Notre-Dame de Paris)高高耸立在西岱岛上,堪称中世纪哥特式建筑的典范。圣母院大约建造于1163年到1345年,历时180多年。这座教堂以其祭坛、回廊、门窗上的雕刻和绘画艺术,以及收藏的从

巴黎圣母院(Notre-Dame de Paris)

基督教诞生之初到现代的艺术珍品而闻名于世,具有极高的宗教文化价值和历史地位。

2. 巴黎古监狱(La Conciergerie)

这座有塔楼的建筑原本是中世纪一座皇宫的一部分,后来在14世纪晚期被改成监狱。18世纪末,曾有数以千计的人在此被审判、监禁,其中就有路易十六的王后玛丽·安托瓦内特、丹东和罗伯斯庇尔。在被送上断头台前,他们都被关押在这里。如今,它作为博物馆供游人参观。

巴黎人以塞纳河为界,将河的南面地区称为左岸,将河的右面称为右岸。左岸处处散发着浓浓的文化气息,这里有大学、咖啡馆、书店、画廊,塞纳河畔的圣米歇尔林荫大道上绵延数公里的旧书市场,每天吸引着无数游人。当然,左岸还拥有埃菲尔铁塔、荣军院、罗丹博物馆、研究机构、媒体以及众多的政府部门等。左岸自由而包容,哲学家、作家在这里口若悬河、侃侃而谈,左岸还是画家、艺术家的集聚地,他们在这里自由自在,尽情发挥自己的想象力。左岸可谓

巴黎古监狱

是艺术之都、艺术家的摇篮。左岸充满着活力、自由、悠闲，代表着巴黎的平民社会。

右岸则是巴黎上流社会的代表，这里有香榭丽舍大街、协和广场、卢浮宫、巴黎歌剧院，还有大银行、大公司，品牌商店如路易·威登、迪奥、皮尔·卡丹，总统府爱丽舍宫和大部分外国使馆也坐落在此。右岸体现了巴黎的繁华以及它的现代性。其实巴黎无处不艺术，根本不能用左岸与右岸来区分艺术与商业的界限。

巴黎拥有众多的名胜古迹、博物馆、图书馆、剧院、高等学府等。埃菲尔铁塔、凯旋门（Arc de Triomphe）、协和广场、巴黎圣母院（Notre-Dame de Paris）、凡尔赛宫（Palais de Versailles）、枫丹白露宫（Château de Fontainebleu）等古迹美不胜收，卢浮宫、奥赛博物馆、罗丹雕塑博物馆（Musée Rodin）、毕加索博物馆（Musée Picasso）、格雷万蜡像馆（Musée Grévin）以及蓬皮杜国家艺术文化中心（Centre National d'Art et de Culture Georges Pompidou）让人沉浸在文化熏陶之中。法国国家图书馆、法国国家歌剧院（Opéra Garnier）、塞纳河畔的旧书市等，为这座城市增添了无穷的魅力。巴黎还拥有许多著名的学府，其中巴黎索邦大学（Sorbonne）、综合理工大学（École Polytechnique）、国立行政管理学院（École Nationale d'Administration）、巴黎高等师范学校（École Normale Supérieure de Paris）、巴黎高等商学院（École des Hautes Études Commerciales de Paris）等培养了大批高级行政、技术和管理人才。

3. 埃菲尔铁塔

埃菲尔铁塔矗立在塞纳河南岸的战神广场（Champ-de-Mars），法国巴黎地标之一，也是巴黎最高建筑物，被法国人亲切地称为"铁娘子"。

埃菲尔铁塔建于1889年，因设计它的著名建筑师埃菲尔（Gustave Eiffel）而得名，同时也是当年世博会最经典的建筑。塔身高300米，天线高24米，总高324米，铁塔共分为三层，其中一、二层设有餐厅，第三层则建

埃菲尔铁塔

有观景台。1991年,铁塔被列入世界文化遗产名录。如果说巴黎圣母院是古代巴黎的象征,那么埃菲尔铁塔则是现代巴黎的标志。

4. 凯旋门

凯旋门是欧洲一百多座凯旋门中最大的一座。1806年,拿破仑下令修建一个标志性建筑,以纪念帝国部队大败俄奥联军的奥斯特利茨战役,又称"三皇之战"。这个建筑最终被确定为凯旋拱门,并于1806年8月15日破土动工。然而,这个建造计划曾一度停工,直到1836年才最后落成,前后经历了三

凯旋门

十年。1920年11月,第一次世界大战后,在这座凯旋门下又修建了一座"无名烈士墓"。每天晚上都要举行一个简短的点火仪式,几十年来风雨无阻。如今,凯旋门已从一座炫耀战争胜利的建筑物,变成了祈祷和平的圣地。它提醒人们牢记战争的灾难,珍惜今天的和平。

5. 协和广场

协和广场

协和广场被称为巴黎最大、最美的广场。1757年,为了纪念路易十五病愈,决定修建一个广场,广场被命名为"路易十五广场"。1792年,广场改名为"革命广场"。1793年路易十六和他的王后在此先后被斩首,甚至有些革命者也在这里被送上了断头台。大革命后的两三年时间里,这里几乎每天都血流满地。1830年更名为"协和广场",寓意社会和谐、安定。广场上最初是路易十五的雕像,后来是自由女神像,如今是一具方尖碑。1831年,埃及总督赠送法国两具方尖碑,于是这座23米高,230吨重的方尖碑就被安放在广场上。至于当时如何将方尖碑从埃及运到巴黎,碑的底座上刻有图画,详细地描述了运输过程。

6. 卢浮宫

卢浮宫位居世界四大博物馆之首。它的历史可追溯到1190年,奥古斯都·菲利普在这里修建了一座通向塞纳河的城堡。查理五世将城堡改成了王

卢浮宫

宫,亨利四世将卢浮宫和杜勒丽宫连接起来,从而建造了一个画廊。1678年路易十四将凡尔赛宫改造成权力中心和生活居所,卢浮宫的王宫使命终结。1793年,卢浮宫更名为"共和国艺术中央博物馆"(Musée Central des Arts de la République),并正式对外开放。拿破仑一世入住后,将它更名为"拿破仑博物馆",巨大的长廊里布满了掠夺来的艺术品。卢浮宫的宏伟建造计划在拿破仑三世时期才最后完成,前后历经600余年。华人设计师贝聿铭设计的玻璃金字塔坐落在罗浮宫的正中央,作为罗浮宫的入口。

7. 蓬皮杜国家艺术文化中心

蓬皮杜国家艺术文化中心是一座集工业设计、公共情报图书馆、现代艺术博物馆以及音乐与声乐研究中心于一身的现代艺术馆。

法兰西岛大区除了小巴黎以外,还有巴黎市周围的7个省,同样充满着名胜古迹和美丽的自然风光。位于巴黎郊区伊夫林省的凡尔赛宫和枫丹白露宫也是让游人流连忘返的景点。

8. 凡尔赛宫

凡尔赛宫坐落在巴黎西南18公里的凡尔赛镇,是世界五大宫殿(北京故宫、法国凡尔赛宫、英国白金汉宫、美国白宫、俄罗斯克里姆林宫)之一,1979年被列入世界文化遗产名录。

凡尔赛宫

镜厅(Galerie des Glaces)

凡尔赛宫宏伟、壮观,它的内部陈设和装潢富于艺术魅力。500多间大殿小厅处处金碧辉煌,豪华非凡。内部装饰以雕刻、巨幅油画及挂毯为主,配有17、18世纪造型超绝、工艺精湛的家具。宫内还陈放了来自世界各地的珍贵艺术品,其中有远涉重洋的中国古代瓷器。镜厅则是凡尔赛宫内的一大奇观。

关于凡尔赛宫的修建有许多传说。据说 1660 年,国王路易十四参观财政大臣尼古拉·富凯(Nicolas Fouquet)的沃子爵城堡(Château de Vaux-le-Vicomte),为其房屋与花园的宏伟壮丽所折服,当时王室在巴黎郊外的行宫等无一可以与其相比。于是,路易十四以贪污罪将富凯投入巴士底狱,并命令沃子爵城堡的设计师勒诺特(André Le Nôtre)为其设计新的行宫。当时的路易十四已决定将王宫迁出混乱喧闹的巴黎城,打算以路易十三在凡尔赛的狩猎行宫为基础建造新宫殿。

9. 枫丹白露

枫丹白露是法兰西岛塞纳-马恩省最大的市镇,位于巴黎东南 61 公里处,周围被森林环抱,是巴黎人休闲度假的理想去处,也是闻名世界的旅游胜地。"枫丹白露"历史上曾有两种叫法,即"Fontaine belle eau"和"Fontainebleau",意思是"美丽的泉水",后来逐渐演变成现在的称呼"Fontainebleau",而"枫丹白露"的汉语译名则出自著名作家朱自清的手笔。

枫丹白露宫

12 世纪,国王路易七世将此地作为打猎据点,并建造了教堂。16 世纪,弗朗索瓦一世邀请意大利画家设计并建造了由开阔的庭院环绕的宫殿,将文艺复兴风格和法国古典艺术完美地融合。此后,经过历代君王的改建、扩建、装饰和修缮,枫丹白露成为一座富丽堂皇的行宫。这里先后居住过法国众多帝王,其中最著名的则是弗朗索瓦一世、亨利四世、路易十四和拿破仑一世等。1981 年,枫丹白露宫连同花园被列入世界文化遗产名录。

二 西北地区

法国西北地区包括布列塔尼(Bretagne)、中央卢瓦尔河谷(Centre-Val de Loire)、诺曼底(Normandie)、卢瓦尔河(Pays de la Loire)以及印度洋地区的留尼汪(Réunion)和马约特岛(Mayotte),上述地区在法国固定电话号码的前两位为 02 区域。

1. 布列塔尼

布列塔尼位于法国最西端，北临芒什海峡，南滨大西洋，是一个拥有阿摩尔滨海省(Côtes-d'Armor)、菲尼斯泰尔省(Finistère)、伊勒-维莱讷省(Ille-et-Vilaine)和莫尔比昂省(Morbihan)4个省的行政大区，首府是雷恩(Rennes)。

布列塔尼大区

雷恩既是布列塔尼地区的首府，也是伊勒-维莱纳省的省会。自从1532年布列塔尼公国回归法国后，雷恩逐渐跻身为省区大城市之列。20世纪，雷恩迅速发展为布列塔尼地区的政治、经济、文化和旅游中心。雷恩完好地保留了中世纪和古典文化艺术遗产，90多处建筑被列入法国历史古迹名录而加以保护，因此被誉为"历史和艺术之都"。2012年，雷恩被法国知名《快讯》(L'Express)杂志评为"法国最适宜居住的城市"(Ville la plus agréable à vivre de France)[①]。

2. 中央大区

中央大区

中央大区(简称Centre)的首府奥尔良(Orléans)也是卢瓦雷(Loiret)省的省会。大区下辖6个省：卢瓦雷省(Loiret)、厄尔-卢瓦省(Eure-et-Loir)、谢尔省(Cher)、安德尔省(Indre)、安德-卢瓦尔省(Indre-et-Loire)、卢瓦-谢尔(Loir-et-Cher)，面积为39 151平方公里，人口约为258万。中央大区处在风景秀丽的卢瓦尔河谷地区。如果说巴黎代表法国的浪漫与前

---

① https://fr.wikipedia.org/wiki/Rennes

卫,那么卢瓦尔河谷则是法国恬静古典的后花园。卢瓦尔河谷的众多城堡构成了法国古典建筑的一道奇特的风景线,皇家城堡群被联合国教科文组织列为世界文化遗产。

3. 诺曼底

诺曼底位于法国西北部,濒临拉芒什海峡,曾经由上诺曼底(Haute-Normandie)和下诺曼底(Basse-Normandie)组成。上诺曼底包括滨海塞纳省(Seine-Maritime)和厄尔省(Eure),下诺曼底包括卡尔瓦多斯省(Calvados)、芒什省(Manche)和奥恩省(Orne)。上诺曼底最重要的城市是鲁昂(Rouen),它是上诺曼底的首府。下诺曼底的首府卡昂(Caen)。从2016年1月起,上、下诺曼底合并为诺曼底大区。2016年9月起,鲁昂正式成为诺曼底大区的首府。

诺曼底大区

诺曼底战役是第二次世界大战欧洲战场上最伟大的战役之一,这里至今保留着许多关于战争的印记,诸如许多巨大的军事公墓、无数的碉堡、以卡昂纪念馆(Mémorial de Caen)为代表的多家博物馆,以及无数条用盟军指战员或诺曼底解放兵团命名的大街小巷等等。卡昂纪念馆是一家展现20世纪历史的博物馆,目的是通过对20世纪战争残酷场面的回顾,提醒人们珍视和平。

4. 卢瓦尔河

卢瓦尔河(Pays de la Loire)大区位于法国西部,下辖大西洋岸-卢瓦尔省(Loire-Atlantique)、曼恩-卢瓦尔省(Maine-et-Loire)、马耶讷省(Mayenne)、萨尔特省(Sarthe)和旺代省(Vendèe)。地区首府在南特(Nantes),这也是该地区人口最多的城市。大区面积为32 082平方公里,人口约为366万。

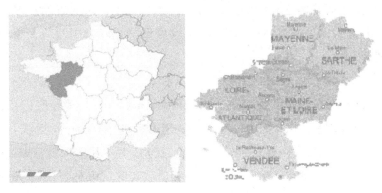

卢瓦尔河大区

5. 留尼汪岛

留尼汪岛是法国的海外大区(海外省),位于印度洋西南,马达加斯加东部。首府为圣-但尼(Saint-Denis),面积为 2 503 平方公里,人口约为 84 万。

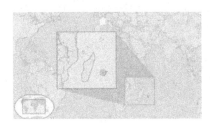
留尼汪岛

马约特岛

6. 马约特岛

马约特岛(Mayotte)是法国的一个海外大区(海外省),位于科摩罗(Comoros)群岛东南端。首府为马穆楚(Mamoudzou),面积为 376 平方公里,人口约为 23.5 万。

三 法国东北地区

法国东北地区包括勃艮第-费朗什-孔泰(Bourgogne-Franche-Comté)、东部大区(Grand Est)、上法兰西大区(Hauts-de-France)。上述地区在法国固定电话号码的前两位为 03 区域。

勃艮第-费朗什-孔泰大区由原来的勃艮第大区和费朗什-孔泰合并组成的,下辖8个省:科多尔省(Côte-d'Or)、杜省(Doubs)、汝拉省(Jura)、上索恩省(Haute-Saône)、涅夫勒省(Nièvre)、索恩-卢瓦尔省(Saône et Loire)、贝尔福地区省(Territoire de Belfort)和约讷省(Yonne)。首府在第戎(Dijon),贝桑松(Besançon)为区议会所在地,面积为 47 784 平方公里,人口约为 28 万 2 千人。勃艮第和波尔多是法国两大葡萄酒产酒区,勃艮第葡萄酒的悠久历史和出色品质最令当地人引以为豪。首府第戎被认为是法国当之无愧的美食之都①,尤以蜗牛和芥末出名。蜗牛富含蛋白质,为老少皆宜的食品。闻名全球的第戎芥末酱是法兰西美食中不可或缺的调味品。

勃艮第-费朗什-孔泰

勃艮第葡萄园

第戎芥末和蜗牛

东部大区由原来的阿尔萨斯(Alsace)、洛林(Lorraine)和香槟-阿登(Champagne-Ardenne)大区合并而成,面积为 57 433 平方公里,人口约为 556 万,首府为斯特拉斯堡(Strasbourg)。东部大区包括上、下莱茵(Haut-Rhin, Bas-Rhin)、孚日(Vosges)、摩泽尔(Moselle)、默尔特-摩泽尔(Meurthe-et-Moselle)、默兹(Meuse)、阿登(Ardenne)、马恩(Marne)、上马恩(Haute-Marne)和奥布省(Aube)。斯特拉斯堡不仅是东部大区的首府,它也是欧洲委员会、欧洲人权法院及欧洲议会等多个欧盟合作组织的总部。来源于香槟地区(Champagne 音译)的香槟酒(Champagne)举世闻名,其他任何地方生产的酒都不能称

---

① http://www.destinationdijon.com/fr/dijon_culture.htm 2017-08-09

为香槟。

东部大区

葡萄园与香槟

上法兰西大区由原来的北部-加来海峡大区(Nord-Pas-de-Calais)和皮卡第大区(Picardie)合并而成，首府是里尔(Lille)，面积为31 813平方公里，人口约为601万。下辖北部省(Nord)、加来海峡省(Pas-de-Calais)、埃纳省(Aisne)、瓦兹省(Oise)和索姆省(Somme)。它与比利时接壤，隔拉芒什海峡与英国相望。

上法兰西大区

四 东南地区

法国东南地区包括奥弗涅-罗讷-阿尔卑斯(Auvergne-Rhône-Alpes)、科西嘉(Corse)、奥克西坦尼(Occitanie)的朗格多克-鲁西永(Languedoc-Roussillon)部分、普罗旺斯-阿尔卑斯-蓝色海岸(Provence-Alpes-Côte d'Azur)。上述地区在法国固定电话号码的前两位为04区域。

奥弗涅-罗讷-阿尔卑斯由奥弗涅和罗讷-阿尔卑斯两个大区合并而成,首府位于里昂(Lyon),面积为69 711平方公里,人口约为782万,下辖12个省:阿列省(Allier)、多姆山省(Puy-de-Dôme)、康塔尔省(Cantal)、卢瓦尔省(Loire)、上卢瓦尔省(Haute-Loire)、罗讷省(Rhône)、安省(Ain)、阿尔代什省(Ardèche)、伊泽尔省(Isère)、德龙省(Drôme)、萨瓦省(Savoie)、上萨瓦省(Haute-Savoie)。

奥弗涅-罗讷-阿尔卑斯

奥弗涅-罗讷-阿尔卑斯大区位于西欧的中心交汇处,与瑞士和意大利相邻。大区东北部分布着美丽静谧的雪山湖泊和世界上著名的滑雪胜地,中央高原连绵的山脉保存完好的土地上有火山、湖泊以及峡谷,从而让这个地区成为绿色旅游、温泉疗养和运动娱乐的好地方。博若莱(Beaujolais)独特的山坡和平原地貌让它拥有多个特级葡萄园,这里酿造的口感浓郁的葡萄酒和口味清爽的新酒闻名世界。

科西嘉大区位于地中海的一个岛屿上。面积约8 680平方公里,人口约为30万,首府所在地为阿雅克肖(Ajaccio),是拿破仑一世的出生地。科西嘉原是一个独立的国家,1768年5月15日,热那亚(Gênes)同法国签订秘密协定,将科西嘉让给了法国。尽管遭到了当地人的反抗,但是1769年春季,岛上居民还是被迫臣服了征服者。至今,科西嘉仍具有特殊的地位,而非一般的大区,它享有一定的自治权。科西嘉下辖2个省:南科西嘉省(Corse-du-Sud)和上科西嘉省(Haute-Corse)。

科西嘉岛

奥克西坦尼的朗格多克-鲁西永部分:奥克西坦尼大区由朗格多克-鲁西永和南部比利牛斯大区合并而成,目前名称暂时为朗格多克-鲁西永-南部-比利牛斯。朗格多克-鲁西永部分位于法国东南部,南临西班牙语地中海。大区下辖5个省:奥德省(Aude)、加尔省(Gard)、埃罗省(Hérault)、洛泽尔省(Lozère)及东比利牛斯省(Pyrénées-Orientales)。面积为27 376平方公里,人口约为270万,首府所在地是蒙彼利埃(Montpellier)。这个地区的一大特产是葡萄酒,无论是葡萄种类,还是土壤、气候、环境类型都非常丰富。

奥克西坦尼

朗格多克-鲁西永

普罗旺斯-阿尔卑斯-蓝色海岸位于法国东南部，东接意大利，南临地中海。面积31 400平方公里，人口约为500万，首府所在地是马赛(Marseille)。大区下辖6个省：上阿尔卑斯省(Hautes-Alpes)、上普罗旺斯阿尔卑斯省(Alpes-de-Haute-Provence)、沃克吕兹省(Vaucluse)、罗讷河口省(Bouches-du-Rhône)、瓦尔省(Var)和滨海阿尔卑斯省(Alpes-Maritimes)。

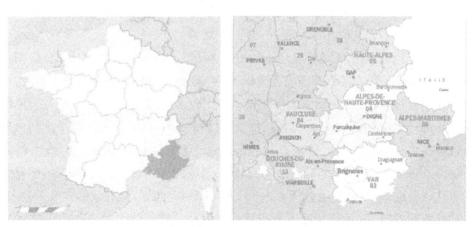

普罗旺斯-阿尔卑斯-蓝色海岸

旅游业是这个大区的传统盈利项目。依山傍水的独特条件、秀丽的风光和宜人的气候，特别是举世闻名的蓝色海岸和普罗旺斯的薰衣草田园风光，令无数游人魂牵梦绕，吸引着来自世界各地的游客。大区拥有三个联合国教科文组织认定的国际遗产型景区：阿尔勒(Arles)、阿维尼翁(Avignon)和奥朗日(Orange)。除了首府马赛之外,滨海阿尔卑斯省(Alpes-Maritimes)的行政中心尼斯(Nice)也是地中海沿岸的一座重要的港口城市。尼斯的老城区(Vieux Nice)、城堡山(Château de Nice)、天使海湾(Baie des Anges)以及英国人大道(Promenade des Anglais)等构成了尼斯美丽的风景线。戛纳(Cannes)小城背靠青山,面临地中海,一年四季温暖如春,阳光灿烂。蔚蓝的大海、白色的沙滩、翠绿的棕榈树和蓝天白云交相辉映,构成一幅令人陶醉的风景,令无数游人流连忘返。戛纳最负盛名的则是"戛纳国际电影节"(Festival International du Film de Cannes),也是世界上最重要的电影节之一。

尼斯天使海湾

五 西南地区

法国西南地区包括新阿基坦(Nouvelle-Aquitaine)和奥克西坦尼(Occitanie)的南部-比利牛斯(Midi-Pyrénées)部分,以及其他的海外省和领地瓜德罗普(Guadeloupe)、马提尼克(Martinique)和法属圭亚那(Guyane Française)。上述地区在法国固定电话号码的前两位为05区域。

新阿基坦大区由原阿基坦(Aquitaine)、利穆赞(Limousin)及普瓦图-夏朗德(Poitou-Charentes)大区合并而成。面积为84 061平方公里,人口约为588万,首府所在地波尔多(Bordeaux)。大区下辖12个省:多尔多涅省(Dordogne)、吉伦特省(Gironde)、朗德省(Landes)、洛特-加龙省(Lot-et-Garonne)、大西洋岸比利牛斯省(Pyrénées-Atlantiques)、科雷兹省(Corrèze)、克勒兹省(Creuse)、上维埃纳省(Haute-Vienne)、夏朗德省(Charente)、滨海夏朗德省(Charente-Maritime)、德塞夫勒省(Deux-Sèvres)、维埃纳省(Vienne)。大区濒临大西洋,拥有众多沙滩、码头和岛屿等旅游资源,还是牡蛎等贝类产品生产中心。首府波尔多也是吉伦特省省会,它也是法国西南地区的政治、经济、文化、交通和教育中心。波尔多地处典型的温带海洋性气候区,全年温暖湿润,非常适合葡萄的生长,所以波尔多也以葡萄美酒闻名世界。法国白兰地(Cognac),又称"干邑",产于夏朗德省的科尼阿克(Cognac)地区,又译为干邑地区,人头马(Rémy-Martin)、轩尼诗(Hennessy)、马爹利(Martell)等著名品牌的白兰地都产于此地。

新阿基坦

波尔多葡萄园

人头马白兰地

奥克西坦尼(Occitanie)的南部-比利牛斯(Midi-Pyrénées)部分：南部-比利牛斯原来是一个独立的大区，2016年1月，它与朗格多克-鲁西永合并后，成为奥克西坦尼的一部分。其面积为45 348平方公里，人口约为293万，首府所在地为图卢兹(Toulouse)。下辖8个省：阿列日省(Ariège)、阿韦龙省(Aveyron)、上加龙省(Haute-Garonne)、上比利牛斯省(Hautes-Pyrénées)、热尔省(Gers)、洛特省(Lot)、塔恩省(Tarn)、塔恩-加龙省(Tarn-et-Garonne)。南部-比利牛斯大区首府图卢兹也是上加龙省的省会，空客总公司(Airbus)及航天城(Cité de l'Espace)的所在地，法国国家航空航天研究中心，是欧洲航空航天工业的重要城市。

南部-比利牛斯　　　　　　　　奥克西坦尼

空客 A380

阿丽亚娜火箭

瓜德罗普省位于加勒比海（Caraïbes）西印度群岛东部，面积为1 628平方公里，人口约为40万，首府是巴斯特尔（Basse-Terre）。1815年正式划归法国，1946年成为法国一个省。瓜德罗普省离法国本土6 200公里左右，其经济来源主要依靠旅游业、热带森林以及咖啡、甘蔗的种植。

瓜德罗普

马提尼克位于加勒比海西印度洋群岛中小安的列斯群岛（Petites Antilles),面积为 1 128 平方公里,人口约为 39 万,首府是法兰西堡(Fort-de-France)。法兰西堡法院为马提尼克、瓜德罗普和法属圭亚那的上诉法院。马提尼克在当地语言中是 Matnik 或 Madinina,意思为"花之岛"(L'île aux fleurs)。马提尼克属热带雨林气候,一年只有两个季节:1 月至 6 月为旱季,7 月至 12 月为雨季。岛上自然风光优美,有火山和海滩,盛产甘蔗、香蕉和菠萝等。

法属圭亚那是法国位于南美洲东北部赤道附近的一个海外属地,面积 83 846 平方公里,人口约为 25 万,首府是卡宴(Cayenne)。法属圭亚那濒临大西洋,河流众多、气候湿热。1964 年,欧洲宇航局在库鲁(Kourou)建成火箭发射中心,从事阿丽亚娜火箭的发射业务,从而让此地闻名于世。

马提尼克

欧洲航天发射中心(库鲁)

复习思考题:
1. 简述法国地形地貌特征。
2. 列举法国主要河流和山脉及其特征。
3. 试析法国地缘环境的特点。

第三章 政治

法国是一个有着几百年君主专制传统的国家,最高统治者往往握有很高的权利,中央集权思想也就自然而然构成了法国传统政治思想的主导面。"从法国历代国王到国民公会议员,从波拿巴到第三共和国的立法议员,都想使国家的统一和中央集权的管制臻于至善。"①在1789年大革命以前,法国是欧洲历史上最典型的中央集权的封建制国家。当然,法国国家体制的历史漫长而多变。从大革命后国民公会时期的第一共和国,到拿破仑的帝制,又经历封建王朝的复辟,直到19世纪70年代,共和国才在议会制度中稳定下来。然而,当时体制的特点是议会具有至高无上的权力,作为国家元首的总统权力有限,从而导致政局不稳。第四共和国时期内阁更迭频繁,最后,在印度支那和阿尔及利亚殖民战争后无法继续。于是,重新制定一部新的宪法,平衡议会与政府之间的权力,显得尤为重要且刻不容缓。在戴高乐将军的推动下,第五共和国完成了新宪法的制定。

第一节　宪　法

法国的现行宪法制定于1958年,它似乎是比较新的。然而,它与1789年进行的法国大革命,法兰西第一共和国到第四共和国,尤其是第三共和国,还有拿破仑一世及拿破仑三世的帝制都有一定的关联。"法国的政府兼具共和的形式、王国的制度、帝国的精神"②,这个说法不无道理。因此,要想完整准确地把握法国现行的宪法,需要对1789年的法国大革命、1875年的法兰西第三共和国的宪法以及1958年的法兰西第五共和国的建立有所了解。

一　1789年法国大革命

1789年法国大革命之前,虽然也有"基本法"(lois fondamentales),但是它们的目的仅仅是规定王位的继承、国土的保卫及宗教的信仰等,我们所知的立宪政治则完全是大革命的产物。法国大革命"自由"、"平等"、"博爱"的口号绝

---

① [法]阿尔弗雷德·格鲁塞.法国对外政策 1944—1984 [M].陆伯源,译.北京:世界知识出版社,1989:40.
② 钱端升.法国的政府 [M].北京:北京大学出版社,2009:220.

不是偶然发生的,那是因为之前没有自由、平等、博爱,所以,平民百姓对此十分渴望。那时,政权集于国王一人,国王不受任何法律的约束。政府的系统也没有国会之类的机构立法或监督,所谓的"等级会议",即贵族、僧侣、平民阶层所推出的代表会议并无多少实权,而且召集的权力完全操控在国王的手上。如果国王不召集,等级会议永远也不能召开。法国的等级会议从1614年至1789年从未召集,到路易十六执政时期,由于财政危机,才不得已召集开会。可见,等级会议丝毫不能监督国王的权力。国王可以自立其法,自执其政,自行其政,毫无限制。路易十四所谓的"朕即国家",表达得再明白不过。所有治理地方的官吏都由国王任命,他们奉国王的旨意办差。当时的人民既无人权保障,也无自由可言。当时的贵族和僧侣不仅拥有财产,而且还不用纳税,或者纳很少的税,绝大部分的负担无疑落在农工商等平民身上。不仅如此,各类官吏还中饱私囊,任意搜刮民脂民膏,普通百姓民不聊生。全国各地没有一种适用的习惯法,大家各行其是。城市和乡村之间、一个城市与另一个城市之间道路不畅,货物运输困难,还需缴纳各种名目繁多的过路税。总之,各地间交通不便,习惯不同,贸易不旺,人与人之间交流不畅,感情不佳,甚至彼此厌恶。可见当时并没有博爱观念。既无自由,也不平等,又缺乏博爱观念,因此,大革命时期才会提出这样的口号。

1791年宪法(存于法国国家档案馆)

大革命的结果是旧制度被推翻,政体由君主制变成共和制,国王和王后都被送上了断头台。贵族制度被废除,贵族的产业充公。教会的土地同样充公,僧侣的特权也一律取消。1789年通过的《人权宣言》有两点很重要,那就是人类平等和人权保障。此后通过的宪法规定,立法机关要有两院,即上院(参议院)和下院(众议院),两院所选举的五个人组成督政府,即国家最高权力机构。1799年拿破仑将五人督政府改为执政制,自封首席执政。他将立法机关的权限大大缩减,将行政长官的权力无限扩大,直到1804年称帝,建立法兰西第一帝国。1789年至1804的十五年间,法国的政体从王国变成共和国,又从共和国改成帝国。拿破仑当权后,立即采取了各种措施,对国家进行改革。他不仅改组了各级政府,也对行政金融司法等方面加以革新,最大的功绩当属《民法典》(又称《拿破仑法典》)的颁布。"大革命的种种理想所以能永入于法国的民心,拿破仑的内政改良实为莫大的助力。"①

总而言之,大革命对于此后法国的立宪起着不可或缺的作用。

1875 年的第三共和国宪法

波旁王朝在拿破仑失败后复辟,经历了路易十八和查理十世的统治,又再次被推翻。此后路易·菲利普被推选上台,建立了"七月王朝"。虽然七月王朝出台了新的约法,然而由于菲利普始终拒绝选举权的扩大,甚至有意包揽议会的选举,最后在 1848 年爆发新的革命,王朝也走向终结。法兰西第二共和国在革命后成立,1848 年的宪法规定总统由人民投票选出,内阁则由总统委派,不受议会的约束。

拿破仑一世的侄子路易·拿破仑·波拿巴被选为总统,史称拿破仑三世。他的当选一方面是凭借他伯父的盛名,另一方面则是由于共和派与君主派之间的相互斗争,从而让他渔翁得利。当时宪法规定,总统任期四年,且不得连任。拿破仑三世欲修宪,以谋求连任,却遭到国会拒绝。1851 年年底,他遂发动政变,解散国会,修改宪法,将总统任期延长为十年。第二年修订宪法,效仿伯父称帝。根据拿破仑三世颁布的宪法,皇帝的权力非常大,他可以任免内阁,内阁只向他负责。议会为两院制:一是民选的立法院,权限很小;一为钦派的参议院,权限极大,既有立法权,还有解释和修改宪法的权力。在这种制度下,拿破仑三世成为大权独揽的帝王。拿破仑三世称帝共十八年,其间也颁发一些新宪法,无非是将立法院和参议院的权限增加或减少,并未见实质变化。1870 年普法战争爆发,拿破仑三世被俘投降,第二帝国也随之灭亡。

巴黎民众随后也宣告组建临时政府,选举行政首领,更其名为总统。然而总统及其任命的内阁成员须向国会负责,总统的权力十分有限。1873 年,临时政府首领梯也尔(Adolphe Thiers)与国会发生冲突,愤而辞职。国会便推选麦克-马洪(Mac-Mahon)为总统,并定其任期为七年。1875 年通过宪法,将国家的

---

① 钱端升.法国的政府[M].北京:北京大学出版社,2009:224.

元首正名为"共和国总统"。名义上宪法赋予总统的职权很大：召集国会，提出议案，吩咐复议，任免官吏，缔结条约，执行法律，统率军队，赦免罪犯，解散下院（须得到上院同意），然而实际上总统的权力极其有限，主要是代表国家接待外宾，举行盛典。曾在第三共和国做过内阁总理的克莱蒙梭（Georges Clemenceau）曾讥讽说："世上有两件东西，我真找不出用处来，一为胱底腺，一即法国的总统！"①可见那时总统只是理论上的国家首脑，因此，大多数总统都不愿意连任。真正的国家权力掌握在国会手中，制宪和立法都是由国会两院召开联席会议决定。两院召开联席会议时叫作国民会议，国民会议是当时法国最高权力机关，而且它的权力毫无限制，即便是总统的选举也是由国会操纵，国民会议的多数就可以选出总统，而不是由人民直接选举。当然，这么做也是为了避免重蹈拿破仑三世的覆辙，一个由人民选举出来的总统竟然发动政变，建立帝制。当时的法国政府为议会政府，内阁须得到国会的信任。国家行政方面的所有事务由内阁决定，在这样的内阁制宪法中，总统的地位无足轻重。第三共和国宪法从1875年开始实行，在整个第三共和国期间，乃至1946年成立的第四共和国都基本沿用。这套宪法前后维持了七八十年，虽经过一些修改，但总体上没有本质上的变化。

1875年宪法原件及国玺(存于法国国家档案馆)

---

① 钱端升.法国的政府[M].北京：北京大学出版社，2009：230.

1958年第五共和国宪法

1958年的《第五共和国宪法》在前言中确认了《人权与公民权宣言》中所宣布、1946年宪法前言所补充的各项原则。宪法第一章主权中的第二条规定:"法兰西是不可分的、世俗的、民主的和社会的共和国。"根据规定,宪法要确保所有公民,不分出生、种族、宗教,在法律面前人人平等。

宪法第三条规定,"国家主权属于人民,由人民通过其代表和公民投票的方式行使国家主权。"人民可以通过公民投票表达他们的"主权",同时扩大了公民投票的内容和范围。人民有权直接选举总统、议会议员以及地方议员,使公民有更多的机会直接参与政治民主的生活。国家则通过它的代表,即议会和总统行使权力。

由法兰西国玺盖印的1958年宪法　　1958年宪法签名页(存于法国国家档案馆)

宪法通过第二章总统、第三章议会以及第五章议会和政府的关系的条文规定,重新调整了立法、行政、司法三种权力之间的关系,建立了这三种权力新的平衡,确认为第五共和国的政体。可以说,1958年的宪法是一部重新得到平衡的议会制宪法。这个新宪法设立了宪法委员会,其目的是通过对法律进行合宪性审查,来保证议会的活动仅限于立法领域。这部宪法从根本上缩小了议会的影响,将议会排在了宪法机构中的第三位,即在共和国总统和政府之后。共和国总统掌握国家权力,总理掌握政府权力。总统拥有危机处置权以及自主决定解散国会的权力,无须征得任何人同意。总之,宪法将国家权力转交给了共和国总统,同时在议会中进行了对政府有利的再平衡,旧的议会体制发生了巨大的变化。

第五共和国从成立至今已经超过半个世纪,从其诞生以来,受国际环境变化、领土变化、选民行为的变化,政党及其领袖的变化的影响,它所发生的演变是巨大的。然而,它的基本特性,无论是代议制、决策机制,还是法律保障制度等都没有本质的变化,可以说,1958年制定的宪法无疑起着关键作用。

第二节 选举制度

选举制度是法国政治制度的一个重要组成部分。虽然第三共和国确立了法国以普选为核心的选举制度,但当时的选举制度具有很大的局限性:妇女没有选举权和被选举权;普选仅限于众议院,总统和参议院则由间接选举产生等等。第二次世界大战后,法国选举制度发生了很大的变化:1944年妇女拥有了选举权;1974年将选民的年龄从21岁降为18岁;除了参议院外,总统和其他的民选机构都是直接普选产生。法国选举制度分为地方选举制度和全国选举制度。大区、省议员、市镇议会选举为地方选举,总统选举、国民议会选举、参议院选举以及欧洲议会选举则是全国选举制度。

一、全国性选举

1. 总统选举

法国总统由直接普选(le suffrage universel direct)产生,每五年选举一次[1],可以连选连任,但不得超过两届。总统候选人必须是年满23岁的法国公民,同时还需要获得来自法国至少30%以上省份的500名民选代表的联署支持(Parrainages de parlementaires ou d'élus locaux)。总统候选人一般由政党提名,也可以是"独立候选人"。

目前,依照的是1962年颁布的《法国选举法》(le Code électoral),法国总统选举采取"多数两轮投票制"(le Scrutin uninominal majoritaire à deux tours),

---

[1] 1958年至2002年期间,总统任期为7年。2000年通过法律,确定总统任期为5年。

由全民直接投票选举总统。在第一轮投票中,候选人获得超过半数选票即可当选。如果在第一轮投票无人获得50%以上的绝对多数票,则第一轮中得票最多的两位候选人进入第二轮投票选举。第二轮投票将在第一轮投票后的第二个星期日举行。如果前两位候选人中有中途退出竞选的,则由得票次多者替补上来,以保证在第二轮投票中有两位候选人。在第二轮投票中,候选人获得相对多数即可当选。

除了1965年、1969年和1974年三次选举外,法国本土总统选举的第一轮投票日期一般在4月23日前后的周日进行,第二轮投票在第一轮投票后的第二个周日举行。如2017年4月23日是第一轮大选投票的日期,第二轮投票则在5月7日周日举行。海外地区的投票通常会提前一天进行,即周六。

宪法委员会(le Conseil constitutionnel)对总统大选进行监督。它负责审核总统候选人资格,公布候选人名单,正式发布选举结果。

2017年法国总统选举的logo

候选人须向宪法委员会提交密封的个人财产状况报告,以备当选总统后开启公布。政府组织实施总统选举,在中央和地方分别设置全国监督委员会和地方监督委员会,以监督选举活动。全国竞选审计和政治资助委员会(CNCCFF)负责审查总统候选人的竞选资金是否违规。法国内政部组织选举并统计投票的结果。

表1 1965年法国实行总统直接普选以来的大选结果

	左翼	中间派	右翼	极右翼
1965	密特朗 44.80%	—	戴高乐 55.20%	—
1969	—	普埃尔 41.79%	蓬皮杜 58.21%	—
1974	密特朗 49.19%		德斯坦 50.81%	
1981	密特朗 51.76%		德斯坦 48.24%	
1988	密特朗 54.02%		希拉克 45.98%	
1995	若斯潘 47.36%		希拉克 52.64%	
2002	—	—	希拉克 82.21%	勒庞 17.79%

续表

	左翼	中间派	右翼	极右翼
2007	罗亚尔 46.94%	—	萨科齐 53.06%	
2012	奥朗德 51.64%	—	萨科齐 48.36%	
2017	—	马克龙 66.10%	—	勒庞 33.90%

2. 国民议会选举(Les élections législatives)

国民议会议员由选民直接选举产生,任期五年,可连选连任。如遇国民议会被解散,那任期就会缩短。除了被剥夺选举权的人之外,凡年满18周岁的法国公民都享有选举权,凡年满23岁的法国公民均可当选国民议会议员。

国民议会选举采用"单记名两轮多数投票制"(le Scrutin uninominal majoritaire à deux tours),即在第一轮投票中,候选人获得本选区绝对多数选票,即可当选。如果无人获得过半选票,需要在一周后举行第二轮投票,由在第一轮投票中获得12.5%以上选票的候选人进行角逐。如果只有一个候选人或者无候选人满足12.5%选票的条件,则由两名在第一轮投票中获得选票最多的候选人进入第二轮投票。在第二轮投票中,候选人获得相对多数即可当选。在得票数量相同的情况下,年长者当选。国民议会的选举还实行"替补制度",即候选人的选票要附上"替补者"(Suppléant)的姓名。如果候选人在第一轮投票中获得进入第二轮的资格,但在第二轮投票前发生意外,如死亡等,则由"替补者"参加第二轮角逐。如果议员被任命为内阁成员,也要由"替补者"临时自动接替。

2017年国民议会选举 logo

全法国(包括法国本土、海外省和海外领地)共划分为577个选区(Circonscription),其中法国本土555个选区,海外省及特殊地位地方行政区17个选区,海外领地5个选区。选区通常以行政区划为基础,以人口数量为依据。每个选区选举1名国民议会议员,所以国民议会共有577个议员(Député)。

自从2000年法国总统任期确定为五年以后,国会议员的选举也改为五年一次。时间通常安排在总统大选之后的几个星期内进行,具体时间由政府确定。日程的改变旨在让新当选的总统在国民议会中占有多数,以避免出现不同党派共治的局面。2017 年的总统选举日期为 4 月 22 日和 5 月 7 日,而国民议会的选举则在 6 月 11 日和 6 月 18 日进行。

2017 年选出的国民议会议员的政治结构如下:①

执政党派	350 席
共和国前进党(la République en Marche,简称 LREM)	308 席
民主运动联盟(le Mouvement démocrate,简称 MoDem)	42 席
右翼党派	136 席
共和党(les Républicains,简称 LR)	112 席
独立民主派联盟(Union des démocrates et indépendants,简称 UDI)	18 席
其他右派(Divers droite)	6 席
国民阵线(le Front National,简称 FN)	8 席
左翼党派	72 席
社会党及其联盟(le parti socialiste,简称 PS et alliés)	45 席
不屈法兰西(la France insoumise)	17 席
法国共产党(le Parti communiste français,简称 PCF)	10 席
其他政党和团体	11 席

下面图示中是修改后名额②,与最初的数据略有差异。

自 2017 年 6 月 27 日起,共和国前进党人弗朗索瓦·德·鲁吉担任国民议会主席。

2017 年 6 月 21 日选举的法国第五共和国第 15 届国民议会具有明显的特点,可以说是一次大规模的"吐故纳新":577 名当选议员中,上一届连任议员只

---

① https://fr.wikipedia.org/wiki/Élections_législatives_françaises_de_2017
② https://fr.wikipedia.org/wiki/XVe_législature_de_la_Cinquième_République_française

有145名，其余的均为新议员，新人之多，前所未有。而且，在新人中，237人此前从未在任何一级地方议会担任过民选议员，第一次参选便成功直接进入代表国家的国民议会，行使宪法赋予的议员职责。这届国民议会的另一个特点是女性议员人数创下历史新高，达到224名，远远超过上一届的155名，占议员总数的38%。议员的平均年龄也有大幅下降，从上一届的54岁零8个月降至49岁零1个月，最年轻的议员仅有23岁。在职业构成方面，退休人员减少，而管理人员、自由职业者、教师、私营部门的议员人数明显增加，而且还破天荒地出现一名在读大学生和一名工人当选。此外，国民议会议

弗朗索瓦·德·鲁吉
François de Rugy (1973—)

员原籍多样化方面也高于以往各界，出身移民的议员人数从上一届的8名增加到15名。虽然马克龙领导的共和国前进党赢得控制立法程序所需的绝对多数，但也留给了左右翼、极左翼、极右翼等各种政治势力一定的代表空间。各种政治势力和政见在国民议会得到代表，自然有助于加强议会民主讨论的职能。

3. 参议院选举(Les élections sénatoriales)

参议院以特殊的间接选举方式进行选举，由"大选举人团"(le Collège de Grands électeurs)选出参议员。参议院法定拥有348名参议员(Sénateur)，任期为6年，可连选连任。从2011年起，每三年改选一半。参议员的候选人须年满30周岁，其他部分与国民议会议员候选人资格基本相同。

参议院的选举以各省为单位设置选区，旨在保证各个地方在参议院中都有代表。参议员由大选举人团间接选举产生，每个省为一个大选举人团，由本省选出的国民议会议员、大区议会议员、省议会议员以及市镇议会的代表组成，统称为选举人。根据分配的参议员名额，选举方式有所不同，4名及4名以下，采用"单选或复选两轮多数投票制"(le Scrutin majoritaire uninominal ou plurinominal à deux tours)，5名及5名以上，采用"复选比例代表投票制"(le Scrutin proportionnel plurinominal)。

在2011年9月25日举行的参议院议员选举中，法兰西第五共和国历史上，社会党及其联盟第一次在参议院中拥有多数席位。最新一次的参议院选举

于2017年9月24日进行,共和党人在选举中获得多数席位。在10月2日举行的参议院主席选举中,共和党人吉拉尔·拉赫谢自2014年当选为主席后,再次被选为参议院主席。

4. 欧洲议会选举(Les élections européennes)

欧洲议会(le Parlement européen)共有751名议员,各国议席数基本上是按人口比例及政治协商分配。德国最多,占96席,法国次之,占74席,英国、意大利都是73席,最少的国家只有6席,如爱沙尼亚、塞浦路斯、比利时和马耳他。欧洲议会议员候选人必须是欧盟成员国公民,并符合居住地要求以及各自国家相关法律的规定。年龄方面各个国家的要求不尽相同,从年满18周岁到25周岁不等,法国议员候选人须年满18周岁。选举的时间也由各个国家自己确定,2014年的欧洲议会选举的时间在5月22日至5月25日之间进行。

吉拉尔·拉赫谢
Gérard Larcher (1949—)

欧洲议会议员任期五年,各个国家的选举方式也有差异。法国采用"名单一轮比例代表投票制"(le Scrutin proportionnel plurinominal à un tour)。自2003年以来,法国共分8个选区,本土7个,分别是西北区(Nord-Ouest)、西部(Ouest)、东部(Est)、西南区(Sud-Ouest)、东南区(Sud-Est)、中央高原-中央大区(Massif central-Centre)、法兰西岛大区(Île de France)、海外省和领土构成1个共同选区(Outre-Mer)。

最近一次,即第八次欧洲议会的直接选举于2014年5月25日在法国举行。国民阵线(Front national)有史以来第一次在投票中获得了票数第一的结果,赢得了24个席位。人民运动联盟(Union pour le movement populaire)获得20席,社会党(Parti socialiste)12席,欧洲生态绿党(Europe Écologie Les Verts)6席、民主运动4席、独立民主派联盟3席、法国共产党2席,其他政党获剩余席位。从地区来看,法兰西岛大区15席,西北区和西南区分别获得10席,东部和西部各获9席,中央高原-中央大区获得5席,东南区13席,海外地区3席。

欧洲议会位于斯特拉斯堡的半圆梯形会场

二 地方性选举

1. 大区议会选举(Les élections régionales)

大区议会议员由普选产生,每届任期6年。选举采用"两轮复选比例及多数席位奖金投票制"(Scrutin proportionnel plurinominal à deux tours avec prime majoritaire)进行选举。候选人可以是政府成员、两院议员、欧洲议会议员,名单按省分割,根据得票数量分配议席。在第一轮投票中获得绝对多数的名单,自动获得1/4席位。如无任何名单在第一轮获得多数,则举行第二轮选举。只有在第一轮投票中得票率超过10%的名单才能进入第二轮投票,席位按照获得选票数量的比例分配。

法国最近一次大区选举于2015年12月6日和13日进行,少量地区则在2015年12月18日,还有的甚至是2016年1月4日举办。

表2 法国各区议员议席(2015年12月6日和13日)

地区名称	合并前的地区名称	议席
Auvergne-Rhône-Alpes	Auvergne, Rhône-Alpes	204
Bourgogne-Franche-Comté	Bourgogne, Franche-Comté	100
Bretagne		83
Centre-Val de Loire		77
Corse		51

续表

地区名称	合并前的地区名称	议席
Grand Est	Alsace, Champagne-Ardenne, Lorraine	169
Guadeloupe		41
Guyane Française		51
Hauts-de-France	Nord-Pas-de-Calais, Picardie	170
Île-de-France		209
Réunion		45
Martinique		51
Normandie	Basse-Normandie, Haute-Normandie	102
Nouvelle-Aquitaine	Aquitaine, Limousin, Poitou-Charentes	183
Occitanie	Languedoc-Roussillon, Midi-Pyrénées	158
Pays de la Loire		93
Provence-Alpes-Côte d'Azur		123
Total		1 910

18个大区示意图(含海外地区)

2. 省议会选举(Les élections départementales)

根据2013年5月17日颁布的有关省、市镇选举新法，对省议会选举在内的选举体制进行了改革。改革内容包括统一名称、选举办法以及重新规划选区等。

改革前，省议会选举、省议会、省议会议员的法语名称为 Élections Cantonales, Conseils généraux, Conseillers généraux，改革后，统一使用"省"(département)这个行政建制名称，上述称谓分别改为 Élections départementales, Conseils départementaux, Conseillers départementaux。

省议会议员选举采用"两轮多数男女比例对等投票制"(Scrutin binominal et paritaire majoritaire)普选产生。此类选举的候选人必须男女各占一半对等提名，即一男一女搭档参选，且"替补者"的提名也须如此。如想在第一轮投票中当选，必须获得绝对多数，且票数不低于注册选民数的25%。如果无人在第一轮投票中获得绝对多数，那就要进行第二轮投票，当然，在第一轮投票中获得至少12.5%选票的名单才能进入第二轮。在第二轮投票中，获得最多选票的名单当选。

为了更好地与各省的人口规模相平衡，以体现选举的公平性，省议会选举单位的选区(Canton)被重新规划，原先的4 035个选区被整合为2 054个。此前，每个选区只选举一名议员，现在每个选区有两个名额，因此总共有4 108个议员。

省议会议员任期6年，可连选连任。每次选举所有议员全部重新改选，此前是每隔3年改选一半。

法国现有101个省，其中96个在本土，5个在海外。2015年3月22日和29日举行的省议会选举涉及98个省，巴黎、马提尼克和法属圭亚那三省未进行选举。其中，巴黎在行政建制上既是一个省，也是一个市镇，其议会在市镇选举中产生；而马提尼克和法属圭亚那两个海外省的选举推迟至2015年12月与大区议会选举同时举行，这两个地方将变成单一的行政单位，其议会将合二为一，即兼具大区议会与省议会的职能。

选区划分前后示意图如下：

表3

省(Département)	选区数(Nombre de canton)		省议员数(Nombre de conseillers)	
	2014年	2015年后	2014年	2015年后
巴黎	(20)	(20)	(20)	(20)

续表

省(Département)	选区数(Nombre de canton)		省议员数(Nombre de conseillers)	
	2014 年	2015 年后	2014 年	2015 年后
本土(除巴黎)	3 863	1 995	3 863	3 990
瓜德罗普	40	21	40	42
留尼汪	49	25	49	50
马约特	19	13	19	26
马提尼克	45	—	45	—
法属圭亚那	19	—	19	—
总数(除巴黎)	4 035	2 054	4 035	4 108
总数(含巴黎)	4 055	2 074	4 055	4 128

从最近一次的省议会选举结果看,左翼阵营明显式微,仅获得 34 个省议会的份额,而右翼阵营则赢得更多支持,拿下了 66 个省议会掌控权,剩下一个省议会的领导权由无党派人士承担。极右翼政党国民阵线虽然赢得较高的支持率,但并未能获得任何一个省议会的主导权。

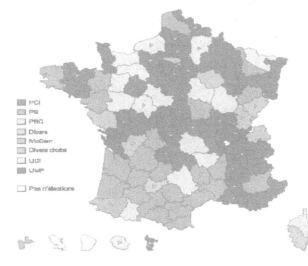

PCF 法国共产党
PS 社会党
PRG 左翼激进党
Divers 其他左翼党派
MoDem 民主运动
Divers droite 其他右翼党派
UDI 民主与独立人士联盟
UMP 人民运动联盟……

3. 市镇议会选举(Les élections municipales)

法国市镇议会选举属于基层地方选举,目的是选举市镇(Commune)的议会议员(Conseiller municipal)。市镇议会议员通过直接普选产生,任期 6 年,可连选连任。

市镇议会议员议席数量和选举方式都是由市镇人口规模确定。2014年后，各市镇议会议员的数量从最少的7名到最多的69名不等。巴黎、里昂和马赛在法国市镇中拥有特殊的地位，城市还划分数量不等的行政区，因此，选举市议会的同时，还要举行区议会的选举。1 000人以上的城市，采用"两轮多数投票制"与"比例投票制"相结合的投票方式。在1 000人以下的市镇采用"两轮复选多数投票制"（Scrutin majoritaire plurinominal à deux tours）。

表4　市镇人口规模与市镇议员席位数目

居民人数	<100	<500	<1 500	<2 500	<3 500	<5 000	<10 000
议员席位	7	11	15	19	23	27	29
居民人数	<20 000	<30 000	<40 000	<50 000	<60 000	<80 000	<100 000
议员席位	33	35	39	43	45	49	53
居民人数	<150 000	<200 000	<250 000	<300 000	≥300 000		
议员席位	55	59	61	65	69		

2013年的改革要求严格遵循男女比例对等的规定，这就意味着将由更多的女性参与到市镇议会的各项决策工作之中。

从2014年开始，市镇选举实施的新规定要求在对1 000人以上的市镇选举投票的同时，还要对市镇联合体议会议员选单进行投票（Liste des conseillers communautaires）。通过直接选举产生的市镇议员，要在当选议员中选举产生市长和副市长。市镇议会由市长主持，市长在市镇议会各部门的配合下，负责执行市镇议会的各项决策。据法国内政部公布的数据显示，全法国2014年登记报名的市镇议员候选人总数达到926 068人，经过两轮直接普选后，将产生全法国36 681个市镇的总计近50万名市镇议员，这些市镇议员都是有资格选举参议院参议员的"大选举人"。

根据法国《费加罗报》网站2014年3月31日报道，3月30日，法国市镇议会选举第二轮投票结束，选举初步结果显示，当时的执政党法国社会党在选举中遭遇惨败。法国内政部公布的统计结果，执政党丢失了至少155个人口超过9 000人的市镇。在野的中间右翼党人民运动联盟全面胜出，极右翼国民阵线也取得突破性进展，在10多个市镇获胜。由于市镇与选民联系密切，法国公众和媒体普遍关注这次市镇议会的选举结果。这个选举结果与法国近年来经济增长乏力不无关系。法国失业率居高不下，选民不满情绪增长，社会抗议增多，政客们不断爆出丑闻,这些都严重挫伤了普通民众的政治兴趣。

三 公民投票

法国宪法第 3 条规定:"国家主权属于人民,由人民通过其代表和通过公民投票的方法行使国家主权。"公民投票是一种直接民主形式,是民主国家实行宪政制度的重要组成部分。这种形式起源于古希腊城邦雅典的公民大会,那时,雅典重要的事情须由全体公民投票决定。法国是现代全民公决制度的发源地之一,现行公投制度具有非强制性、非自发性的特点。

启动公民投票程序如下:一是宪法第 11 条第一款的规定"共和国总统根据已经在《政府公报》上发表的政府在议会会议期间提出的建议,或议会两院联合提出的建议,可以将设计国家的经济或社会政策和促进公共服务的,或授权批准国际条约的,虽与宪法不相抵触但却会影响现行制度运行的法律草案,提交公民投票表决。"二是宪法第 89 条规定的修宪程序,也就是说总统可以绕过议会直接将修宪案交全民公决。三是根据宪法第 15 章有关"欧盟"问题的规定提出的全民公决。

自 1958 年 9 月 28 日法国人民全民公决通过《第五共和国宪法》以来,全民公决举行过 8 次:第一次是 1961 年 1 月 8 日关于阿尔及利亚自决权的问题(通过);第二次是 1962 年 4 月 8 日关于授权总统缔结《"埃维昂"协议》问题(通过);第三次是 1962 年 10 月 28 日关于全民普选产生总统的问题(通过);第四次是 1969 年 4 月 27 日关于改组参议院以及权力地方化的问题(未通过);第五次是 1972 年 4 月 23 日关于英国、丹麦、爱尔兰、挪威加入欧共体条约的批准授权问题(通过);第六次是 1988 年 11 月 6 日关于新喀里多尼亚问题(通过);第七次是 1992 年 9 月 20 日关于通过《马斯特里赫特条约》(le Traité de Maastricht)的问题(通过);第八次是 2005 年 5 月 29 日关于通过《欧盟宪法条约》(le Traité établissant une Constitution pour l'Europe)的问题(未通过)。戴高乐总统执政的 8 年时间发起了 4 次全民公决,此后 4 次则间隔了三十多年时间,且都涉及"国际"问题,可见法国总统对发起全民公决权力的运用越来越谨慎。

除了总统可以根据政府的建议行使公民投票这种特权,法国议会在 1/5 议员并获得 1/10 选民支持的情况下,也可以就某个重大的问题提议举行全民公决。此外,地方政府也可以就地方的重大问题举行公民投票。从 1959 年 12 月

27 日关于建立瓦利斯和富图纳群岛（Wallis-et-Futuna）海外领地至 2016 年 6 月 26 日西部大区飞机场计划（Projet d'aéroport du Grand Ouest）的地方公投，第五共和国总共举行了 19 次地方全民公决。

第三节　行　政

一　总统

根据 1958 年通过的第五共和国宪法，总统是法兰西共和国国家元首。法国是一个典型的中央集权制国家，实行半总统半议会制。总统由选民直接选举产生，任期五年，可连选连任。总统是国家的权力核心，作为三军统帅，总统主持召开国防最高会议。总统除拥有任命高级文武官员、签署法令、军事权和外交权等一般权力外，还拥有任免总理和组织政府、解散国民议会、举行公民投票、宣布紧急状态等非常权力。作为国家元首的总统象征国家权力，国家权力包括遵守宪法、保证国家独立和遵守国际承诺、确保国家政策的连续性，以及对政治上的纷争做出裁决，尤其是 1962 年公民投票通过了总统由普选产生后，使总统完全摆脱了议会的控制，从而大大地加强了总统的地位。自此，国家权力中心已经从第四共和国以议会为中心，变成了以总统为中心。总统出缺时，其职权将由参议院（Sénat）院长暂时代理。若参议院院长亦不能行使职权时，则由政府总理代行。

爱丽舍宫（Palais d'Elysée）

法国总统官邸叫爱丽舍宫（Palais d'Elysée），是巴黎重要建筑之一。"爱丽舍"源于希腊语，意为"乐土、福地"。1720 年，建筑师阿尔曼·克劳德莫莱（Armand Claude Mollet）为戴佛尔伯爵（Comte d'Évreux）亨利（Louis-Henri）在巴黎市中心盖了这座私人宅邸，取名"戴佛尔宫"，后几经周折，1804 年拿破仑称帝，法兰西第一帝国取代法兰西第一共和国，其妹夫缪拉（Joachim Murat）元帅于 1805 年购得这座公馆,大肆装修,起名为"爱丽舍宫"。1873年,麦克马洪继任总统,于1879年1月22日颁布法令,正式确定爱丽舍宫为总统府,延续至今。

现在爱丽舍宫的主人是埃马纽埃尔·马克龙。他于1977年12于21日出生于法国北部城市亚眠,在法国国家行政学院(Ecole Nationale d'Administration)和巴黎政治学院(Institut D'études Politiques de Paris)学习并获得相应学位。2006年,马克龙加入社会党。2012年随奥朗德胜选而进入爱丽舍宫并被任命为副秘书长。2014年,瓦尔斯(Manuel Valls)总理任命其为经济部长。2016年,创立了自己的政治派别——"前进运动"(En marche)党。2017年5月7日马克龙以66.1%的得票率赢得大选,成为法国历史上最年轻的总统。5月14日,正式就任总统,入住爱丽舍宫。

总理与政府

总理是共和国政府首脑,由国民议会中的多数党人士担任,总统任命。法国同时存在总统和总理,总统直接向选民负责,而总理及其政府则向议会负责。总理作为政府首脑领导政府的活动,其政府成员亦由总理提名,总统任免。

根据宪法,法国总理主要的职责是辅助总统行使权力,主持内政的日常运作,并负责国家的防务和保证法律的实施。政府支配行政机构及军队,制定并执行国家政策。如情势需要,总理将代理总统主持部长会议,甚至代行总统职权。当然,总理的设置也是为了实现政府对议会负责,让总统超然于议会之外,避免总统与议会发生矛盾而有损总统的权威。此外,1958年宪法加强了政府的职责,严格地划分了政府和议会之间的关系,收回了某些原来议会掌握的行政权力,使政府的地位优于议会,从而让政府的权力和地位得到了加强。

如果总统和总理由同一政党人士担任,则会以总统为权力核心。如果总统和总理由不同党派的人士担任,比如一个左派,一个右派,则形成"左右共治"的"双首长制"或"联合政府"(Cohabitation)局面。第五共和国历史上曾出现过三次"共治"局面:在密特朗总统执政时期,希拉克曾在1986至1988年担任政府总理,巴拉迪尔(Édouard Balladur)在1993至1995年担任政府总理。希拉克总统执政时期,若斯潘(Lionel Jospin)在1997至2002年担任政府总理。左右共治是法国政坛独特的现象。通常情况下,总统负责国防和外交,总理负责经济和民生。

马提翁宫(Hôtel Matignon)是法国总理官邸,它于1946年正式成为法兰西

马提翁宫(Hôtel Matignon)

第四共和国内阁总理府邸，一直沿用至今。

现任总理爱德华·菲利普（Edouard Philippe）1970年出生于法国的鲁昂，曾就读于巴黎政治学院、法国国家行政学院等名校。2017年5月15日，法国新任总统马克龙提名并正式任命他为政府总理并负责组阁。2017年6月19日，按照国民议会选举程序，总统当天接受菲利普内阁辞呈，随后再次任命其为总理并负责组阁。

政府除总理外，还由国务部长、部长级代表和国务秘书组成。法国政府成员人数没有法律上的限制，由总统根据需要决定。在政府成员中，国务部长的地位仅次于总理。部长主持一个部的工作，参加政府的决策，代行总理委托的某些权利，在议会中拥有答辩权。部长级代表的地位仅次于部长，负责总理或部长委托的某项专门工作。国务秘书的地位低于部长级代表，共分三种：独立国务秘书、总理府国务秘书、部长的国务秘书。为了从法律上规避政府成员贪赃枉法和假公济私的行为，宪法以及有关法令对政府成员的行为有严格的规定：政府成员不得兼任任何议会议员职务，不得兼任全国性职业代表的职务和其他一切公职，必须申报财产并接受有关组织的跟踪和调查等等。

对于马克龙治下的第一届菲利普政府，不少政论专家以"三个平衡"——即：左中右平衡、男女比例平衡、资深政客与民间社会平衡来评价。这届政府还有很多特点值得关注，首先是"精兵简政"：整个内阁共29人，比起刚卸任的奥朗德总统最后一届内阁38人的建制，显然瘦身不少。第二个特点是"礼宾顺序"的变化："礼宾顺序"其实就是各部部长在政府中的名次。这不仅是对部长个人影响力和地位的肯定，也在一定程度上折射出部长所主持的工作在整个政府决策中的分量。只要我们对马克龙和奥朗德政府中的某些部的"礼宾顺序"稍作比较，便可以发现两届政府重心的异同之处。"内政部"（Ministère de l'Intérieur）的地位从奥朗德时期内阁的第十位，在马克龙政府中提到了第一位，这应该是反映了治安、反恐等主题将成为这一届政府的优先任务。生态环境事务部的名称虽然更换了，但其地位在两个总统的内阁中没有变化，都名列第二。这表明了生态环境的工作，无论是哪个政党执政，都是必须要考虑的优先工作。"司法部"（Ministère de la Justice）由原政府中的第七位，提升到第三位。这似乎是与这次大选中出现的总统候选人蔑视与攻击司法有关。第三个特点是部的名称和事权范围的改变：比如，通用了几十年的"国防部"（Ministère de la Défense），变成了"军队部"（Ministère des Armées）。其实，在第五共和国建立时，"国家防卫部"（Ministère de la Défense Nationale）改成了"军队部"。从1974年起，直到2017年5月，历届政府都是沿用"国防部"这一名称，如今的改名似乎有借用第五共和国创始人戴高乐的威望重振法国的意味。上一届政府的"外交与国际发展部"（Ministère des Affaires Étrangères et du Développement International）变成了"欧洲与外交部"（Ministère de l'Europe et des Affaires Étrangères）。从这个名称的选择，不难看出马克龙政府将把欧洲问题当作核心事务的用意。此外，原来的"住房与可持续住宅部""家庭、儿童事务与妇女权利部""公职部"完全消失了。"城市、青年与体育部"变成了单纯的"体育部"（Ministère des Sports），"经济、工业与数码事务部"变成了"经济部"（Ministère de l'Économie），"劳动、就业、职业培训与社会对话部"成了"劳动部"（Ministère du Travail）等等。其实，每一任法国总统和总理在组阁时，都有权任意确定自己所组政府的规模以及内阁各部的名称。法国现行宪法只规定了"总统任命总理"和"总理领导政府工作"，但没有具体限定政府部位设置的数量和名称。当然，万变不离其宗，法国政府不能超越政府预算框架规定的范围。

二 地方行政

法国地方政府由大区、省、市镇三个层级构成，地方议会协助大区，省和市镇行政长官管理本地的事务。

1. 大区

大区是法国最高一级地方行政单位，每个大区管辖几个省。法国先后在1959年和1960年颁布了2个法令，确定在法国本土建立21个大区。1970年1月决定将科西嘉分出来，单独成立一个享有特殊的地位大区，这样本土便有了22个大区。此外，法国在海外建立了4个大区。不过，那时的大区只是一个经济实体。1982年，法国政府颁布了有关权力下放的法令，正式确认大区为地方行政单位。自此，法国行政区划由原来的省和市镇两级变为大区、省和市镇三级。2009年，马约特经过地方全民公决，成为一个海外省和大区。2016年1月1日以后，法国大区数量由原来的27个整合成18个，其中在本土有13个大区，在海外有5个大区。

大区议会（Conseil Régional）是大区的最高自治权力机构，由议员选出来的大区议会主席（président du conseil régional）负责大区的行政事务。议会主要从事大区经济发展以及相关的工作，如执行国家经济与社会发展的计划，促进本地区的经济开发，帮助中、小型企业的经济活动，制定本地区的经济计划，承担中等教育校舍建设和管理，分配和使用中央政府的财政拨款。大区区长（préfet de région）是中央政府任命的大区最高行政长官，他兼任大区首府所在地的省长，同时领导大区所辖省的省长以及大区所属的行政机构。他负责执行大区议会的决议，贯彻中央政府关于经济方面的法律和政策，监督法律的实施和财政的运行，负责行政区域的公共事务安全等。

表5　法国本土大区的名称、面积、人口*和首府

编号	大区	面积（平方公里）	人口	首府
FR-ARA	奥弗涅-罗讷-阿尔卑斯（Auvergne-Rhône-Alpes）	69 711	7 820 966	里昂（Lyon）
FR-BFC	勃艮第-费朗什-孔泰（Bourgogne-Franche-Comté）	47 784	2 820 623	第戎（Dijon）
FR-BRE	布列塔尼（Bretagne）	27 208	3 273 343	雷恩（Rennes）
FR-CVL	中央-卢瓦尔河谷（Centre-Val de Loire）	39 151	2 577 435	奥尔良（Orléans）
FR-COR	科西嘉（Corse）	8 722	330 000（2017）	阿雅克肖（Ajaccio）
FR-GES	东部大区（Grand Est）	57 433	5 554 645	斯特拉斯堡（Strasbourg）
FR-HDF	上法兰西（Hauts-de-France）	31 813	6 006 156	里尔（Lille）
FR-IDF	法兰西岛 Île de France）	12 011	12 027 565	巴黎（Paris）
FR-NOR	诺曼底（Normandie）	29 906	3 328 364	鲁昂（Rouen）
FR-NAQ	新阿基坦（Nouvelle-Aquitaine）	84 061	5 879 144	波尔多（Bordeaux）
FR-OCC	奥克西坦尼（Occitanie）	72 724	5 830 166（2016）	图卢兹（Toulouse）
FR-PDL	卢瓦尔河（Pays de la Loire）	32 082	3 660 852（2013）	南特（Nantes）
FR-PAC	普罗旺斯-阿尔卑斯-蓝色海岸（Provence-Alpes-Côte d'Azur）	31 400	4 983 938	马赛（Marseille）

* 除了注明年份的，其他的都是法国国家统计与经济研究所（Institut national de la statistique et des études économiques—INSEE）所发布的2014年人口统计数据。

表6 法国海外大区的名称、面积、人口和首府

编号	大区	面积（平方公里）	人口	首府
FR-GP	瓜德罗普(Guadeloupe)	1 628	400 186	巴斯泰尔(Basse-Terre)
FR-GF	法属圭亚那(Guyane Française)	83 846	252 338	卡宴(Cayenne)
FR-MQ	马提尼克(Martinique)	1 128	383 911	法兰西堡(Fort-de-France)
FR-RE	留尼汪(Réunion)	2 503	842 767	圣-但尼(Saint-Denis)
FR-YT	马约特(Mayotte)	376	235 132	马穆楚(Mamoudzou)

* 马约特的人口数据为2016年统计，其他的都是法国国家统计与经济研究所(INSEE)所发布的2014年人口统计数据。

2. 省

法国现在共有101个省，其中在本土有96个省（见表7），在海外有5个省（见表8）：瓜德罗普省(Guadeloupe)、马提尼克省(Martinique)、法属圭亚那省(Guyane Française)、留尼汪省(La Réunion)、马约特省(Mayotte)。其实，海外的5个大区也是省。省议会是省的最高自治权力机构，它负责财政预算、地方税收、城市管理以及教育交通等。省长(Préfet de département)是由中央政府任命的省最高行政长官，其职责是保障公共安全，协调中央政府的经济发展、自然环境、社会融合等政策的落实。每个省又被分割为数个专区(Arrondissement)，专区区长(Sous-préfet)的职责是辅助省长执行决策等事务。法国共有342个专区。

表7 目前法国本土省份的名称、面积、人口*和省会

编号	省份	面积（平方公里）	人口	省会
1	安(Ain)	5 529	626 127	布尔-昂-布雷斯(Bourg-en-Bresse)
2	埃纳(Aisne)	7 362	539 783	拉昂(Laon)
3	阿列(Allier)	7 340	343 062	穆兰(Moulins)
4	上普罗旺斯-阿尔卑斯(Alpes-de-Haute-Provence)	6 925	161 588	迪涅(Digne)
5	上阿尔卑斯(Hautes-Alpes)	5 549	139 883	加普(Gap)

续表

编号	省份	面积（平方公里）	人口	省会
6	滨海阿尔卑斯（Alpes-Maritimes）	4 299	1 083 312	尼斯（Nice）
7	阿尔代什（Ardèche）	5 529	322 381	普里瓦（Privas）
8	阿登（Ardennes）	5 229	279 715	沙勒维尔-梅济耶尔（Charleville-Mézières）
9	阿列日（Ariège）	4 890	152 574	富瓦（Foix）
10	奥布（Aube）	6 004	308 094	特鲁瓦（Troyes）
11	奥德（Aude）	6 139	365 478	卡尔卡松（Carcassonne）
12	阿韦龙（Aveyron）	8 735	278 644	罗德兹（Rodez）
13	罗讷河口（Bouches-du-Rhône）	5 087	2 006 069	马赛（Marseille）
14	卡尔瓦多斯（Calvados）	5 548	691 670	卡昂（Caen）
15	康塔尔（Cantal）	5 726	146 618	欧里亚克（Aurillac）
16	夏朗德（Charente）	5 956	353 853	昂古来姆（Angoulême）
17	滨海夏朗德（Charente-Maritime）	6 864	637 089	拉罗谢尔（La Rochelle）
18	谢尔（Cher）	7 235	310 270	布尔日（Bourges）
19	科雷兹（Corrèze）	5 857	241 340	蒂勒（Tulle）
20A	南科西嘉（Corse-du-Sud）	4 014	149 234	阿雅克肖（Ajaccio）
20B	上科西嘉（Haute-Corse）	4 666	170 974	巴斯蒂亚（Bastia）
21	科多尔（Côte-d'Ôr）	8 763	531 380	第戎（Dijon）
22	阿摩尔滨海（Côtes-d'Armor）	6 878	597 397	圣-布里厄（Saint-Brieuc）
23	克勒兹（Creuse）	5 565	120 581	盖雷（Guéret）
24	多尔多涅（Dordogne）	9 060	416 350	佩里格（Périgueux）
25	杜（Doubs）	5 234	534 710	贝桑松（Besançon）
26	德龙（Drome）	6 530	499 159	瓦朗斯（Valence）
27	厄尔（Eure）	6 040	598 347	埃夫勒（Évreux）
28	厄尔-卢瓦（Eure-et-Loir）	5 880	433 762	沙特尔（Chartres）

续表

编号	省份	面积（平方公里）	人口	省会
29	菲尼斯泰尔(Finistère)	6 733	905 855	坎佩尔(Quimper)
30	加尔(Gard)	5 853	736 029	尼姆(Nîmes)
31	上加龙(Haute-Garonne)	6 309	1 317 668	图卢兹(Toulouse)
32	热尔(Gers)	6 257	190 625	欧什(Auch)
33	吉伦特(Gironde)	9 976	1 526 016	波尔多(Bordeaux)
34	埃罗省(Hérault)	6 224	1 107 398	蒙彼利埃(Montpellier)
35	伊勒-维莱讷(Ille-et-Vilaine)	6 775	1 032 240	雷恩(Rennes)
36	安德尔(Indre)	6 784	226 175	沙托鲁(Châteauroux)
37	安德-卢瓦尔(Indre-et-Loire)	6 127	603 924	图尔(Tours)
38	伊泽尔(Isère)	7 431	1 243 597	格勒诺布尔(Grenoble)
39	汝拉(Jura)	4 999	260 681	隆勒索涅(Lons-le-Saunier)
40	朗德(Landes)	9 243	400 477	蒙德马桑(Mont-de-Marsan)
41	罗瓦-谢尔(Loir-et-Cher)	6 343	333 567	布卢瓦(Blois)
42	卢瓦尔(Loire)	4 781	757 305	圣埃蒂安(Saint-Étienne)
43	上卢瓦尔(Haute-Loire)	4 977	226 565	勒皮(Le Puy-en-Velay)
44	大西洋卢瓦尔(Loire-Atlantique)	6 815	1 346 592	南特(Nantes)
45	卢瓦雷(Loiret)	6 775	669 737	奥尔良(Orléans)
46	洛特(Lot)	5 217	173 648	卡奥尔(Cahors)
47	洛特-加龙(Lot-et-Garonne)	5 361	333 234	阿让(Agen)
48	洛泽尔(Lozère)	5 167	76 360	芒德(Mende)
49	曼恩-卢瓦尔(Maine-et-Loire)	7 171	801 168	昂热(Angers)
50	芒什(Manche)	5 938	499 958	圣-洛(Saint-Lô)
51	马恩(Marne)	8 169	570 817	沙隆香槟(Châlons-en-Campagne)

续表

编号	省份	面积（平方公里）	人口	省会
52	上马恩(Haute-Marne)	6 211	180 673	肖蒙(Chaumont)
53	马耶讷(Mayenne)	5 175	307 350	拉瓦勒(Laval)
54	默尔特-摩泽尔(Meurthe-et-Moselle)	5 246	732 153	南锡(Nancy)
55	默兹(Meuse)	6 211	191 530	巴勒迪克(Bar-le-Duc)
56	莫尔比昂(Morbihan)	6 823	741 051	瓦讷(Vannes)
57	摩泽尔(Moselle)	6 216	1 045 154	梅斯(Metz)
58	涅夫勒(Nièvre)	6 817	213 569	纳维尔(Nevers)
59	北部(Nord)	5 743	2 603 472	里尔(Lille)
60	瓦兹(Oise)	5 860	818 680	博韦(Beauvais)
61	奥恩(Orne)	6 103	287 750	阿朗松(Alençon)
62	加来海峡(Pas-de-Calais)	6 671	1 472 589	阿拉斯(Arras)
63	多姆山(Puy-de-Dôme)	7 970	644 216	克莱蒙-费朗(Clermont-Ferrand)
64	大西洋比利牛斯(Pyrénées-Atlantiques)	7 645	667 249	坡城(Pau)
65	上比利牛斯(Hautes-Pyrénées)	4 464	228 950	塔尔堡(Tarbes)
66	东比利牛斯(Pyrénées-Orientales)	4 116	466 327	佩皮尼昂(Perpignan)
67	下莱茵(Bas-Rhin)	4 755	1 112 815	斯特拉斯堡(Strasbourg)
68	上莱茵(Haut-Rhin)	3 525	760 134	科尔马(Colmar)
69D	罗讷(Rhône)	2 715	442 851	里昂(Lyon)
69M	大都市里昂(Métropole de Lyon)	533	1 354 476	里昂(Lyon)
70	上索恩(Haute-Saône)	5 360	238 347	沃苏勒(Vesoul)
71	索恩-卢瓦尔(Saône et Loire)	8 575	555 788	马孔(Mâcon)
72	萨尔特(Sarthe)	6 206	568 760	勒芒(Le Mans)
73	萨瓦(Savoie)	6 028	426 924	尚贝里(Chambéry)
74	上萨瓦(Haute-Savoie)	4 388	783 127	安纳西(Annecy)

续表

编号	省份	面积（平方公里）	人口	省会
75	巴黎(Paris)	105	2 220 445	巴黎(Paris)
76	滨海-塞纳(Seine-Maritime)	6 278	1 254 609	鲁昂(Rouen)
77	塞纳-马恩(Seine-et-Marne)	5 915	1 377 846	默伦(Melun)
78	伊夫林(Yvelines)	2 284	1 421 670	凡尔赛(Versailles)
79	德塞夫勒(Deux-Sèvres)	5 999	373 553	尼奥尔(Niort)
80	索姆(Somme)	6 170	571 632	亚眠(Amiens)
81	塔恩(Tarn)	5 758	384 474	阿尔比(Albi)
82	塔恩-加龙(Tarn-et-Garonne)	3 717	252 578	蒙托邦(Montauban)
83	瓦尔(Var)	5 973	1 038 212	土伦(Toulon)
84	沃克吕兹(Vaucluse)	3 567	554 374	阿维尼翁(Avignon)
85	旺代(Vendée)	6 719	662 122	永河畔拉罗什(La Roche-sur-Yon)
86	维埃纳(Vienne)	6 990	433 203	普瓦捷(Poitiers)
87	上维埃纳(Haute-Vienne)	5 520	376 199	利摩日(Limoges)
88	孚日(Vosges)	5 874	373 560	埃皮纳勒(Épinal)
89	约讷(Yonne)	7 427	341 814	欧塞尔(Auxerre)
90	贝尔福地区(Territoire de Belfort)	609	144 334	贝尔福(Belfort)
91	埃松(Essonne)	1 804	1 268 228	埃夫里(Évry)
92	上塞纳(Hauts-de-Seine)	176	1 597 770	楠泰尔(Nanterre)
93	塞纳-圣但尼(Seine-Saint-Denis)	236	1 571 028	博比尼(Bobigny)
94	瓦勒德马恩(Val-de-Marne)	245	1 365 039	克雷泰伊(Créteil)
95	瓦勒德瓦兹(Val-d'Oise)	1 246	1 205 539	蓬图瓦兹(Pontoise)

*法国国家统计与经济研究所(Institut national de la statistique et des études économiques—INSEE)发布的2014年人口统计数据,科西嘉省的数据于2013年发布。

表8　目前法国海外省份的名称、面积、人口*和省会

编号	省份	面积(平方公里)	人口	省会
971	瓜德罗普(Guadeloupe)	1 628	400 186	巴斯泰尔(Basse-Terre)
972	马提尼克(Martinique)	1 128	383 911	法兰西堡(Fort-de-France)

续表

编号	省份	面积(平方公里)	人口	省会
973	法属圭亚那(Guyane Française)	83 846	252 338	卡宴(Cayenne)
974	留尼汪(Réunion)	2 503	842 767	圣-但尼(Saint-Denis)
976	马约特(Mayotte)	376	235 132	马穆楚(Mamoudzou)

*法国国家统计与经济研究所(Institut national de la statistique et des études économiques—INSEE)所发布的2014年人口统计数据。

法国101个省份图

3. 市镇

市镇是法国的基层行政单位。市镇的人口和面积不等,人口最多的市镇巴黎约有225万居民,而人口最少的市镇罗氏富沙(Rochefourchat)仅有1人。目前,法国共有36 568个市镇,其中本土有36 529个市镇,海外有129个市镇。法国5个海外行政单位的市镇比较特殊,其数目未列入其中。

市镇议会(le Conseil municipal)是市镇的最高自治权力机构,负责组建市镇公共机构和决策财政预算。市长(le maire)由市镇议会选举产生,任期6年。

市长既是中央政府的代表,也是市镇的最高行政长官,因此,市长既要颁布和实施中央政府的法律,维护社会治安,也要领导市镇工程建设等事务。

巴黎、里昂、马赛三座城市享有特殊的地位。根据1982年法国颁布的法律(Loi PLM nº 82—1169),上述三座城市被划分成若干个行政区,其中巴黎为20个,里昂9个,马赛16个。

巴黎 法兰西第五共和国的首都,是一个具有特殊地位的领土单位,具有市和省的职权。巴黎市内面积为105平方公里,2014年统计的人口为222万。作为住房、经济和行政等建设的大都市(Aire urbaine),算上城郊区域巴黎人口在2014年达到了1 247.5万,在欧洲排在莫斯科和伊斯坦布尔之后,位列第三,在世界上排在第29位。巴黎市设市议会、市长和市政府。市议会行使巴黎省议会的职权,巴黎市长和副市长由市议会选举产生,任期6年。作为巴黎市最高行政长官,市长领导市政府的行政机构,并全权处理政治、经济、教育、文化和城市规划等方面的问题。

作为首都,巴黎在国家政治生活中的地位举足轻重。总统府、总理府、中央政府、议会两院、最高司法机构等中央政治机构都设于此地。巴黎是国际活动的重要场所,是联合国教科文组织(UNESCO)总部所在地。每年在巴黎举办的国际会议和展览会不计其数。

巴黎是法国的经济中心,全法国工业生产总值的1/4集中在这里。它还是法国的金融和商业中心,拉德芳斯(La Défense)是法国乃至欧洲最现代化的商业区,是与纽约曼哈顿和东京银座齐名的世界三大中心商务区(Central Business District—CBD)。

香榭丽舍大街(L'Avenue des Champs-Elysées),号称全世界最美的街道,中国人称之为"香街"。19世纪中叶,法国城市规划师奥斯曼男爵(Baron Haussmann)将巴黎所有的交叉路口建成车辆可以通行的转盘,凯旋门下的星形广场从连接5条大道拓展为连接12条。香街成为12条街道中最宽的一条,有"法兰西第一大道"之称。香榭丽舍大街也是法国重要活动场所,如国庆阅兵等活动都在此举行。

香榭丽舍大街(L'Avenue des Champs-Elysées)

娇兰专卖店(Guerlain)

香榭丽舍大街也是巴黎乃至世界闻名的高级购物区,从凯旋门到协和广场,香街左侧布满了各种大众化品牌。如:万宝龙(Mont Blanc)品牌店、斯沃琪(Swatch)钟表店、丝芙兰(SEPHORA)、马里奥诺(Marionnaud)和伊夫黎雪(Yves Rocher)化妆品连锁店以及法国驰名香水娇兰(Guerlain)专卖店等,可谓是寸金之地,高级饭店、高档商铺、写字楼、电影院、娱乐场随处可见。

爱马仕(Hermès)

香榭丽舍大街的右侧则云集了各种驰名中外的奢侈品牌:兰姿(Lancel)、鳄鱼牌(Lacoste)、珑骧(Longchamp)、老板(Boss)等。此外,它还和附近的乔治五世大道(Avenue George V)、蒙田大道(Avenue de Montaigne)构成了巴黎有名的金三角,汇集了路易·威登(Louis Vuitton)、爱马仕(Hermès)、香奈儿(Chanel)、迪奥(Dior)、卡地亚(Cartier)、赛琳(Céline)、蔻依(Chloé)、古驰(Gucci)等众多奢侈品专卖店。

在中国人心目中,最有名的商场要数拉法耶特百货公司(Galeries Lafayette),即俗称的"老佛爷"和春天百货公司(Printemps Haussmann),它们是各种名牌商店的总汇。

老佛爷百货(Galeries Lafayette)

巴黎春天百货(Printemps de Paris)

老佛爷百货位于巴黎市中心的奥斯曼大道(Boulevard Haussmann),是欧洲最大的百货公司,面积达7万平方米,是购物爱好者的天堂。兴建于1912年的老佛爷百货的新拜占庭式雕花圆顶世界闻名,也是一道不容错过的美丽风景。

巴黎春天百货创建于1865年,是各大奢侈品的集合地。春天百货建筑群被评定为历史古迹,其宏伟华丽的"新艺术风格"穹顶令人惊叹。巴黎春天百货始终以百货流行趋势的姿态,领导着世界潮流。

巴黎也是法国的文化中心,拥有众多的名胜古迹、博物馆、图书馆、剧院、高等学府等。巴黎,这座世界历史文化名城,代表着法国的浪漫和时尚,无愧于"世界浪漫之都"的称号。

里昂 位于法国东南部,罗讷河与索恩河的交汇处,是南北欧之间的战略走廊。根据法国国家统计与经济研究所2014年发布的城市人口数据,里昂市人口为50.6万,为法国第三大市镇(commune)。算上城郊区域,人口达162万,为法国第二大都市圈(Unité urbaine)。里昂(Lyon)与狮子(lion)在法文里发音相同,仅相差一个字母。其实,狮子是里昂的象征,在这里可以看到很多狮子雕像。

里昂的冶金、机器制造、电力、化学等都很发达,尤其是纺织业,其产量目前占法国的80%。此外,金融、商务、工业技术以及艺术等方面在法国和欧洲都起着重要作用。国际刑事警察组织(简称国际刑警组织Organisation internationale de police criminelle,简称OIPC)总部也于1989年迁至这里。里昂也是一座历史文化名城,它拥有一座占地500公顷的古城,被联合国教科文组织列为世界文化遗产。

里昂

狮子：里昂的象征

马赛（Marseille）位于地中海岸，是普罗旺斯-阿尔卑斯-蓝色海岸大区的首府，也是罗讷河口省的省府。根据法国2014年发布的城市人口数据，马赛市人口为85.8万，为法国第二大市镇。算上城郊区域，人口达到157.8万，为法国第三大都市圈（Agglomération）。2016年1月1日起，马赛成为埃克斯-马赛-普罗旺斯大都会（Métropole）所在地，人口达到185.9万，为法国第二大都会。马赛是法国最大的海港，也是地中海沿岸第二大和欧洲第五大港口。马赛既是法国最古老的城市和商业港口，也是和南欧、近东、北非以及亚洲进行文化和经济交流的国际化大都市，有"东方门户"（Porte de l'Orient）的美誉。在法国大革命时期，马赛500名士兵唱着《马赛进行曲》（La Marseillaise）进军巴黎，激发了革命的热情，后来这首歌成为法国国歌，也让马赛闻名遐迩。

马赛

守护圣母教堂

为了加强城防，弗朗索瓦一世于1526年下令在伊夫岛（Île d'If）上修建了伊夫堡（Château d'If）。后来大仲马（Dumas Père）在《基度山伯爵》（Le Comte de Monte-Cristo）中将伊夫堡作为故事发生的场景，从而令其闻名世界。"守护圣母教堂"（Basilique de Notre-Dame-de-la-Garde）建于19世纪中叶，是一座著名的罗马天主教堂，矗立在马赛的最高点，现已成为马赛的地标。

马赛港分新港和旧港。旧港建于15世纪，为马赛的中心地带，城市繁华街道都集中于此。新港是法国最大的对外贸易港口。马赛的地中海小海湾绵延二十多公里，是法国最著名的旅游胜地之一，也是法国许多体育活动的天然区域，每年吸引上百万的游客来此观光。2012年，"国家海湾公园"（Parc national des calanques）的落成，形成对海水和绿地生态环境的天然保护区。

除了巴黎、里昂、马赛之外，排名前十的城市如下：图卢兹（Toulouse）、尼斯（Nice）、南特（Nantes）、斯特拉斯堡（Strasbourg）、蒙彼利埃（Montpellier）、波尔多（Bordeaux）和里尔（Lille），人口从20万到40万不等。

4. 海外行政单位及其他领土

法国还有5个海外行政单位（Collectivité d'Outre-Mer-COM）：法属波利尼西亚（Polynésie française）、圣皮埃尔和密克隆岛（Saint-Pierre-et-Miquelon）、瓦利斯群岛和富图纳群岛（Wallis et Futuna）、圣马丹（Saint-Martin）、圣巴泰勒米（Saint-Barthélemy）。法属波利尼西亚也被命名为1个"海外属国"（Pays d'Outre-Mer），由"法属波利尼西亚总统"（President de la Polynésie française）领导。下辖5个子行政区域（Subdivision administrative），拥有48个市镇。圣皮埃尔和密克隆岛具有1个等同省的地位，设有1个省议会，拥有2个市镇。瓦利斯群岛和富图纳群岛地位很特殊，它由3个王国组成，3个国王负责地区议会，议会中还有3名来自中央政府的国家代表。圣马丹和圣巴泰勒米都是在2007年脱离瓜德罗普后，成为独立的海外行政单位。

3个特别地位海外领地（Territoire d'Outre-Mer，简称TOM）：新喀里多尼亚（Nouvelle Caledonie）、法属奥斯特拉勒和安塔尔科缇克（Terres Australes et Antarctiques françaises）、克里普顿岛（Clipperton）。新喀里多尼亚也是一个海外属国，拥有很大的自治权。2018年将进行地方公投，决定其是否独立。目前它由一个地区议会，选举产生地方政府。它有3个省和33个市镇。法属奥斯特拉勒和安塔尔科缇克由几个小岛组成，享有行政和财政自治的权力，其行政机构设置在法国海外省留尼汪。克里普顿岛是太平洋公海上的小岛，由法属波利尼西亚高级专员具体负责管理。

法国还拥有法属南方和南极洲领地（Terres australes et antarctiques françaises，简称TAAF），划分为5个地块：克洛泽群岛（Archipel Crozet）、凯尔格朗岛（Îles kerguelen）、分散在印度洋上的岛屿（Îles Éparses de l'Océan Indien）、圣保罗和新阿姆斯特丹岛（Îles Saint-Paul et Nouvelles-Amsterdam）以及

阿岱利领地（Terre-Adélie）。2012年统计只有196个居民，属于法国海外事务部管辖，由留尼汪省负责当地的行政管理。

第四节 立法与司法

一 立法

1. 议会两院

根据法国现行宪法，法国议会实行两院制，即国民议会（Assemblée nationale）和参议院（Sénat），国民议会也称下院（Chambre basse），参议院也叫上院（Chambre haute）。国民议会设在波旁宫（Palais de Bourbon），参议院设在卢森堡宫（Palais de Luxembourg）。

波旁宫

卢森堡宫

近代法国议会诞生于法国大革命时期，它的指导思想是启蒙思想家的三权分立。在法兰西第三和第四共和国期间，法国议会的权威达到顶峰，进而凌驾于政府之上。第五共和国宪法的制定者吸取了上述议会制的经验教训，对议会的权力加以限制。宪法有意识地将议会排在第四章，在第二章总统和第三章政府之后。某种意义上，这证明了议会在第五共和国政治体制中地位下降，权力缩小。参议院院长和国民议会院长在法国领导机构中属于第三号和第四号人物，不过，国民议会的权力、地位和作用大于参议院。上下两院相互牵制，又互为补充。两院的主要职责在于行使立法权、财政权和监督权。

（1）立法权。立法权是法国议会最基本的权力。宪法第34条关于"法律应由议会投票通过"，明确了议会最基本的任务是从事立法，这是第五共和国法律的主要来源,而总统和政府的立法活动则是补充。

(2) 财政权。财政权本是法国议会最早的职权。第五共和国议会按各部预算和财政法案的篇名进行审议和表决。为了避免议会两院在辩论和表决时拖延时间,法律明确规定在国民议会和参议院的审议和表决时限。如果超过时限,而两院意见仍有分歧,那么法案则以法令的形式自动生效。

(3) 监督权。监督权是议会主要职权之一,它对总统以及政府成员在履行其职务时所作所为进行监督。议会主要通过询问、跟踪调查、信任投票、弹劾等方式来行使监督权。

议会投票通过法律、监督政府行为、评估公共政策。总统在与总理以及两院议长磋商后,有权解散国民议会,但参议院不能被解散。总统任命国家机构负责人,需要征询议会意见。政府对议会负责,议会有权对政府进行质询。当国民议会对政府通过不信任案,或不赞同政府的施政纲领时,总理必须向总统提出辞职。

三 司法

1. 法律体系

法国是大陆法系的发源地,其现行司法制度诞生于法国大革命时期。大革命推翻了封建专制制度,逐步确立了以三权分立、司法独立为原则的司法体系。拿破仑一世命人制定的《民法》、《刑法》、《商法》、《民事诉讼》、《刑事诉讼》以及《法院编制法》等重要法典,构成了现代法国法律体系的基础。

第五共和国成立以来,执政者不断地对《民法》、《刑法》、《商法》、《民事诉讼》、《刑事诉讼》以及《法院编制法》等进行修改和完善,并制定单行本以弥补原来法律中的不足。这些经过修改后的基本法以及单行本等判例构成了当代法国的法律体系。

2. 司法机构

法国司法机构主要分为普通法院和行政法院两大系统,此外,还有特殊法院体系、权限争议法庭、特别高等法院和共和国法院等。

(1) 普通法院系统。按案件性质又可分为民事法院和刑事法院两类系统,无论哪类系统,都分为三级:地方法院、上诉法院和最高法院。地方法院是法国基层司法机构,其中又分地方民事法院和地方刑事法院。地方民事法院里又根据审理标的额度的大小分为大审法院和小审法院；地方刑事法院中设置预审法院、违警罪法院、轻罪法院和重罪法院。上诉法院是第二级司法机构，是法院体系中主要的二审法院，是审理民事和刑事上诉案件的主要审判机构。上诉法院设有预审法院、民事法庭、社会法庭、轻罪法庭、未成年人法庭等，分别审理各类上诉案件。最高法院是最高一级的司法机构，分为民事审判庭和刑事审判庭。最高法院在受理民事和刑事的上诉案件时，如果发现下级法院原判不当，可将原判决交由原审判法庭同级的法庭再审；如果审定原判得当，则维持原判，并最终了结案件。最高法院的结论具有权威性，下级法院必须服从。

司法部：布瓦莱大厦（Hôtel de Bourvallais）

（2）行政法院系统。法国是西方国家中的行政法院的发源地，行政法院主要审理行政机关之间的纠纷和公民对行政机关的控告。行政法院分为三级：地方行政法院、上诉行政法院和最高行政法院。地方行政法院的职权主要是审判和咨询，地方行政法院仅对其管辖区内行政机构的决定和行政合同的诉讼有管辖权。上诉行政法院的权限为受理法律规定的地方行政法院的上诉案件，旨在减轻最高行政法院的工作负担，加速行政诉讼的进程。最高行政法院为最高一级的行政诉讼机构，它由司法部长领导，其成员不是法官，而是行政官员。它是依据行政法，而不是普通的民法、刑法等审判案件。最高行政法院对政府的法律、法令、条例以及其他法规草案提出意见和建议，其中包括审查这些内容是否与现行法律的内容相一致。

（3）特殊法院系统。按案件的性质又分为特殊民事法院和特殊刑事法院两类。特殊民事法院系统包含商事法院、劳资调解委员会、社会保险法院等，负责审理相关案件。特殊刑事法院系统有未成年人法院、军事法院、海商事法庭等，负责审理青少年、军人以及海上违法犯罪案件。

（4）权限争议法庭。此法庭并不审理案件本身，而是确定其审理的权限归属问题。权限争议法庭实际上是解决权限归属行政法院或普通法院的裁决机构。

（5）特别高等法院。由国民议会议长担任院长，并从议会两院的议员中选出法院组成人员。特别高等法院主要审理总统在执行职务期间所犯下的叛国罪等危害国家安全等重罪。

（6）共和国法院。共和国法院由 6 名国民议会议员、6 名参议院议员以及 3 名最高法院的法官组成。该院主要对包括总理、部长、部长级代表、国务委员在内的政府成员具有刑事管辖权，对他们在履行职务中所犯的重罪进行审理。

第五节　主要政党

一　左翼政党

1. 社会党（Parti Socialiste，简称 PS）

社会党成立于 1905 年，最初的名称是工人国际法国支部（la Section Française de l'Internationale Ouvrière，简称为 SFIO）。总部位于巴黎 7 区索勒非里诺街 10 号（10 rue de Solférino，75007 Paris），现任党书记为吉约姆·巴士莱（Guillaume Bachelay）。

法国社会党 logo

1936 年社会党与法共联合创建反法西斯的人民阵线（Front Populaire）在大选中获胜，社会党领袖布鲁姆（André Léon Blum）出任政府总理。1971 年召开的社会主义者统一代表大会上，密特朗当选社会党第一书记。此时的社会党已经不再是传统的工人阶级政党，而是以新中产阶级和知识分子为主体的政党。1981 年，社会党在总统和议会选举中都取得胜利，密特朗当选总统，进行了激烈的社会民主主义改革。密特朗执政的 14 年中，社会党曾经两度在议会选举中失利，以至于出现"左右共治"的局面。2012 年，社会党再次获得总统和议会选举的胜利，奥朗德出任总统。2017 年，社会党在总统和议会选举中惨败，再次沦为在野党。目前社会党在国民议会中拥有 30 个席位，在参议院中有 109 个议席。社会党以民主社会主义作为党的理论，以平等、自由、互助、世俗、正义、和平作为党的价值观和民主社会主义的理论基础。社会党作为左翼色彩的政党,对内主张维护劳工权利,同时采取务实的经济政策;对外主张维护法国独立核力量,推动欧洲一体化建设,并加强南北对话。

2. 不屈的法兰西(la France Insoumise,简称FI)

不屈的法兰西 logo

2016年由让-吕克·梅朗雄(Jean-Luc Mélenchon)创建,旨在实现共同未来的生态和民主社会主义计划。在2017年总统大选的第一轮投票中获得19.58%的选票,远高于社会党候选人阿蒙(Benoît Hamon)6.36%的得票。在国民议会选举中获得17个议席,取得了不俗的成绩。

3. 左翼激进党(Parti Radical de Gauche,简称PRG)

左翼激进党是1972年从激进党中分离出来的一个中左政党,党主席是西尔维娅·皮奈勒(Sylvia Pinel),总部位于巴黎杜洛克街13号(13 rue Duroc 75007 Paris)。1973年使用左翼激进运动(Mouvement des Radicaux de Gauche,简称MRG)名称直到1994

左翼激进党 logo

年。拥护左翼共同纲领,经常与社会党、生态主义者结成联盟参加选举。在1988年的总统选举中支持密特朗,随着密特朗的胜选加入内阁。1998年改名为左翼激进党。目前在国民议会拥有7个议席,在参议院中有8个议席。

4. 民主与生态主义者联盟(Union des Démocrates et des Écologistes,简称UDE)

2015年创建于巴黎,关注生态问题。在国民议会和参议院分别拥有1个席位。

5. 生态党(Parti Écologiste,简称PÉ)

2015年由国民议会议员弗朗索瓦-德-路吉(François de Lugy)和参议员让-樊桑·普拉瑟(Jean-Vincent Placé)创立。在众议院拥有2席,在参议院拥有3席。该党现任主席路吉在2017年总统选举的社会党及其联盟的初选中成绩不佳,随之投入到马克龙的前进运动党。在马克龙领导的政党取得国民议会的胜选后,路吉从2017年6月27日起担任了第五共和国第15届国民议会议长。

6. 左翼阵线(Front de Gauche,简称 FG)

最初名为"左翼阵线改变欧洲",这是由法国共产党(Parti Communiste Français,简称 PCF)、左翼党(Parti de Gauche,简称 PG)、左翼统一党(Gauche unitaire,简称 GU)等几个法国政党在 2009 年欧洲议会选举时组成,旨在反对欧洲自由化和里斯本条约(Traité de Lisbonne)的批准。2016 年 7 月梅朗雄单方面宣布结束联盟关系,组建"不屈的法兰西",参加法国 2017 年的总统和议会选举。左翼阵线汇集了左翼共产主义、社会主义、生态主义、共和派、激进左翼或极左翼等派别,目前拥有 14 名众议员和 20 名参议员。

7. 欧洲生态绿党(Europe Écologie Les Verts,简称 EELV)

欧洲生态绿党是 2010 年 11 月 13 日以绿党(Les Verts)为主体,联合欧洲生态联盟(Europe Écologie)及其他生态主义者成立的新党。该党提倡保护欧洲和法国的生态和环境,在 2012 年的议会两院选举中成绩斐然,在国民议会中获得 17 席,在参议院中拥有 12 席,在欧洲议会中占有 15 席。然而,随着让-樊桑·普拉瑟和弗朗索瓦-德-路吉等重量级人物的相继离开,该政党在 2017 年国民议会选举中仅获得 1 席,声势明显减弱。

八 中间党派

1. 共和国前进党(La République En Marche,简称 REM ou LREM)

由马克龙(Emmanuel Macron)于 2016 年 4 月 6 日创立,最初的名称为"前进运动"(En Marche—EM)。2017 年 5 月 7 日,马克龙当选法国总统,辞去"前进运动"主席职务,

共和国前进党 logo

该党名称正式改为"共和国前进党"。卡特琳娜·巴巴鲁(Catherine Barbaroux)为代理党主席,瑞夏尔·费朗(Richard Ferrand)是总书记。在国民议会拥有 309 个席位,在参议院拥有 28 个席位。

在 2017 年总统和国民议会选举中,似党非党的"前进运动"在全国范围内锐不可当,在前进旋风所到之处,让法国轮流执政近 60 年的左右传统两党一败涂地。这个非左非右的团队不仅赢得了总统大选,而且在 6 月 11 日和 18 日举行的国民议会选举中获得了压倒性多数,形成第五共和国自戴高乐以来从未有过的"非左非右"一党独大局面,堪称政坛"奇迹"。这种现象给今天的法国政治

留下诸多重要启示。

首先,这次被比喻为"前进海啸"的选举,是民众长时间厌倦传统政治人物与执政方式、呼唤政坛更新换代的集中爆发。而这种被卷走的政治核心,就是党争大于政争;精英执政集团变成职业政客集团;小集团利益大于普通民众与国家利益;而行政机器锈死、社会阶层固化、劳资矛盾加剧则是这种政治的直接恶果,法国民众已经忍无可忍。这就是为什么只要贴上"前进"标签的候选人,即使不为选民所熟悉仍被追捧的原因。其次,马克龙"去意识形态"化"初心",得到广泛的呼应。马克龙建党之初,即强调不左不右的务实主义,当时,颇受传统政治的嘲笑。随着马克龙取消特权、居住税均贫富、松绑劳工市场等改革措施的曝光,其务实的改革切中时弊,更为普通百姓所理解与接受。最后,马克龙旋风吹散了各种极端主义、保护主义、疑欧主义与封闭主义,他在气候、外交、移民和经济方面的开放姿态,重新建立了民众对法国的信心。这是为什么法国民众坚定地给予"压倒性多数",从而形成议会将为马克龙改革保驾护航的态势。

2. 民主运动(Mouvement Démocrate,简称 MoDem)

民主运动 logo

2007 年 5 月 10 日成立的一个政治党派,由法国民主联盟(Union Pour la Démocratie Française)前主席弗朗索瓦·贝鲁(François Bayrou)创立并担任主席。该党致力于通过建立负责任的民主政权,以维护共和价值观,促进社会经济可持续发展。贝鲁在 2007 年总统大选的第一轮投票中获得 18.57% 的得票率,位列第三。在 2017 年法国总统和国民议会选举中与马克龙领导的"共和前进党"结成竞选联盟,成绩不俗。目前,有两人加入新的内阁,在国民议会拥有 42 个议席,在参议院拥有 5 席,在欧洲议会拥有 2 席。由此可见,"民主运动"已经成为法国政坛上一支不可忽视的力量。

3. 民主与独立人士联盟(Union des Démocrates et Indépendants,简称 UDI)

由让-路易·博洛于 2012 年 9 月 18 日创立并担任联盟主席至 2014 年 4 月 6 日,让-克里斯多夫·拉加德(Jean-Christophe Lagarde)从 2014 年 11 月 13 日担任主席至今。联盟以激进党为主体,联合其他中间、中左、中右党派组建而成,其中有欧洲民主力量(Force Européenne Démocrate)、现代左翼党(La Gauche Moderne)、中间派(Les Centristes)、激进党(Parti Radical)、新生态民主党(Nouvelle Écologie Démocrate)、法国生态党(France Écologie)等小党派。该联盟关注欧洲建设、绿色增长和经济竞争力,提出建设"人性化的自由主义",目前在国民议会拥有18个席位,在参议院中有43个席位,在欧洲议会中有3个席位。

民主与独立人士联盟 logo

三 右翼政党

1. 共和国人党(les Républicains,简称 LR)

共和国人党 logo

共和国人党是法国一个自由保守的政党,其前身是人民运动联盟党(Union pour un Mouvement Populaire),2015年5月28日由时任党主席萨科齐改名而成。在2017年总统大选之前,党内初选中菲永(François Fillon)获胜,代表共和党参选。然而由于爆发家人空饷丑闻,大选第一轮投票后,菲永仅获得20.01%选票,名列第三,未能进入第二轮选举。在2017年6月18日的国民议会选举中,该党获得112席,从而成为最大在野党。该党还是参议院第一大党,现任党的总书记是贝尔纳·阿库耶(Bernard Accoyer)。

该党名称译为"共和国人党",以区别于"共和党"(Parti Républicain,简称PR),俗称吉斯卡尔派。1977年成立,前身是吉斯卡尔·德斯坦1966年创建的独立共和人士全国联合会(Fédération Nationale des Républicains et Indépendants,简称FNRI),简称独立共和党。1977年与其他党派合并,称共和党。1997年该党改为自由民主党(Démocratie libérale),共和党不复存在。

2. 法国站起来党(Debout la France，简称 DLF)

法国站起来党 logo

1999 年 2 月由尼古拉·杜邦－埃良(Nicolas Dupont-Aignan)创立，最初的名称是"共和国站起来党"，2014 年改为现名。在成为政党之前，它曾是"为共和联合起来党"(Rassemblement pour la République)、"人民运动联盟党"的一个派别。该党追随戴高乐主义，拥护国家至上，对欧洲一体化持怀疑观点。

3. 国民阵线(Front National，简称 FN)

国民阵线属于极右翼政党，成立于 1972 年 10 月 27 日，让-玛丽·勒庞(Jean-Marie Le Pen)自成立起担任主席，直到 2011 年。1986 年国民阵线成员进入国民议会，并组建一个国民阵线及其联盟者的 35 个议员团体。让-玛丽·勒庞曾于 1974 年、1981 年、1988 年、1995 年、2002 年和 2007 年作为国民阵线候选人，参与总统选举。尤其是在 2002 年总统大选第一轮投票中，他击败社会党候选人若斯潘(Lionel Jospin)，进入大选第二轮。虽然在第二轮中以 17.79％的选票落败，但仍然给法国社会乃至欧洲政坛都产生了很大的震撼，国民阵线从此进入了法国有影响力的政党行列。2011 年 1 月，国民阵线全国代表大会选举玛丽娜·勒庞(Marine Le Pen)担任党主席至今。2012 年总统大选中，玛丽娜·勒庞在第一轮投票中获得 17.90％的选票，位列第三。2012 年的国民议会选举中，让-玛丽·勒庞的孙女玛丽昂·马海莎乐-勒庞(Marion Maréchal-Le Pen)和另外一个国民阵线成员当选国民议会议员，国民阵线再次进入国民议会。在 2014 年欧洲议会选举中，国民阵线以 24.86％的得票率，排名第一，获得 24 个议席。这也是自其成立以来，第一次赢得全国性的选举胜利。在 2017 年的总统大选中，玛丽娜·勒庞与马克龙进入第二轮角逐，最后以 33.90％的得票率失败。在此后进行的国民议会选举中，国民阵线赢得 8 个席位，玛丽娜·勒庞本人也赢得选举，成为国民议会议员。

国民阵线 logo

由此可见，国民阵线已经成为法国政坛一支重要的政治力量。但是，它代表极端民族主义思潮，反对欧洲一体化和经济全球化，反对外来移民，坚持民粹主义，并未得到大部分法国人的赞同。虽然在欧债危机爆发、法国经济复苏乏力、失业率居高不下、难民危机和恐怖主义袭击的影响下,国民阵线打出移民、安全、就业牌,赢得了一定的民意支持,然而2017年总统大选结果也清楚地表明,国民阵线所倡导的思想绝非法国的主流民意。

4. 南方联盟(Ligue du Sud)

雅克·本帕赫(Jacques Bompard)于2012年创立,他原是国民阵线的共同创始人,2005年离开国民阵线,加入"法兰西运动"(Mouvement pour la France),2010年脱离,其后创建"南方联盟"。该党主要在普罗旺斯-阿尔卑斯-蓝色海岸地区经营,目的是为了普罗旺斯的地方利益,尤其是保护当地的文化以及反对房地产的投机行为等。总之,"南方联盟"强调扎根地区并保护国家遗产,反对全球化、同性婚姻,主张将移民迁回原居住地。党主席本帕赫努力将右翼党派联合起来,目前在国民议会拥有1个席位。

复习思考题:
1. 简述法国宪法来源及特征。
2. 试析法国选举制度。
3. 列举法国主要政党及其政治诉求。

第四章 经济

第四节 经济

第一节 经济概述

一 早期经济

公元9世纪之前,法国的社会生产力发展水平很低,当时的工具主要是木制的,铁制工具很少。大约从9世纪开始,生产力水平有了一定的提高。明显的标志是铁制工具的增加,马具牵引在农业生产领域的广泛应用,提高了劳动生产率。此外,奴隶制逐渐解体,奴隶成为农奴,生产的积极性得到提高。社会生产力的进步推动了封建经济的发展。

从11世纪到14世纪初,法国开展了一系列对森林、海滨、沼泽、荒原等地带的土地的开发运动,从而扩大了耕地面积。这个土地开发运动不仅增加了耕地数量,也推动了农业生产的发展和国家经济生活水平的提高,同时也冲击了旧的封建庄园经济形式。农民的物质生活得到了改善,不少人的劳动收获除维持基本生产和生活需要之外,还略有盈余。此外,农民们还要求摆脱农奴制枷锁,争取更多的人生自由。在法国的一些地区,土地占有和使用方式发生了变化。封建领主以固定期限的租地形式将土地出租,租地人向出租人交纳一定数量的货币或实物。在向封建主交纳土地转移税后,农民有权遗赠或出卖份地。土地占有和使用形式的变化,无疑对封建领主与农奴之间的关系也产生了影响,农奴制实际上走向衰落。

14世纪中叶到15世纪,在法国这块土地上,"黑死病"和英法"百年战争"导致大量人口死亡。幸存者的生活毫无保障,过着颠沛流离的生活。生产难以正常进行,艰难困苦的生活加剧了社会的不稳定。"百年战争"后,法国的经济逐渐得到恢复和增长。社会趋向安定,人民安居乐业,人口得以增长,耕地面积扩大,粮食产量有所提高。

二 近代经济

在16世纪至18世纪,随着法国政局的变化,法国的农业生产出现过反复。尤其是在16世纪下半叶的宗教战争期间,农业生产衰落严重。直到18世纪中叶，农业生产开始逐渐走向恢复和发展的轨道。

16世纪至18世纪，法国的资本主义工场手工业得到发展。手工业工场分为官办和私营两类。官办的部分有些属于王室直接经营，有些是国家向企业主提供资金和监督的形式。不过，私营企业还是占据大多数，企业为资本家私人所有。无论如何，这些工场都具有明显的资本主义性质。当时，生产集中、劳动分工和专业化程度有所提高，为机器的使用提供了必要的条件。从18世纪后期，机器已经在某些企业中使用。

在18世纪末期，法国的工商业也有所发展。手工工场开始使用蒸汽机，新的化学工业也开始建立起来，冶金和纺织业也得到发展和完善，例如采用了珍妮纺织机，但手工劳动仍然是最普遍的生产方式。随着启蒙运动的深入，封建专制制度受到抨击，宗教神学遭到批判，人们的思想得到了很大的解放。随之而来的大革命推翻了封建君主专制制度，建立了资产阶级政权，从而为资本主义大工业的发展创造了政治前提。此外，受到近邻英国工业革命的影响，法国成为继英国之后最早发生工业革命的欧洲大陆国家。

从19世纪初开始，法国的工业生产得到了稳步的发展，尤其是轻工业。机器和工厂制度在纺织业各部门中得到推广，在纺织业领域出现了大型工厂。机器的采用提高了生产效率，纺织业产量得以提高，从而占据法国出口商品中的首位。纺织业的繁荣刺激了整个工业的发展。制糖、造纸、印刷等工业领域随之开始使用机器，蒸汽机的数量迅速增长。重工业部门在19世纪30至40年代也开始采用新设备和新技术，机器制造业有所发展。当时的法国政府采取了鼓励工商业和保护本国工业领域的政策，从而让法国的工业得以稳定发展，对外贸易额以及煤炭和钢铁产量都有大幅的增长。到了19世纪中叶，法国的工业生产在世界上居于第二位，仅次于英国。60年代末，机器大生产已成为法国工业生产的主要形式，标志着第一次工业革命基本完成。

19世纪末期，法国开始了以电力为中心的第二次工业革命。法国积极发展交通运输业，在铁路网、水路航运体系方面发展迅速。轻工业也得到很大的发展，棉纺丝织品出口占世界前三位。奢侈品制造业始终处于世界领先地位，时装、化妆品和葡萄酒等畅销全球。重工业方面的发展也很有起色，钢铁、煤炭等产量也得到大幅的提高。此外，汽车制造、水力发电、制铝工业、石油工业、化学工业等新兴工业部门的发展都处于世界最先进国家的行列，尤其是铝和化工产品的产量居于世界第二和第三位。

工业的发展促生了垄断组织。垄断组织不仅负责协调同行业资本家的流通领域的经济活动,也参与各国垄断同盟瓜分世界市场。法国银行资本家将货币资本输往海外,这些资本并非直接投入工商业,而是采取借贷资本的形式,获取利息。19世纪末至20世纪初,法国从事高利贷来获利的食利者达到500万人,占当时法国人口的八分之一。

20世纪的两次世界大战让法国经济遭受到严重破坏。"一战"后不久,法国与其他西方国家一样,也经历了一场严重的经济危机。工农业生产严重倒退,对外贸易大量减少。这场危机在法国从1930年爆发,直到1935年结束,持续了大约5年时间,法国经济损失惨重。随之而来的第二次世界大战,再次使法国的经济陷入严重的衰退之中。"二战"结束时,法国的经济面临崩溃的边缘。

三 当代经济

"二战"后,法国政府为了恢复经济,实行国家对经济的宏观控制。法国大力推行国有化政策,以便通过国家引导和促进经济的发展。为了帮助法国战后重建,美国在1948年实施了"马歇尔计划"(The Marshall Plan),其官方名称为"欧洲复兴计划"(European Recovery Program)。法国从中获得了巨额贷款,从而得以重建基础设施,为法国经济的快速恢复和发展奠定了坚实的基础。除了推行国有化、计划化和借助美国援助外,法国还充分利用50年代第三次科技革命的成果,使工农业的生产力和劳动效率得到很大的提高。1950年,法国外长舒曼(Robert Schuman)提出建立一个超国家的行业联合体,对煤钢进行统一管理。这个设想也被称为"舒曼计划"。这个由法国政府倡议成立的欧洲煤钢联营(European Coal and Steel Community,简称ECSC)于1952年正式生效。这个计划保障了法国的煤炭供应,同时也扩大了法国钢铁在欧洲的市场,无疑助推了法国经济的恢复与发展。

随着第五共和国的成立和阿尔及利亚殖民战争的结束,法国政府所执行的独立外交政策为法国经济的发展提供了良好的政治环境和外部环境。法国政府坚持国有化和计划政策,实行对外开放和参加国际市场的竞争,大力调整农业经济结构,推进欧洲经济共同体。这些政策不仅让法国度过了20世纪60年代中期的经济危机,更让法国经济得到迅猛的发展。法国经济结构在高度发展的过程中也发生了变动。1973年,第三产业占国民生产总值的比例达到了

51.80%,超过了第一和第二产业。从"二战"之后直到1973年,法国经济发展经历了"辉煌30年"。

20世纪70年代中期至80年代中期,随着国际石油价格的暴涨以及法国国内各经济部门之间的比例失调,生产和市场之间的矛盾加剧,法国经济遭受了严重冲击。1977年,失业率突破5%,1985年第一次达到两位数。虽然德斯坦总统和密特朗总统任期内都采取了一系列复苏经济计划和紧缩财政政策,依然未能阻止经济形势的恶化,从而导致法国经济进入"滞胀"时期。90年代开始,法国政府采取了"扩大就业—促进消费—刺激增长"的方针,加速了资本和企业的兼并,同时大力扶持和发展高科技产业,让法国经济形势逐渐好转。到2008年之前,法国经济进入缓慢增长时期。

进入21世纪后,尤其是2008年以来,法国经济在银行业、实体经济行业以及贸易方面都受到美国金融危机的影响。法国公共债务规模持续扩大,再次让法国经济陷入衰退。相当长一段时间,法国家庭消费增长缓慢,经济复苏乏力。失业率居高不下,一直在10%左右的高位徘徊。据法国国家统计及经济研究所按国际劳工局(BIT)标准计算出的失业数字,2017年第三季度法国本土的失业人数共有271万人,比前一季度增加6.2万人(增幅0.2%),失业率因此回升到第二季度的水平(9.3%)。加上海外省,全国失业人数增达288万人,失业率达9.7%。在第三季度末,法国通过了劳动法规改革,总统马克龙承诺在2022年任期结束前将失业率降至7%。近年来,法国经济总体上呈"疲软性复苏"态势,经济面临财政紧缩和经济增长乏力的双重困难。然而,这种局面近期似乎有所改变。根据法国《世界报》2017年11月2日的报道,法国经济持续回暖,GDP连续四个季度增长。据法国国家统计及经济研究所预计,2017年第三季度,法国经济增长0.5%,这与经济学家做出的"2017年法国经济增长1.7%至1.8%"的预期相符。排除较大外部冲击的极端情况,法国经济很可能维持或扩大这一良好趋势。在经历了9年的危机之后,法国经济终见起色。这得益于政府采取的企业竞争力与就业可抵扣税额减税等措施,工业和服务业企业利润有所增加。此外,法国农业、旅游业也成功走出困境。2017年9月,法国失业率出现了2011年以来的最大降幅。法国家庭消费在2017年年底也呈现加速增长趋势。

应当指出的是,经过"二战"后的半个多世纪的发展,法国已经成为世界经济强国,属于全球经济发达国家之一。据世界银行数据显示,2015年在全球最大经济体排行榜中,法国位列第六,排在美国、中国、日本、德国和英国之后。法国经济在世界上拥有许多强项,其农产品加工业、旅游业、奢侈品、医药、航空航天、核工业和化学工业等方面优势明显,在全球占据领先地位。

第二节　经济政策

一　研发与创新

作为世界主要经济发达国家之一,法国非常重视科学技术与创新的发展。为了应对第四次科技革命中的科技创新力以及竞争力的走弱,从1998年开始,法国政府科技成果推广署(ANVAR)对国内科研机构的相关活动与研发投入进行了调查,并提交了一份政府建议报告,希望政府大力营造技术创新环境、促进创新合作、鼓励技术创业等。1999年7月12日,法国颁布《创新与科研法》。其宗旨是改变由于公共研究机构与企业间缺乏合作与联系、技术转让及成果转化体系不健全等造成的状况。《创新与科研法》的主要内容包括:鼓励科研人员在企业和研究机构之间自由流动;搭建公共研究机构与企业之间的合作,包括简化科研机构、高校及企业间的合作行政手续、鼓励公共研究机构对外开放等。建立"全国研究与技术创新网"。该组织网络由企业和公共研究机构的代表组成指导委员会,并通过项目合作方式将企业与公共研究机构进行对接。对于部分经筛选的项目,则可获得法国技术研究基金和国家科学基金的资助以及其他政府部门的财政支持;改革科研税收信贷政策以及鼓励创建高新技术企业,为高新技术创新企业提供资金及其他设备支持。2006年7月18日,法国出台《研究计划法》。该法律对法国的研发创新体系进行了改革,一方面建立研发管理及评估体系,另一方面加强研发合作,促进法国快速融入欧洲乃至全球创新体系。2007年7月10日,法国出台《大学自由及责任法》。该法律旨在促进法国大学改革,确立大学在国家研发体系中的重要地位,赋予了大学在制定发展战略、预算、招聘等方面的自治权,并引入竞争性科研资助机制,加强高校与研发机构及企业之间的合作,促进高校科研走向国际。

为了做好国家科技管理的顶层设计,把握科研发展与技术创新领域的趋势，法国政府在2006年新建国家咨询机构，即"国家科研与技术高级理事会"（HCST）。该机构由总统亲自主持，在确保与欧洲科研政策保持一致的基础上，以年终报告的方式对国家科研战略提出建议，帮助政府确定优先发展领域和主要目标。法国还于2006年新建国家科研评估机构，即"研究与高等教育评估署"（AERES）。评估署负责对政府资助的所有科研计划和项目进行评估并向社会公布评审结果。在完全独立于主管部门和评审对象的前提下，AERES按照通用的国际标准，采用公开透明的程序开展评估。AERES还对公共科研机构系统进行评估，法国政府根据评估报告，决定是否继续与科研机构签订合同。

法国政府还对国家科研中心（CNRS）进行结构重组。2008年，国家科研中心根据与国家的2009～2013年目标合同的规定，将原有的学部改组成自主权更大的研究院。他们将原来的6个学部拆分成8个学院，加上两个国立科学研究院，共形成了10个研究院。研究院发挥科研活动组织者和科研经费资助机构的双重作用。目前法国国家科研中心的10个研究院如下：物理研究院、国家数学研究院、化学研究院、生命科学研究院、人文与社会科学研究院、国家核物理和粒子物理研究院、国家宇宙科学研究院、信息科技研究院、工程与系统科学研究院以及生态与环境研究院。通过以上调整，法国国家科研中心可以真正地管理和协调中心各学科领域，消除各科研单位的隔阂，避免重复浪费，使科研经费和手段能够发挥最大效益。

2005年，法国成立公共科研资助机构，即法国国家科研署（ANR）。科研署以大型科研项目为导向，其主要任务是加强对重点科研项目的高强度投入，支持与开展创新活动，促进公共与私立科技部门之间的合作伙伴关系，为公共科技研究成果技术转化和走向市场做努力。成立国家科研署是法国在科研体制中引入竞争机制的尝试，突破了科研经费主体按人头投入的传统模式，局部采取以项目引导的方式，支持基础研究、应用研究等创新活动。同样在2005年，法国成立了工业创新署（AII），旨在促进工业投资和增加就业，使科学研究成为未来社会和经济发展的主要动力。创新署重点支持大型企业的创新性行动、大型企业与小型企业的合作项目，以及具有工业前景的应用研究项目。2006年，国家通过工业创新署支持的植物型可降解化合物、节能型建筑、城市智能无轨道轮胎公交系统、新一代多媒体计算机系统网络、无限制手机电视、柴油电力混合汽车等六大世纪战略工业创新项目，以期振兴法国工业科技创新并进而带动法国科技、经济的发展。这些都是当今科技界的尖端领域或未来产品，从而展现法国政府对于研发和创新的战略眼光。

2008年,法国"国家研究与创新战略"(SNRI)作为法国第一个全国性的科研战略,就应对当今社会和经济挑战确定了5项原则和3个优先研究领域。为能有效指导法国今后的科研方向,法国高等教育与研究部召集了600多名来自科研界、企业及相关社会团体的专家并把他们分成9个工作组,经过6个多月的时间起草了这一战略。这种对未来科学进行展望的战略研究在法国科技发展过程中是史无前例的。2009年,法国首次制定《法国研究与创新战略》的国家科研战略,目的是确定未来4年的科研发展方向与思路,明确法国在研究与创新领域中面临的挑战,协调参与者的行动,加强法国的竞争力与吸引力。2010年,法国国家专利基金(France Brevets)在未来投资计划的框架下成立,是法国第一个针对专利建立的国家基金。它拥有1亿欧元资金,由法国政府与法国信托投资局平均提供。其宗旨在于资助公立与私立科研活动,以在国际上发挥其专利的价值。2011年5月,法国政府宣布在未来投资计划的框架下设立技术研究院(IRT),由高等教育机构、科研机构和企业在当地竞争力集群的基础上联合组建一定数量的技术创新联合体,推动制造业与服务业的科技成果转移转化,促进就业。2013年,法国发布《新高等教育与研究法》,提出创建国家战略理事会,负责制定国家科研战略并参与战略实施评估,同时规定法国应每5年制定一次国家科研战略。同样在2013年,法国政府还公布了总额为120亿欧元的"未来十年投资计划"。该计划将重点投向科研机构和大学、主要针对可持续工业创新、国防工业技术、数字经济和航空航天等领域。

法国科研水平举世公认,这也是吸引外资的第一要素,排在生活条件质量、基础设施以及公共部门服务要素之前。1999年颁布的《创新和研究法案》为公共科研机构与社会经济领域民间组织间的合作,为科研人员创办企业,为青年研究人员进入企业内部研究创造了一个宽松的环境,并支持扣减研究所得税。从2003年起,研究与开发活动经费全部免交营业税。2017年6月,法国总统马克龙宣布正式启动"法国高科技签证"(French Tech Visa),以吸引更多国际高科技人才。实际上,近10年来,法国的研发费用投入始终处于稳定增长的状态,即使在金融危机的影响下,也并未削减预算,反而加大了研发投入,以期带动经济的复兴。

二 可持续战略

到20世纪90年代，法国绝大部分金属矿物基本上枯竭。2004年关闭了最后一个煤矿，2013年停止开采天然气。鉴于这种自然资源的情况，法国政府从2002年起大力提倡绿色经济和循环经济，并将其作为国策，把经济的重点放在可持续发展上面。

在发展绿色经济方面，法国环境部在2008年公布了一揽子旨在发展再生能源的计划。该计划包括50项措施，涵盖生物能源、风能、地热能、太阳能以及水力发电等多个领域。2009~2010年，法国大力推动公共建筑、工业和第三产业供热资源的多样化。法国政府将发展"低碳汽车"即电动汽车和混合动力车作为发展绿色经济的长期战略，并采取了相应的配套措施，以确保电动车等环保汽车顺利运行。与此同时，法国政府一直坚持发展核能的长期战略。

面对经济危机和环境恶化的形势，法国可持续发展委员会先后于2003年和2007年通过了两个发展战略，即《国家可持续发展战略（2003~2008年）》和《国家可持续发展战略（2010~2013年）》。该发展战略以发展绿色经济和循环经济为重点，强调低碳节能的理念并考虑到人文与社会等因素。法国政府在发展战略中列举了9个方面的挑战，分别是可持续生产与消费、知识社会、公共管理、气候变化与能源、可持续的交通方式、生物多样性与自然资源的保护与管理、公共卫生与危机防护、人口与移民以及社会融入、可持续发展与贫困的全球挑战，法国政府为此制定了目标及行动计划。

2015年9月25日，联合国193个会员国在联合国可持续发展峰会上正式通过了消除贫困、良好健康与福祉、优质教育等17个可持续发展目标，旨在从2015年到2030年，以综合方式彻底解决社会、经济和环境三个维度的发展问题，转向可持续发展道路。2016年1月1日，《2030年可持续发展议程》正式启动。法国政府大力发展绿色经济和循环经济，坚持可持续发展战略，将改变现有的法国经济结构和产能结构，加快法国产业和经济部门的更新换代。这不仅会改变法国经济的面貌，同时也与联合国可持续发展议程相一致。

三 欧洲一体化

作为欧洲一体化的发动机，法国一直都在积极地推动欧洲一体化建设，为法国开拓欧洲市场。欧洲的建设对法国经济具有深远影响,它要求各企业加倍努力增强竞争能力,这种竞争不仅要面对新的竞争对手,同时也要抓住广阔的市场提供的良机。1993年确立的在欧盟大市场内部的人员、商品、资金和劳务的自由流通原则,为法国企业赢得了巨大的消费空间,这让法国的国民经济各部门受益匪浅。法国政府还利用欧盟提供的各种资金,发展经济滞后地区,从而改变地区间发展不平衡的状况。

在农业方面,"欧洲农业指导及担保基金会"负责管理欧盟制定的"共同农业政策"。在对农村的土地整合、经营场地的现代化及土壤的改良方面,基金会提供资助。基金会还经常扶持山区农业,给予农业经营者在防止某些乡村地区的荒漠化、沙漠化过程中的多项活动给予补助,支持在环境恶劣地区发展农业。"共同农业政策"为农业生产提供了广泛的支持,有利于提高农业人口的收入,有利于增加农业领域的投资,因而有利于农业生产的快速增长。"共同农业政策"是法国农业现代化的一项根本准则,作为欧洲第一农业大国,法国每年从基金会获得的各种援助达到上百亿欧元。"共同农业政策"(la Politique Agricole Commune,简称PAC)的实施降低了农产品价格,确保了法国农业同世界接轨,扩大了农产品的出口。

在工业领域,商品和资金的自由流通刺激了企业的热情,增加了企业的投资。欧盟还通过各种各样的援助和进口限制为欧盟国家改造老企业提供便利,同时设法推动尖端工业的发展,鼓励欧盟成员国之间和各实验室、大学和企业之间加强合作。与此同时,欧盟还鼓励中小型企业联合会在欧盟市场内国际化,让信息和合作体制为中小企业服务。

第三产业同样从欧洲建设中获得了动力。欧盟通过援助和贷款实现交通网的现代化,参加巨大工程项目的融资,促进了交通运输事业的现代化。在欧盟内部,由于人员可以自由往来,法国的旅游业也得到迅速发展。来法国旅游的人当中,欧洲游客占比约为4/5。欧洲建设也使得法国银行、保险业生机勃勃,为迎接国外的竞争和面对欧盟内部的挑战,各个国家、各个企业相互联合,使其自身不断现代化。

在科研方面,2008年金融危机之后,为恢复欧盟成员国的经济活力,欧盟委员会制定了未来十年欧盟经济发展计划,即"欧盟2020战略",旨在加强各成员国间经济政策的协调,在应对气候变化的同时促进经济增长,扩大就业。为了配合"欧洲2020战略"的实施,欧盟委员会在2013年12月批准通过了"地平线

2020"科研规划,其主要内容包括3个方面:基础研究、应用技术、应对人类面临的共同挑战。根据欧洲"地平线2020"计划,法国在2014年出台了新的国家科研战略——《法国—欧洲2020》战略议程。在议程中,法国提出了10大社会挑战及优先方向,5大主题行动计划。这10大社会挑战包括气候、能源、工业振兴、健康、粮食安全、交通、信息社会、包容性社会、欧洲空间开发和公民安全。5大主题行动计划如下:海量数据孕育新知识与经济增长;如何利用创新解决气候问题;系统生物学的认知与应用;个性化医疗以及基于全球化和网络化社会的文化差异与人类行为研究。议程还强调了科研应面向应用并加强对经济与社会的影响,指出了法国在科研上面临的障碍与可能的突破点,并希望通过紧密结合基础研究、技术研究与应用研究,从源头上助力法国实现重振经济与工业。

由法国主导制定的《欧盟宪法条约》使欧盟和欧元区在经济、政治和社会一体化方面得以加快步伐。虽然2005年法国公民投票否决了这个条约,但是2007年法国提出的"欧洲宪法简化版",即《里斯本条约》,陆续获得成员国的通过,从而使欧洲一体化建设又向前迈进了一大步。法国正是依靠欧盟和欧元区的建设,度过了金融危机,也克服了财政赤字和公共债务居高不下的困难,并营造了欧洲这样一个稳定的大市场,以振兴法国经济。

第三节　重要领域

一　工业与农业

1. 工业

19世纪20～60年代,法国经历了工业革命,它是最早进行工业革命的国家之一。1889年,在巴黎举办的世博会上,法国成功地向世人展示了作为新型建材的铆焊钢在埃菲尔铁塔上的运用。此后爆发的两次世界大战和全球性经济危机对法国的工业造成巨大冲击。"二战"之后至20世纪50年代初期,法国工业完成了重建工作。50～60年代,法国工业得到迅速发展。70年代,由于经济危机和国际石油价格的上涨,法国工业的增长速度放缓。80年代,由于受到产业结构调整的影响,法国工业的增长速度进一步放缓。90年代,法国工业经历了起伏不定的发展过程。进入21世纪,法国工业呈现缓慢增长的态势。近年来,尽管受到欧债危机的影响,再加上世界工业格局发生变化,法国工业受到重创,但法国仍然拥有强大的工业基础。作为目前全球最发达的工业国家之一,法国在很多领域位居世界领先地位。

1) 航空宇航业

在航空和工业方面,法国是次于美国和俄罗斯,居世界第三位。其航空宇航产品几乎涵盖所有种类,包括战斗机、轰炸机、运输机、直升机、航空发动机、火箭发动机、电子设备、火箭、战略弹道导弹、战术导弹、通信卫星等。在航空领域,欧洲空中客车集团(Groupe Airbus)是法国、德国、英国和西班牙的联合企业,其前身是法国飞机公司。空客集团既生产民用客机,也生产直升机和军用飞机。2005年试飞的空客A380超大型远程宽体客机有"空中巨无霸"之称,被视为21世纪的"旗舰"产品。A400M军用运输机是欧洲自行设计、研制和生产的新一代军用运输机,首架飞机已于2013年正式交付法国。

空客A380民用客机

空中客车集团

空客NH90军用直升机

空客A400M军用运输机

法国空中支线飞机公司(ATR)是法国、意大利和英国的联合企业。多年来,ATR已被视作支线飞机的标杆品牌。

空中支线飞机公司生产的飞机及 logo

猎鹰(Falcon)2000

达索集团(Groupe Dassault)旗下的达索飞机制造公司(Dassault Aviation)是法国第二大飞机制造公司,世界主要军用飞机制造商之一,具有独立研制军用和民用飞机的能力。该公司曾以生产"幻影"战斗机闻名遐迩,目前是欧洲唯一的小型喷气式商务客机制造商,生产"猎鹰",也译为"隼"系列商务客机。

幻影(Mirage)2000

阵风(Rafale)C 型

在航天工业部分,法国在与欧洲及其他国家组织的合作中成绩斐然。阿丽亚娜运载火箭是法国在 1973 年提议并联合西欧 11 个国家成立的欧洲航天局(Agence Spatiale Européenne,简称 ASE)着手实施、研制的项目。阿丽亚娜运载火箭使用液态氢为燃料,其性能安全可靠。这个以法国为主与欧洲其他国家共同制造的系列运载火箭是唯一能够同美国在航天领域展开竞争的推进器。欧洲航天局现有 22 个成员,总部设在巴黎。欧洲航天发射中心位于南美洲北部大西洋海岸的法属圭亚那,由法国国家空间研究中心(Centre National d'Etudes Spatiales,简称

"阿丽亚娜"(Ariane)5 型运载火箭

CNES)领导,主要负责科学卫星、应用卫星和探空火箭的发射以及与此有关的一些运载火箭的试验和发射。

2)石油化工业

在石油化工领域,法国在世界上也是屈指可数的重要国家。虽然法国绝大部分的石油依赖进口,但法国提炼石油的技术仅次于美国,居世界第二位。总部位于巴黎拉德芳斯的道达尔股份有限公司(Total SA)经营石油勘探、冶炼、天然气、化工、矿业和核能等产业,2015年是法国销售额最大的公司,欧洲第五大企业,在《全球财富》(Fortune Global)杂志2015年世界500强大企业中排行第24位。

道达尔公司 logo

道达尔加油站

法国的化学工业在世界排名第五。橡胶工业是法国工业的强项之一。法国是世界第三大橡胶出口国。创建于1889年的米其林公司(Michelin)是世界上第二大轮胎生产企业,2015年其销售的轮胎位列世界第二位,仅次于日本普利司通公司(Brigestone)。

米其林公司 logo

米其林公司生产的轮胎

法国是世界第四大药品生产国和世界第五大药品出口国。著名的制药企业萨诺菲-安万特集团(Groupe Sanofi-Aventis)是由两

萨诺菲-安万特集团 logo

家公司在2004年合并而成，目前它是世界第三大制药公司，在欧洲排名第一，其业务遍布全球100多个国家和地区。该集团开发的产品在治疗心血管疾病、血栓、肿瘤、癫痫、糖尿病和睡眠障碍等领域居世界领先地位。

法国香水工业更是闻名遐迩，其香水和化妆品在世界同行业的贸易中始终名列前茅。格拉斯（Grasse）、巴黎和里昂是法国三大香水和香料生产中心。世界驰名的法国香水品牌有香奈儿（Chanel）、迪奥（Christian Dior）、兰蔻（Lancôme）、娇兰（Guerlain）等数十个。

香奈儿5号香水　　　迪奥小姐香水　　　兰蔻奇迹香水　　　娇兰小黑裙香水

3）汽车造船业

雷诺集团logo

法国是世界第四大汽车生产国，汽车制造业在法国国民经济中占有重要地位。雷诺集团（Groupe Renault）和标致-雪铁龙集团（Groupe PSA Peugeot-Citroën）是法国两大汽车生产商。雷诺集团前身是创建于1899年的雷诺股份有限公司，雷诺集团在世界各地都设有工厂或分公司。因在"二战"中与德国法西斯合作，战后被收为国有。20世纪90年代再次完成私有化，1999年成功收购日本日产汽车公司股份，形成雷诺-日产资产合作。标致股份有限公司（PSA）成立于1965年，1976年收购了面临倒闭的雪铁龙公司。标致-雪铁龙集团是一家私营汽车制造公司，旗下拥有标致和雪铁龙两大汽车品牌。目前，标致-雪铁龙集团是仅次于德国大众汽车的欧洲第二大汽车制造商。

雷诺汽车

标致-雪铁龙集团 logo

标致汽车

雪铁龙 C6 型汽车为法国总统座驾

造船业是法国传统的工业之一，著名的造船厂有位于圣-纳泽尔（Saint-Nazaire）的大西洋造船厂（Chantiers de l'Atlantique）。该厂建造的大型客轮有诺曼底号（Normandie，1932）、法兰西号（France，1960）以及世界最大的邮轮"玛丽女王二世"（Queen Mary 2，2003）等。油轮有巴蒂鲁斯号（Batillus，1976）等。战舰有"福熙"号航空母舰（Foch，1960）以及 2001 年服役的第一艘核动力航母"戴高乐"号的船体。

"玛丽女王二世"邮轮

"福熙"号航母

"戴高乐"号航母

此外，核能发电也是法国一个强项。法国拥有世界上最先进的核能发电技术和利用垃圾生产电力的技术。法国核能生产安全可靠，既能提供能源又不会对环境造成污染。法国目前拥有58座正在运行的核反应堆，分布在全国19个地区。核电约占法国电力供应的80%，这个比例在工业国家中居于首位。法国是仅次于美国的世界第二核电生产大国。农业食品加工业也十分发达，法国是欧盟中第一大农业食品加工产品出口国，为法国外贸带来巨额的顺差。纺织业是法国第一代工业部门，是传统的优势行业，著名的沙尔热纺织公司（Chargeurs-Textiles）是世界上第一大毛纺织品贸易公司。法国的服装业一直兴旺不衰，以款式新颖时尚而闻名世界。法国的电气和电子工业一直保持着较高的发展速度，其专业电子产品、电气设备、激光发生器、光纤制导系统、声呐等在世界上享有盛誉。在法国东南部的格勒诺贝尔市（Grenoble），拥有8 000多家生产高技术电子产品的企业，被称为法国的"硅谷"。法国的建筑业、钢铁工业、生物工程和环保产业等领域在世界同行业中也占有一席之地。

2. 农业

优越的地理和气候条件，加上欧盟的"共同农业政策"的帮助，使法国成为全球仅次于美国的第二大农产品出口国，在欧盟以18%的农产品比例，占据着第一大农业生产国的位置。然而，事实上，法国农业的发展并非一帆风顺，而是历经艰难。

20世纪40年代，受到"二战"的影响，法国农产品产量大幅下降，产品严重短缺，供给远不能满足消费需求。战后，随着城市化的发展，农业人口锐减，整个国家农业面临严重问题。为了振兴农业和农村，法国制定并实施了一系列有利于发展农村经济、改善农村生产条件和农民生活状况的扶农惠农政策。法国农业的现代化进程始于20世纪50年代，60年代法国政府颁布了《农业指导法》，决定设立调整农业结构的行动基金，以此加大对农业的投入。结构调整后，农业得到迅速发展，不仅可以自给自足，还可以出口。70和80年代，法国既遇到自然灾害，又出现了经济危机，不得不加快农业的结构性调整。90年代，在欧盟大幅减少农产品价格补贴的情况下，法国政府只能加大对农业及其结构调整的力度，从而改变农业的面貌。为推广现代化的农业种植和管理技术，提高农业生产率，法国政府还建立了规模庞大的农业科研队伍以及类型不一的农业科研机构和农业高等院校,其主要任务是为法国农业现代化提供基础及应用研究。进入21世纪以来,尽管法国农业得到欧盟的不少帮助,但从业人员的收入还是偏低,自2015年暴发的法国农业危机,在依靠国家财政的支持下才得以缓解。

据法国国家统计与经济研究所2017年2月公布的最新数据显示,法国农业产值仅占国内生产总值的1.7%。法国农业的从业人员呈下降趋势,目前已经不足90万,占法国就业人口的3.6%。但由于生产率水平的提高,农场规模有所扩大。伴随着城市的发展、建设用地的增加和森林面积的扩大,农业用地面积相应减少,但仍然占国土面积的50%左右。

在生态(有机)农业方面,法国生态农业协会(AFAB)自1961年成立以来,一直都在积极推动生态农业的发展。1981年,法国正式将生态农业相关标准写入法律。1985年又制定法规,正式命名生态农业(Agriculture Biologique,简称AB)并出台相关标准。2009年,欧盟实施生态农业新规则,对于生产、加工、验证等作出严格的规范。法国在执行欧盟标准的基础上,还就原产地、监管等方面实施更为严苛的标准。目前,法国生态农业仍然处于边缘化的位置,但其种植面积和从业人员逐年增加,市场销售形式多样,反映良好。

从20世纪50年代至今,法国农业中的种植业和畜牧业也发生了不小的变化。50—80年代,畜牧业产值通常高于种植业,分别为55%和45%左右。80年代之后,法国种植业增长迅速,增加了近40%,而畜牧业增长仅为5%,从而改变了两个部门的比例。当然,种植业的迅速发展与国际市场的需求密切相关。

1) 种植业

法国主要种植小麦、玉米、大麦、油料作物、土豆、水果、蔬菜以及葡萄。根据欧洲统计局(Eurostat)最新的统计数据,法国小麦的年产量近3 800万吨,约占欧盟的25%,位居欧盟第一、世界第五,产区分布在法国的中北部。玉米的年产量约1 850万吨,占欧盟的24%左右,全球排名第八。法国生产的玉米主要用于动物饲料,主要产于法国南方。大麦的年产量约为1 200万吨,占欧盟的19%。法国有180万公顷土地种植大麦。大麦主要用于动物饲料,产区主要在法国东北部。油料作物包括油菜、向日葵和豆类,其中油菜主要种植区位于东北部,大约有170万公顷土地种植;向日葵的产区在西南部,有66万公顷土地种植；豆类包括豌豆和大豆等，主要分布在南方，总共约有 23 公顷土地种植。土豆种植面积有 17 万公顷，年产量 800 万吨左右。水果的种植面积约 16 万公顷，年产量约 280 万吨，其中一半以上是苹果，其次是桃子、油桃、杏子、梨子、榛子、李子等。蔬菜的种植面积约为 39 万公顷，年产量为 550 万吨。主要蔬菜品种有西红柿、胡萝卜、生菜、青豌豆、洋葱、花菜、甜瓜、卷心菜等。在水果和蔬菜的生产方面，法国在欧盟排在意大利和西班牙之后，位列第三。

法国葡萄产区分布图

法国的葡萄种植无疑是农业的最大亮点，因为法国无可厚非是世界上最重要的葡萄酒生产国。葡萄酒文化深入法国人骨髓和血液之中，无论是社会精英还是普通百姓，都热衷于葡萄酒的饮用。法国的葡萄酒年产量约为 4 700 万公升，主要分布在 11 个大的产区，分别是波尔多、勃艮第、博若莱、香槟、阿尔萨斯、罗讷河谷、卢瓦尔河谷、普罗旺斯、科西嘉、西南和朗格多克-鲁西荣。进入 21 世纪后，法国葡萄酒的分级制度一直都在变革。从 2012 年开始全面实施最新的分级制度，将原来的四个等级更改为目前的三个等级，之前的 VDQS 级别已被取消。一是法国餐酒（Vin de France）：该级别可选用法国境内葡萄酿制并允许在酒标上声明葡萄品种及年份，但不允许出现产区。二是地区餐酒（Indication Géographique Protégée，简称 IGP）：该级别为特定地区所生产的葡萄酒，表现出该地区特色。IGP 取代了原有地区餐酒（Vin de Pays，简称 VDP）。三是法定产区（Appellation d'Origine Protégée，简称 AOP）：这个标准界定了酒庄只能以原产地采购的葡萄为原料，遵循原产地标准的生产工艺，在原产地种植和酿造，产量符合标准，同时在原产地装瓶。AOP 取代了原有的 AOC（Appellation d'Origine Contrôlée）级别。法国以葡萄作为原料的酒类有葡萄酒、白兰地（干邑）、香槟以及气泡葡萄酒等。

红葡萄酒 (Vin Rouge)

白葡萄酒 (Vin Blanc)

桃红葡萄酒 (Vin Rosé)

人头马白兰地 (Remi-Martin Cognac)

轩尼诗白兰地 (Hennessy Cognac)

香槟 (Champagne)

在葡萄酒产量上，法国与意大利、西班牙还会因为不同年份为世界第一的位置有所争执。法国葡萄酒的出口主要面向欧盟的德国、英国和比利时等国家，欧盟以外的国家主要有中国、美国和日本等国家。每年 1/3 的出口葡萄酒为法国换回近 60 亿欧元的收入，为法国贸易顺差的项目。

2) 畜牧业

法国农业的43%是由畜牧业贡献。畜牧业每年有约260亿欧元的收入,其中奶制品约为89亿,牛肉为80亿,猪肉为32亿,家禽为34亿。

法国年均饲养牛200万头左右,牛肉年产量约为144万吨,为欧盟第一大饲养牛的国家。牛奶产量世界排名第三,牛肉制品为全球第五[①]。牛的饲养主要分布在中央高原、莫尔万、旺代、下诺曼底和利穆赞等地区,而奶产品生产地区则集中在布列塔尼、诺曼底、诺尔和皮卡第等地。法国的牛奶产量在欧盟仅次于德国,位列第二。

法国饲养猪的数量仅为欧盟饲养大户德国和西班牙的一半,年均为1 330万头左右,而且养殖户的数量还在每年以8%左右的比例在减少,因此饲养猪的数量还有减少的趋势。猪的饲养主要集中在布列塔尼地区,其占比超过50%。

洛克福羊乳奶酪

法国羊的饲养数量年均为850万头,一部分用于肉类,一部分制作奶制品,比如洛克福羊乳奶酪(Roquefort)等。饲养地区主要集中在阿维龙省以及南部利穆赞到阿尔卑斯山的一带。近10年来,法国羊的饲养量有减少的趋势,每年以2%的比例在减少,羊的总量在欧盟内所占比例较低。

法国家禽产品主要集中在两个方面,一个是鸡肉,另一个是鸡蛋。产区主要分布在布列塔尼、卢瓦尔以及阿基坦地区。其他产品还有火鸡、鸭子、珠鸡、鹅以及鹅和鸭的肥肝等。

二 交通与通信

1. 交通

法国的交通运输业历史悠久,早在17世纪初就出现了内河航运和公路运输,19世纪铁路成为主要的交通运输方式。进入21世纪,法国推出了国家交通基础设施方案(Schéma National des Infrastructures de Transport,简称SNIT),旨在改善和发展法国铁路、水上、陆路以及空中的交通状况。目前,法

---

① https://fr.wikipedia.org/wiki/Agriculture_en_France,2017-10-27

国的交通形成了以公路运输为主体,铁路、水运、航空等各类交通为辅的交通格局,构成了十分密集的交通网。

法国公路一直在交通运输中扮演着主要角色,法国也是世界上公路交通最发达的国家之一。法国公路总长超过100万公里,包括高速公路、国家公路以及省市级公路。法国公路系统是以首都巴黎为中心向全国四面八方辐射,同时也延伸至周边国家,以便在欧盟中成为交通运输的中心。

法国的铁路始建于1827年。第二帝国时期,法国铁路建设步伐加快。"二战"后,法国铁路发展迅速。法国铁路总长3.2万多公里,其中有电气化铁路和高速铁路。法国被公认为拥有欧洲大陆规划最完善的铁路系统。法国铁路统一由法国国营铁路公司(Société Nationale des Chemins de Fer Français,简称SNCF)负责经营和管理。全国的铁路网像公路网一样,也是以巴黎为中心,所有的铁路干线都是从巴黎出发,然后通往法国各地及欧洲各国。巴黎共有7个火车站,火车站及发运列车方向地点如下:

奥斯特里兹站(Gare d'Austerlitz):主要前往波尔多(Bordeaux)、利摩日(Limoges)和图卢兹(Toulouse)等地。

贝尔西站(Gare de Bercy)和里昂火车站联合运营,主要目的地有克莱蒙费朗、第戎、里昂等地。

巴黎东站(Gare de L'est)主要前往阿尔萨斯、洛林方向以及德国的柏林、俄罗斯的莫斯科等地。

蒙巴纳斯站(Gare Montparnasse)主要前往波尔多、南特、图卢兹、雷恩、布雷斯特、昂热、拉罗谢尔等城市。

巴黎里昂站(Gare de Lyon):主要前往里昂、马赛、阿维尼翁、贝桑松、第戎、尼斯、蒙彼利埃、格勒诺布尔等城市,以及意大利的米兰、威尼斯,瑞士的苏黎世,西班牙的巴塞罗那等地。

巴黎北站(Gare du Nord)主要前往里尔、亚眠、拉昂、敦刻尔克等城市,以及德国的

奥茨特里茨站

多特蒙德、英国伦敦、比利时的布鲁塞尔、荷兰的阿姆斯特丹等地。

圣拉扎尔站(Gare Saint-Lazare)主要前往鲁昂、卡昂、勒阿弗尔、瑟堡等地。

贝尔西站

巴黎东站

蒙巴纳斯站

里昂站

巴黎北站

圣拉扎尔站

高速列车

法国的高速火车(Train à Grande Vitesse,简称TGV)举世闻名,法国在发展高速列车方面走在了世界前列。高速列车以每小时300多公里速度运行,既准点又舒适,极大地缩短了各大城市之间的距离:1小时从巴黎到里尔(Lille),2小时从巴黎至雷恩,3小时从巴黎到马赛(Marseille)或波尔多(Bordeaux)。

法国内河航道的运输已经有300多年的历史,目前内河航道长度为8 500多公里,其中运河航道长约4 600公里。内河航道承担了80%的笨重散装货物,如矿物、建材、煤炭和石油等。法国有年吞吐量在1 000万吨以上的港口6个:马赛、勒阿弗尔、敦刻尔克、南特、鲁昂和波尔多。马赛是法国最大的海港，是法国通向印度洋和太平洋各国的重要港口。

法国的航空运输业非常发达，根据法国机场联盟（Union des Aéroports Français）2016年的统计数据，年接待量超过20万人次乘客的机场有45家，其中巴黎的鲁瓦西或夏尔戴高乐机场（Roissy-Charles de Gaulle）接

戴高乐机场1号航站楼

待了近6 600万人次。法国航空公司（Air France）是世界上航空公司的先驱者之一，是国际上第三大载客运输公司，第四大货运公司。2004年，法国航空公司与荷兰皇家航空公司（KLM Royal Dutch Airlines）合并，组成欧洲最大的航空集团（Groupe Air France-KLM）。法国航空公司的航线涵盖了绝大部分距巴黎1小时左右的大城市，以及一些外省之间的城市。巴黎近郊有两个国际机场：一个是位于巴黎以北约25公里的鲁瓦西（Roissy），所以称为鲁瓦西机场或夏尔戴高乐机场，另一个是位于巴黎以南14公里的奥雷机场（Orly）。国际航线大部分都在夏尔戴高乐机场起降，如中国和巴黎之间的航班，而法国国内航线、近距离航线以及廉价航空公司的航班通常使用奥雷机场。

戴高乐机场

奥雷机场

2. 通信

法国邮政通信由国家经营，采取"监护"的管理体制。法国的现代化通信设施发达。主要服务机构是成立于1988年的法国电信（France Telecom）公司，其总部位于巴黎。该公司经营电话、传真和互联网等通信业务。

2013年后改名为Orange电信公司。

法国目前固定电话的电话号码为10位数字。最前面两位数字是区号。全法国共分五个区域号：巴黎01；西北部02；东北部03；东南部和科西嘉04；西南部05。

在法国,有三大宽带运营商：Wanadoo,Neuf和Free。这三个公司都有宽带＋固定电话,或者宽带＋固定电话＋有线电视的产品包推出。大多数家庭现在使用的都是这种产品包,同样的产品包也可以根据不同服务,选择不同包月资费。

法国目前主要有三大公司提供移动电话服务：France Telecom旗下的Orange公司、SFR公司和Bouygues公司。每家公司都有多种征订形式和服务价格。

法国各地的网吧或互联网服务站非常普及,只要申请注册一个个人电子信箱即可进行通信交流。此外,某些网络服务公司,例如CAR AMAIL、IFRANCE、YAHOO等也提供免费电子信箱服务。

邮筒及邮局标志

邮政服务在法国非常方便,平均3 500个居民设有一个邮局。此外,在许多学校、街区和公共场所都设有黄色邮箱,投递时,只需分辨"本省"和"外省及国外"两个投信口,正确投递即可。

在法国各个邮局,都设有个人自助服务机,您可以给自己的信件称重,购买邮票,只需按照屏幕提示操作即可。邮资为全国统一价格,依照信件的重量、紧急程度和邮递方式定价。

自20世纪90年代，法国邮政经营项目更加多样化，除了传统的邮寄服务外，还经营金融服务等项目。法国的电子通信十分发达，80%的法国人拥有固定电话和移动电话，利用智能手机上网的人数越来越多，比例达50%左右。目前，接近90%的法国人家里装有电脑，利用手提电脑随时随地在家以外的地方上网已经十分普遍。

邮政自助服务机

三 旅游与商贸

1. 旅游业

法国旅游业已经成为法国经济的重要支柱之一，是法国经济中的优势产业。根据总部设在西班牙马德里的世界旅游组织（Organisation Mondiale du Tourisme）的统计数据，自1990年起法国便成为世界第一大旅游目的地国家。即使在2015年发生恐怖袭击的情况下，法国依然接待8 500万名外国游客，是接待人数最多的国家。法国旅游的收入占其国内生产总值的7%。

法国之所以吸引游客与美丽的自然景观密不可分。法国虽然面积不大，却处处景色迷人。科西嘉岛美丽的海滨、阿尔卑斯山和比利牛斯山热闹的雪场、普罗旺斯鲜花般的世界、阿维尼翁的乡村风光、尼斯（Nice）迷人的蓝色海岸线、神秘的圣米歇尔（Île Saint-Michel）岛，都无愧为世界旅游胜地之上选。除了自然美景之外，丰富多彩的人类文化遗产、适宜的气候条件、便利的交通运输以及出色的住所和餐饮的接待能力等，构成了法国旅游业兴旺发达、经久不衰的重要原因。

2016年，由于恐袭事件频发，加上恶劣天气以及社会动荡等因素，前往法国的外国游客有所减少，不过，法国仍然占据第一大旅游目的地国家的位置。此外，游客人数减少的另外一个因素与盗窃犯罪有关，尤其是针对中国人和日本人等亚裔人群的盗窃。为了重振法国旅游的声誉，2017年7月，法国新政府总理爱德华·菲利普要求采取加速签证的办理程序、减少机场等候时间等措施，力争在2020年实现接待1亿游客的目标。

2. 商贸业

法国被称为"商业社会",那是因为法国的商业网点在欧洲国家中最为密集。20世纪50年代,法国还是以传统的商业销售形式为主,如店铺、百货公司等。50年代末期,法国开始出现商品价格低廉、品种繁多,且顾客可以自由挑选的超市。60年代开始,超市的面积由原来的400~2 500平方米扩大到2 500平方米以上,这种特大型超市销售的产品品种更加多样化。

创建于1959年的家乐福集团(Groupe Carrefour)是法国最大的超市集团。家乐福旗下的超市从3 000平方米到22 400平方米不等,在欧洲、亚洲和南美洲等地拥有1 481家超市,2016年营业额达到857亿欧元,世界排名第六。欧尚集团创建于1961年,是仅次于家乐福集团的法国第二大超市集团。至2015年年底,欧尚超市集团在欧洲、亚洲和非洲等地拥有721家超市,2015年销售额为542亿欧元,在世界同行业中排第十二名。在法国经营的中小型超市有E. Leclerc、Casino、Champion、Monoprix、Super-U、Intermarché、LiDL等。

标志(Logo)	出入口(Entrée)

标志(Logo)	出入口(Entrée)

法国的网络零售业虽然起步较晚,但发展非常迅猛。尤其是近年来,网络零售额增长速度很快,年销售额已经达到400亿欧元左右。法国专营商店也很发达,如家用电器商店、体育用品商店等。很多商店通过邮件、电话等形式进行销售,商家提供送货上门服务。

虽然新型的商业形式发展迅猛,然而,传统的商业仍然深受不少顾客的喜爱。在巴黎古老的商业街上,著名的拉法耶特百货公司(被中国人称为"老佛爷")、春天百货公司等大型商场似乎永远都不乏慕名而来的顾客。

"老佛爷"百货公司

法国的外贸建立了比较完备的体制。法国设有工商会(Chambre de Commerce et d'Industrie,简称CCI),为法国外贸提供国外市场和经济情报。法国对外贸易担保公司(Compagnie Française d'Assurance pour le

法国工商会

Commerce Extérieur,简称COFACE),专门负责特别的外贸风险,如为国外客户缺乏支付能力,所在国出现战争、贸易封锁等现象,或所在国的货币突然贬值,签订合同后,所在国的经济突然出现变故等进行担保。此外,法国还设有出口信贷银行(Crédits à l'Exportation)和2006年成立的纳提克西斯信贷银行(Banque de Financement et d'Investissement du Groupe BPCE,简称Natixis),不仅对出口商提供信贷,而且也对国外客户提供信贷服务。

法国对外贸易担保公司logo

纳提克西斯信贷银行logo

在法国对外贸易中,农产品是法国出口的强项,仅次于美国,居世界第二位。农产品以及农业食品工业产品为法国对外贸易带来巨大的顺差。当然,工业产品在对外贸易中所占比例更高,其中有空中客车、阿丽亚娜火箭、深海潜水器、核电站、汽车、船舶、卫星发射、石油平台、医药、香水、化妆品、高档服装、橡胶制品、木材以及军火工业产品等。法国进口商品中主要是能源、工业原料和日用消费品等。

法国对外贸易的主要对象是欧盟国家,占法国对外贸易的60%左右。在欧盟之外,法国的最大外贸市场是亚洲地区,中国是法国在亚洲地区最大的贸易伙伴,其次是日本、新加坡、韩国和印度。法国在亚洲的贸易中呈逆差状态,年贸易赤字达200多亿欧元。在美洲地区和非洲地区的贸易中,法国的赤字数额比较小,有时几乎可以达到持平的状态,而在与中东地区的贸易中,法国是有一定的赢利,每年有30多亿欧元的顺差。

在对外贸易方面,法国持对外开放的政策,积极参与经济全球化和国际市场的竞争。政府竭力扶持产品出口,以争夺国际市场,同时也采取措施来保护法国国内市场。

复习思考题:

1. 简述法国经济状况及其政策。
2. 试析法国工农业、种植业和畜牧业及其特征。
3. 哪些是法国居于优势的产业?简述其发展状况。

第五章 文化

文化是一个宽泛的概念,它涵盖艺术、语言、文学、饮食习惯等诸多方面。法国的形象与她的文化密不可分,因为在法国,国家经常性参与各种文化事务。早在路易十四时代,国家就被确立为艺术的保护者。此后,历届法国政府都充当了文化的赞助者和保护者。国家拨给文化部的经费逐年增加,自20世纪90年代经费翻了一番之后,2016年的预算已经增至34.61亿欧元。地方政府在文化事务的参与范围及其经费因1982~1983年《地方分权法》的颁布而扩大了。如今,地方政府对文化的投入比例与国家的投入大致持平,甚至略有超出。此外,协会、企业和个人对文化事务的参与和赞助在法国有着悠久的历史,遍布法国各地的各类文化节通常都是由相关协会组织发起的,社会的广泛参与无疑促进了法国文化的繁荣灿烂。

第一节 社交礼仪

一 见面问候

法国人见面,首先相互问好,然后自我介绍或相互介绍。但是,根据性别、年龄、地位、身份、职位的不同,介绍的程序亦有差异。通常情况下,在男女之间,应先把男士介绍给女士;如果年龄有差异,应把年轻者介绍给年长者;如果地位有高低,应把地位低者介绍给地位高的;如果身份有别,应把身份不重要的介绍给身份相对重要的;如果职位不同,则应把下属介绍给上司。根据这个规则,性别和年龄应当优先考虑,而年龄又凌驾于性别之上,这和中国的习惯不尽相同。

在法国,白天打招呼用"Bonjour"(你好),只要天亮,一天中第一次见面都可以。直到天开始变暗了,差不多是夏天晚上七八点之后或者冬天下午五六点之后则改用"Bonsoir"(晚上好)。当你一天内第二次见到同一个人时,可用"Rebonjour"(再次问好),或报以会心的微笑即可。

熟悉的同事、同学或朋友之间打招呼可以用"Salut"(你好),更为时髦的是"Coucou"(你好),尤其是在发送手机信息或网上聊天时更为常见。

在称呼方面,遇到男士,无论长幼,一律用"Monsieur"(先生),但是女子的称呼稍有些复杂。未婚女子用"Mademoiselle"（小姐）来称呼，即使是八十岁未婚，也只能称她为小姐。最有名的一位被称为小姐的应该是香奈儿·可可女士，一系列香水被命名为可可小姐（Coco Mademoiselle）。对已婚女子用"Madame"（夫人）来称呼。如果不确定对方是否结婚，最好用"Madame"（夫人）来称呼，因为"Madame"的称呼含有尊敬之意；如遇女方更正，再用"Mademoiselle"称呼也无妨，但在朋友、同事、同学之间则可直呼其名。

在日常会话中，法国人除了用"Au revoir"（再见）道别外，也常常用"Ciao"（意大利语），"Bye"或者"Bye-bye"来告别。在熟人之间，"Salut"既可以是见面时的问候语，也可以用于道别时，表示"再见"之意。此外，道别的用语会因时间不同而有所差异。中午12点前，法国人会用"Bonne journée"，意思是祝人家这一天都过得愉快；中午会说祝您下午愉快（Bon après-midi）；16点左右要祝人家剩下的时间过得愉快（Bonne fin de l'après-midi 或者 Bonne fin de journée）；18点以后，一般需祝晚上愉快（Bonne soirée）；而过了22点就需要道晚安了（Bonne nuit）。

法国人见面不但要打招呼，而且要行贴面礼（Faire la bise）或握手。地中海沿岸的法国、意大利和西班牙等国家都有贴面礼，但习俗不尽相同。意大利人多用于几日不见后的首次再见，而且仅局限于朋友之间。法国人的贴面礼最为频繁，见面和道别时都会习惯地贴脸致意。尤其是女士，只要见到熟悉的男子或女子，都要行贴面礼，因为这是从小孩时就养成的习惯。贴面从右侧起，贴脸的次数根据地区、交情和分别时间的不同也会有所差异，一般会贴面两次、三次或四次。比如巴黎与法国大部分地区贴两次；从马赛到阿尔卑斯山一带，通常三次；而从卢瓦尔河到比利时交界的诺曼底以及勃艮第东部，还有香槟地区，需要贴面四次。还有的地区，如布列塔尼半岛的部分居民一般只贴一次。通常情况下，法国人认为贴面两次最为得体。如果遇到对方贴完两次后还伸出脸站着，那就再贴一两次吧，以免出现尴尬场面。贴面礼通常会在女性之间或者男女之间进行，女士只会在不认识对方的情况下才握手。男人之间一般相互握手。

三 交际艺术

与人交际，个人的仪表着装和行为举止非常重要。得体的穿着，不仅可以显得更加美丽，还可以体现出一个现代文明人良好的修养和独到的品位。

在着装方面，法国人在婚庆、节日、生日聚会、入教洗礼等正式场合非常考究。男士一般穿西装，如燕尾服（Tail Coat）、塔士多（Tuxedo）等，配西裤、衬衫、领结或领带、皮鞋。相对于偏于稳重单调的男士着装，女士们的着装则亮丽丰富得多。可以选择西服套裙、夹克衫、连衣裙或两件套裙，配上高跟鞋，戴上有光泽的佩饰，围一条漂亮的丝巾等。当然，无论如何，穿着以整齐清洁为原则，懂得在什么场合穿什么服装，即着装应该与时间、地点以及所处的场合相协调。比如在祭祀的场所或拜望上了年纪的人的时候，要避免穿着过分暴露的衣服。赴晚宴时，穿牛仔裤会被认为不太适合。在服饰的选择上可以各有千秋，但也不能太夸张，讲究大方得体、恰到好处。那些奇装异服在正式场合通常是不受欢迎的。

在言行举止方面，与人说话时要平视对方，以示尊重。多用"请"（S'il vous plaît）、"对不起"（Pardon）、"谢谢"（Merci）、"再见"（Au revoir）等文明礼貌用语，最好带着微笑说"你好""谢谢"等。

法语中的"请"或"劳驾"（S'il vous plaît），在日常生活中经常使用。比如，在饭店吃饭，想要服务员添加面包和水的时候，勿忘说"请"字。饭后买单时，也要说"老板或服务生，请买单！"另外，平常要想知道什么，比如，"请问法语怎么说？""劳驾借个火"等多种场合，都需要说"请"。亲朋好友熟人之间，人们也会使用"请"，只是稍有变化，改成 S'il te plaît，比如"请把盐递给我"（S'il te plaît, passe-moi le sel.），等等。

公共场合，法国人不喜欢拥挤。如果你要超过别人，或不小心碰撞了别人，即有可能妨碍了对方时，要说"请原谅"（Excusez-moi）或"对不起"。如果仅仅是超过别人，除了说"对不起"，之后还要说"谢谢"。在约会迟到的情况下，也要用上述词语表达歉意。向他人提出要求、需要帮忙时，也要先说声"对不起"或"请原谅"。比如向人问路，首先得说"对不起"或"请原谅"，然后再具体说出想问的地点，最后还要加上"请"，以示礼貌。记得向提供帮助的人致谢。

"谢谢"被认为是法国使用频率最高的一个词。麻烦了别人要道谢，就算是亲朋好友之间也要道谢。去餐馆吃饭，即使菜肴并不合口味，道谢也是不能少的，因为人家给你提供了服务。而你留下小费后，服务生也会向你道谢。在家里吃饭时，父母孩子之间相互递面包、调料也要道谢。买东西要对收银员说谢谢；下公交车要对司机说谢谢；女子在街头遇到男士当面称赞美丽或可爱时，通常女士微笑道谢。在公共场所，法国人进门时会注意后面有没有人，大家习惯给后面的人撑着门，这时，请对为你撑门的人说声谢谢。

公共场所，用手指指人、随意打断别人说话，或直盯着某个人的眼睛看等行为都是不礼貌的。在公共交通工具上，法国人的习惯是先下后上。电梯里也是如此，切忌与他人抢道。正确的做法是为他人拉着门，请他人先行，尤其是主动为年长者、残疾人和女士让路等。在日常交往中，男士还需要遵守的基本礼仪有：拉着门让女士通过，为女士打开车门，帮女士拿外套、提行李，弯腰捡起掉在地上的东西等。

总之，一个人彬彬有礼同样也会受到他人的尊重，尤其是在公共场所，要自觉遵守相关规定，要约束自己的行为。比如，不可以随地乱丢杂物和随地吐痰；乘坐电梯先出后进，排队有序进入；如果是自动扶梯，要自觉靠右站立，以便赶时间的人快速行进；参观博物馆时，勿随手触摸展品，勿使用闪光灯随意拍照；参观旅游景点时，不要攀爬名胜古迹或在历史文物上随意刻画；参观教堂时，注意尊重他人的宗教信仰；贴有禁烟警示牌的场所，切记不要吸烟；在公共场所，应该正确使用手机。比如在医院里，飞机上和其他一切可能干扰仪器正常运转的场合，必须关闭手机。在剧院、教堂、图书馆、教室、演讲厅，甚至在火车上、候车室、餐厅和会议室等人流密集的地方，要么关掉手机，要么调到静音状态。实在需要，最好到不影响他人的僻静角落使用手机。出席酒会，礼貌的做法也应该关闭手机。如有特殊情况需要通话时，应先告知主人，请求谅解，通话结束后应立即关机。

与人相处，应该了解各自的文化习俗，尊重彼此的文化差异。这样，才能克服因文化差异所造成的障碍，从而让人与人之间的交流顺利通畅。

三 访客礼仪

日常生活中，人与人之间交往时，为了增进友谊，请客和被请在所难免。那么，此时此刻需要了解哪些礼仪呢？

首先可能遇到的就是守时的问题。的确，与人交往守时很重要，及时答复对方的邀请，是最基本的礼貌。然而在法国的日常生活中，倒是有两个有点自相矛盾的原则需要遵守：赴约或赴宴提前抵达有失礼之嫌，因为也许对方还没完全准备好，早到可能会给东道主带来不必要的尴尬。所以建议去朋友家赴宴不宜提前或准时,最好比预定时间晚到一二十分钟。当然,迟到超过半个小时以上,理应来电话告知主人并致歉意,以免让人感到有失礼貌。如果是晚会,迟到半个小时也无妨。

其次,在赴约之前,最好准备一份礼物。礼物并非越贵越好,因为法国也有礼轻情意重的说法(Un petit cadeau fait l'amitié)。当然,如果能事先了解对方的喜好,准备一份恰当的礼物是最理想的。在法国,人们一般会带上一瓶葡萄酒或香槟,一盒巧克力,或者一束鲜花。熟悉的朋友之间,您甚至可以询问对方需要带点什么,尤其是小型生日等聚会上,主人可以和客人商量带什么,以免重复。在法国,即使是父母和子女之间小聚,吃团圆饭,相互从不空手,要么带一份甜点,要么带一瓶葡萄酒,或者一束花,也有送书或其他礼物的,依据情况而定。总之,礼物要表达客人对主人的尊重和谢意。

但是,到底该送什么花?什么酒?什么巧克力?对国人来说,一直是一个备受困扰的难题,对此我们提出如下建议供大家参考。

鲜花和巧克力

法国人大多喜爱鲜花,然而,花有花语,颜色也有寓意,数量也有讲究,所以,送花也有一些习俗和规矩要遵守。首先送花通常配有一张卡片,由花店代写上赠花人口述的一些话。其次,送花一定要送单数,因为法国人认为双数花只适宜葬礼场合,是不吉利的象征。但是,切忌送"13"朵花。为了表示喜欢和尊重,可以赠送白玫瑰和白百合。铃兰花是幸福的象征。红玫瑰代表爱情,因此,男士不宜随便送红玫瑰给已婚女士。菊花代表忧伤,千万不能送人黄菊花,这是专门用来纪念逝去的人的。白康乃馨象征不忠贞,也不可随便送人。送花的时间上也要有所考虑,如果是盛大的晚宴或庆典,最好在赴约前一天晚上或者大清早就请花商送达东道主手中,以便给主人留足摆放鲜花的时间,从而避免忙中出错。此外,法国人喜欢蓝色和粉红色,他们认为蓝色象征"宁静"和"忠诚",粉红色则意味着"积极向上"。如果遇到家人或朋友的生日,母亲或祖母的节日,送一束粉红色的玫瑰花或黄色的郁金香最理想,同样,一束水仙花或长寿水仙也是不错的选择。

法国人素来喜爱饮酒,他们通常爱喝开胃酒、葡萄酒、香槟、白兰地等。如果受邀参加朋友聚会或庆祝活动,可以选择一瓶酒相送。如果不了解对方的爱好,通常送一瓶价格适中的香槟或红葡萄酒即可。如果要想让礼物有个性,给受礼人留下好印象,最好在瓶子上挂上一个有创意的标签,写上对方的名字,送上一句特别的祝福词等都是比较理想的方式。

法国的酒很多,如果你不是很懂,建议到酒类专卖商店选购,比如尼古拉(Nicolas)专卖店,那里酒的品质一般比较有保障,而且还有专门包装,显得比较美观雅致。选购一瓶 10 欧元以上的葡萄酒,通常都是挺好的。如果再选择法国的著名产区的葡萄酒,如波尔多、勃艮第等地,适当的年份,并有 AOP,即之前的 AOC 标志的葡萄酒,那是更好。如果是香槟,考虑到香槟价格相对较贵,所以最好选择 20 欧元以上的,这样会比较合适送人。

酒店门头与各类酒

糕点、糖果、巧克力作为礼物也是不错的选择。因为提到法国,我们就一定会想到法国人的浪漫和甜蜜。如果说时装、香水和美酒代表了法国人的浪漫,那么法国的糕点、糖果和巧克力则代表了他们生活的甜蜜。所以,在法国人家里做客,送上一个特色蛋糕,一份美味点心作为饭后甜点,或者给有小孩的家庭送一盒精美的巧克力、特色糖果都是非常受欢迎的。法国的糖果、糕点品种繁多,可以有很多选择。如给法国大文豪普鲁斯特(Marcel Proust)撰写《追忆似水年华》(À la recherche du temps perdu)带来灵感的玛德莱纳(Madeleine)饼等。当今,世人趋之若鹜的法国名点大概要数马卡龙(Macaron)饼了,它被誉为"最具法国浪漫色彩的甜点",甚至有人将其比喻为"少女的酥胸",仅闻其名就已经令无数人浮想联翩。据说 1533 年，美迪奇家族的凯瑟琳（Catherine de Médicis），即后来的奥尔良公爵夫人（Duchesse d'Orléans）将马卡龙从意大利带入凡尔赛宫的时候，马卡龙只是普通的杏仁蛋白饼而已，直到巴黎糕点师劳杜雷（Laudurée）的出现，这款甜饼才声名鹊起。他在杏仁蛋白饼中加入奶油和果酱，赋予了马卡龙外壳酥脆、内心柔软且略带黏性的丰富口感，从此，色彩缤纷的马卡龙一发不可收拾，成了风靡全球的经典。法国著名的巧克力品牌主要有两个。一个是 Mathez 巧克力厂家（Chocolat Mathez）出产的松露巧克力（Truffe au Chocolat），这种巧克力有各种口味，但其中 Truffles Chocmod 为著名的黑巧克力品牌，也是法国人最喜欢的十大巧克力品牌之一。外面一层松露粉带着一丝苦，里面的巧克力则带着一份甜，甘甜中夹杂着丝丝苦意，别有一番滋味，非常适合低甜度喜好者享用。松露巧克力比其他品牌的巧克力名贵，是法国人最喜欢的圣诞节礼物之一。另一个非常有名的法国巧克力品牌则是布鲁日的杰夫（Jeff de Bruges），Jeff 是巧克力公司领导者的名字缩写，而 Bruges 则是生产厂家所在地名。在法国各大城市都有它的连锁店，仅巴黎市中心就多达 20 家。这些传统经典的法国糕点糖果在许多点心店、专卖店或大超市里都能买到，非常方便。

玛德莱纳饼

马卡龙饼

松露巧克力

布鲁日的杰夫巧克力

最好不要让收礼的人知道礼品的价格；礼品不必过于贵重，以免东道主觉得有压力；送礼时最好避开其他客人，以免给其他客人带来尴尬。此外，法国人接到礼物后，一般都会当着您的面打开。如果是鲜花，家庭主妇表达谢意后会立刻摆放到花瓶里；如果是糕点或酒类，通常都会在聚会的时候一起分享，除非主人预先准备了其他甜点。这些都是法国人的传统习惯，没必要流露出惊讶之情。

四 餐桌礼仪

法国的饮食文化历史悠久，早在路易十四时期，法国的饮食外交已经闻名世界。当时的宫廷宴会以其精美奢华而风靡全球，据说餐桌一次可摆放两百道菜。法国人认为，生活的艺术从餐桌开始，美好的一天则从早餐起步，因为只有坐在餐桌旁，人们的身体状态最放松。于是，餐桌艺术和礼仪就成了法国饮食文化的重要组成部分，这一切在法国人的用餐程序、餐桌礼仪、餐具的摆放及其使用方面得到了淋漓尽致的展现。

法国人对餐桌艺术的一丝不苟首先体现在餐桌的布置上，场合不同要求不同，喜好不同，布置亦迥异。尽管如此，法国传统的餐桌摆放规则却一直延续至今。

1. 餐具摆放

在宾客到来之前，在桌上铺一块绒布，然后在上面铺一条与所选碟盘相配的桌布。刀应摆放在盘子右侧，刀身朝向盘子，叉子放在盘子左侧，叉齿尖朝下放在桌上。面包盘放在大盘子的左侧，在大叉子的上方。黄油刀放在面包盘上，刀口朝外。吃鱼的餐具摆在主餐具的两侧。汤勺放在右侧，考虑到多数人用右手的习惯。甜点餐具原则上只在吃甜点时才会出现在餐桌上。最大的水杯放在中间盘子的上方，葡萄酒杯放在水杯右侧。如果还有喝香槟的高脚杯，应放在其他杯子后面。盐和胡椒粉瓶放在桌子中央或左侧。此外，餐巾折叠放在盘子里或放在盘子左侧。请见餐具摆放示意图：

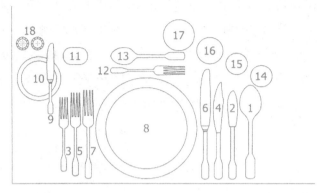

1. 汤勺	2 奶油刀	3 奶油叉	4 鱼刀	5 鱼叉	6 主餐刀
7 主餐叉	8 主餐盘	9 面包刀	10 面包盘	11 黄油碟	12 甜品叉
13 甜品勺	14 甜点酒杯	15 白葡萄酒杯	16 红葡萄酒杯	17 水杯	18 调料瓶

餐具布置

如上图所示，首先，法国人对餐盘的尺寸、形状、功能和摆放形式均有要求。其次，法国人对刀、叉、勺子和杯子的摆放同样一丝不苟。根据每种刀、叉、勺、杯子功能的不同，其摆放位置和排列顺序亦有差异。但一成不变的是，主菜平盘始终放在餐席的正中心，盘上放置折叠整齐的餐巾，刀和勺子平行排列在盘子的右边，而且刀刃朝向主菜平盘，勺心向下；而各种叉子则平行摆放在盘子的左边，而且叉齿朝下。此外，各种刀叉的排列顺序完全按照上菜的先后顺序从外到内摆放，所以，使用刀叉时自然从外到里依次取用，并且随用随撤。面包盘通常放在来客的左手边，上面放置一把面包刀，主要供涂抹奶油、果酱等使用。各类酒杯和水杯则放在右前方，一般大号杯子用于喝水，放在最里面，其他则是酒杯,从里到外或从左到右依次是白葡萄酒杯、红葡萄酒杯和甜品酒杯等。

在正式场合下,刀具、叉子和勺子又分好多种。比如,刀具有主菜用刀,顾名思义吃主菜时用,鱼刀则是切割鱼肉时专用,还有奶油刀等。叉子除了主菜叉、吃鱼用叉外,还有牡蛎和蜗牛专用叉等。勺子同样有多种:小的用于咖啡,蛋糕点心;扁平的用于涂抹黄油和分配蛋糕;尺寸较大的,用来喝汤或取用细碎的食物;最大的则为分食汤料时公用。

吃完一道菜时,请将餐具平行放在盘子里,不要交叉放置,叉子尖朝向盘子中央。用餐结束后,将刀叉并排放在盘子上,叉齿朝上,表明用餐完毕。

2. 席位排列

法国人请客时,不仅重视餐桌的视觉效应,而且对宾客席位的安排也非常谨慎,尤其是在婚宴等盛大庆典场合。通常情况下,法国的宾客席位按照女士优先、长者优先、以右为尊、男女交叉、距离定位、职位高低和宴席性质的原则来排列。

首先,席位安排遵循女士优先的原则,第一主位总是留给女主人的,第二主位则给男主人,两人一般在中央席位面对面就座,主人右手席位即为上位,即贵宾席位,左手席位为次位。如下图所示,1、2、3代表宾客席位,1代表最尊贵的位子,依此类推。

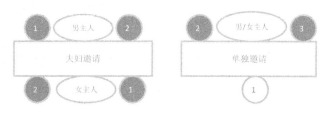

餐桌席位安排

另外,女性宾客在男主人的右边就座,其次是左边;男性宾客则在女主人的右边就座,其次是左边;应尽量避免同性宾客和夫妇俩面对面或肩并肩就座的局面,年轻夫妇除外。如果贵宾恰好是两对夫妇,为了公平起见,最好将一对夫妇中的女士,另一对夫妇中的男士分别安排在男女主人的右手上位。如果来宾是六个、八个成对出现,女主人则会主动向左移动一个席位,确保男女宾客能面对面、交叉就座,方便大家沟通交流。

但是,宴会的性质不同,相应的席位规则也会有差异。如果是朋友或家人聚会,根据年龄,年长者优先;如果不考虑年龄,相比家人和好友,初次来访的宾客优先；或者在亲朋好友之间，没有身份尊卑之别，大家一视同仁，席位没有主次之分，未尝不可。

如果是商务聚会，则根据大家的职位或社会地位的高低就座，或者根据大家的功绩大小排位。

总之，宾客的年龄、身份、宴会特性，以及是否初次造访等都是影响席位排列的重要因素，其中体现了主人热情好客的良苦用心，而应邀前来的亲朋好友只要服从主人、对号入座即可，切忌推三阻四给他人带来不必要的尴尬。

3. 用餐顺序

1）开胃酒

通常，在各种聚会或庆祝活动上，东道主会提议大家一边等宾客的到来，一边喝开胃酒，同时吃些小饼干、烤面包片等咸味小吃，让肠胃提前适应一下，这是宴席正式开始前的序曲。

2）头菜

等所有宾客入席后开始上第一道菜，即头菜，通常是色拉、冷盘或海鲜等冷菜，用中度深浅的盘子盛放；如果第一道菜是汤，那就要用专门盛汤、底部较深的汤盘，和专门喝汤的大勺子；第一道菜吃完后，所有相关餐具就要全部撤走。

3）主菜

第二道菜通常是主菜，也是热菜，需要用直径较大，底部较浅的大盘子盛放。其特点是一荤一素，也可以搭配面条或米饭。主菜无需太多汤汁，常常和法国传统面包和美味的葡萄酒相伴享用。等所有宾客的主菜盘子全部见底以后，主人会撤掉主菜所用餐具。

4）奶酪

紧随主菜的是第三道程序，主人常常会拿出几种不同口味的奶酪供宾客选择，每位来客可根据自己的喜好和肚量有序取用，并用红葡萄酒相伴。

5）甜点

奶酪过后通常是第四道程序，是饭后甜点的享用时刻。这时主人会换上一套小巧精美的甜点餐具，甜点的品种同样丰富多彩，要么是一个自制的特色蛋糕，要么是某位来客带来的法式传统糕点，大家一起分享。

6）饮料

这么多美味佳肴下肚，需要一定的时间进行回味消化，主人会建议大家喝茶、咖啡或有助消化的酒，这也是法式宴席的最后一个节目。人家边喝边聊，直到曲终人散,一场盛宴才算正式结束。

4. 用餐礼仪

据法国人讲,评判一个人的修养如何,只要观察其用餐时的一举一动就了解得差不多了,可见,餐桌礼仪不可小觑。那么,用餐时该注意什么呢?

首先,用餐时要有足够的耐心,一定要等主人招呼用餐(A table!)时,再去餐桌旁就座。另外,等主人和所有宾客开始用餐时,自己再开始。坐姿也很重要,在餐桌旁就座,身体要挺直,不要瘫坐在椅子里;胳膊和身体平行摆放,胳膊肘悬空,双手自然摆放在桌边。身体不要摇晃,避免跷二郎腿和抖动。餐巾在西餐中有信号指示作用。在正式宴会上,如果主人把餐巾铺在腿上,就表示宴会开始;如果放在桌子上,则暗示宴会结束。注意不要用餐巾擦拭涂有口红的嘴唇,请用纸质餐巾。

其次,用餐时,右手持刀,左手拿叉,先用叉子把食物按住,然后用刀切成小块,再用叉送入嘴内。用手取食面包,不要用叉子插取。拿好面包后,放在旁边的小碟中或大盘的边沿上。吃面包时,用手掰成小块送入口中,不要用牙齿去啃咬。吃牛排等肉类时,应从角落切入,吃完一块后再切下一块,遇到不想吃的部分或配菜,放在盘边即可。

最后,享用美食时,切记不要发出咀嚼食物的声音;每次取用食物时,要适量,避免满嘴食物。饮酒、喝水或喝饮料时,记得一次呷一小口。喝汤时,不要发出声响。吃面条时,切忌将长长的面条用叉高高挑起,伸长舌头去接,或者把嘴巴贴着盘边使劲吸入,发出阵阵吸溜声。正确的做法是将面条优雅地卷在叉子上,一次性送入口中。

用餐时的言行举止也有规矩。法国人习惯在正式开饭前,主人给所有宾客道一声:"祝你胃口好!"(Bon appétit!),您也要礼貌回应"Bon appétit"后就可以用餐了。如果您需要他人帮忙,别忘了用"请……"(S'il vous plaît),或者"谢谢!"(Merci)。此外,用餐时禁止抽烟;不要当众剔牙,如果确实需要,可以去卫生间进行处理;不要把钥匙、钱包、手机等私人或贵重物品放在餐桌上,更不能随意在餐桌旁打电话。如果需要打电话或接电话,最好先和大家说声打扰后再离开餐桌到僻静的角落或卫生间进行。法国人的一场宴席常常会持续好几个小时,大家都有边吃边谈的习惯,但是注意最好不要涉及性生活、政治观点、宗教信仰等敏感话题,也不要谈论他人的隐私、疾病和痛苦。恰到好处的谈吐常常是个人修养和优雅气质的最好诠释。

第二节　国民教育

一　管理制度

"教育是国家的第一要务。"这是在法国《教育法典》(Code de l'Éducation)第一条中写明的。1946年10月27日《共和国宪法》的序言中说道:"国家保障儿童和成人享受教育、职业培训和文化的平等权利,组织各个层次的公共、免费和非宗教教育是国家的义务。"

自拿破仑于1806年建立"帝国大学"(Université Impériale)以来,法国的教育管理都是实行中央集权制。1982年以后,国家决定将部分教育权力下放,从此,国家与地方的权限划分有了很大的变化。目前,法国的国民教育事务分成两个部分:基础部分由"国民教育部"(Ministère de l'Éducation Nationale)负责,现任部长是让-米歇尔·布朗凯(Jean-Michel Blanquer);高等教育部分由"高等教育、科研和创新部"(Ministère de l'Enseignement Supérieur, de la Recherche et de l'Innovation)掌管,部长是弗雷德里克·维达勒(Frédérique Vidal)。法国中央政府教育行政机构职位的设置比较复杂,有时会有两个部管理,有时则会合并成一个部,而另外委任"部长级代表"(Ministre Délégué)或"国务秘书"(Secretaire d'État)协助教育部长处理高等教育、科研等事务。

大区与学区分布图
(自2016年1月1日起生效)

法国的教育行政事务采用学区制(Académie)管理,全国共分30个学区,其中本土26个,海外4个。这与法国行政区划的18个大区不是一个概念。在法国,学区长(Recteur)是一个学区整个教育系统的总负责人,代表中央政府行使对教育的管理,其主要职责是贯彻国家教育政策,执行教育方面的法规和法令,管理学校和教师队伍,协调辖区内学校之间的关系等。学区长的助理人员包括学区秘书长,办公室主任,各类督学、技术顾问等,他们负责学区的日常工作。在地方政府中,设有基础教育厅、高等教育厅等,一般只是负责教育的地方事务。各省的教育厅长一般都是学区督学(Inspecteur d'Académie-directeur)兼任。因为法国大学拥有较高的自主权,所以法国学区的实际权限和机构设置大部分只涉及基础教育阶段,学区督学通常只负责基础教育,高等教育事务一般另有专门人员负责协调。此外,其他部门对于法国国民教育也是一个补充,比如农业部对于农业教学方面的贡献等。根据法律规定,法国幼儿园和小学校舍的建设和管理等事务由所在地的市镇政府承担,初中部分是由省政府承担,而高中及职业教育部分则是由大区政府负责,但教师工资都是由国家统一发放。

三 教育简史

　　法国教育源远流长,最早可以追溯到罗马统治时期的高卢。公元768年至814年,加洛林王朝的查理大帝建立了庞大的帝国。为了培养国家所需的行政管理人才以及宣传基督教的宗教人士,查理大帝非常注重教育。他兴办学校,免费让学生就读。他聘请僧侣和学者给学生授课,不论是富人,还是穷人,城市还是农村的孩子都机会均等。不仅如此,他还在埃克斯-拉-夏佩勒(Aix-la-Chapelle),即现在的德国城市亚琛,开办了一所皇家学校,并亲临教室奖励勤奋的学生而批评懒惰的学生。由此可见,查理大帝不仅文治武功显赫,而且也非常注重发展教育事业。法国的学校教育在12世纪发生了很大的变化,那便是在巴黎等地出现了大学。当时的大学主要由四个学院构成,其实就是四个学科:神学(Théologie)、教会法学(Droit canon)、医学(Médecine)、艺术(Arts)。此外,中世纪及文艺复兴时期,法国学校的教学都是使用拉丁文。自从1530年皇家学院,即后来的法兰西学院(Collège de France)成立起,一些教师开始使用法语教学。

　　在1789年法国大革命之前,法国的学校长期被天主教控制。18世纪上半叶的法国启蒙思想家对于法国的教育做出了重大的贡献,他们认为,"封建社会罪恶的根源在于民众愚昧无知和缺乏教育,启蒙思想家的任务就是发展教育,启迪民众。"[1]法国大革命不仅推翻了封建专制制度,也鞭挞了受封建和宗教思

---

[1] 吴国庆.法国[M].北京:社会科学文献出版社,2014:323.

想禁锢的教育制度，提出了未来社会中教育的理论和原则，比如，将宗教与学校教育脱离等，从而逐步建立了现代教育制度。法兰西第一帝国时期，拿破仑一世发现了教育制度的混乱，于是，他恢复了宗教学校，并要求学校遵循天主教教会的原则。他在1806年6月10日推动颁布法律，实行中央集权式的教育制度，建立"帝国大学"，作为唯一管理帝国全部公共教育的机构。当时法国被分成29个学区，设学区长、督学署等机构，所有管理和教学人员都属于国家公职人员，由帝国大学总督任免。那个时期开办或恢复的中学和大学教育机构，有些延续至今，如巴黎高等师范学院、巴黎综合理工学校等，为法国培养了大批高级人才。第一帝国时期国家统一制定学校的规章制度、课程设置、课时安排以及监督等，为现代法国教育体制奠定了基础。

　　法兰西第三共和国时期（1870—1940），法国的教育制度又一次发生了巨大的变化。在时任教育部长儒勒·费里（Jules Ferry）的积极推动下，1881年6月和1882年3月先后通过了两个《费里法案》（Lois Ferry），确立了法国教育制度"中立、义务、免费"（laïcité, obligation et gratuité）的三个重要原则。费里的教育法案在法国实现了国民教育与教会的脱离，教育的世俗化原则得以彰显，并开始对6至13岁的儿童实行免费义务教育。这两部法律对法国国民教育的发展作出了重要的贡献。1959年1月的《教育改革法令》，也称《贝尔杜安法》（Loi Berthoin）通过后，免费教育的年龄延伸到16岁。自此，法国6至16岁的儿童和青少年一律实行免费义务教育。此外，相关法律还规定普及中学教育，建立短期技术学院等，以便迅速培养社会所需人才。

　　1968年爆发的"五月风暴"推动了法国高等教育的改革，同年的11月12日，时任教育部长的埃德加·富尔（Edgar Faure）推动颁布了《高等教育方向指导法案》，即《富尔法案》（Loi Faure）。根据这份法案，高校享有教学、行政、财政自治权；取消学院/系（Faculté）的层级划分，建立教学研究单位（Unité d'enseignement et de Recherche，简称UER）；组建大学委员会（Conseil Universitaire），让学生代表、教师、技术和行政人员以及当地企业家、工会代表等校外人员参与学校的管理，以保证教学和科研自由；调整和改组原有大学，其中巴黎大学分化成13所大学，加强国际交流与合作等。这些改革有力地推动了现代法国教育事业的发展。

　　1984年1月26日通过关于高等教育的《萨瓦里法案》（Loi Savary），这个法案旨在对高等教育，尤其是大学进行一次深入的改革。法案第一条确立了高等教育的四项任务：学历教育和继续教育，科学研究，传播科学文化和科技信息，国际交流合作。在本硕博制度的改革（la Réforme LMD）的同时，法案确认了大学教育三个阶段（Trois cycles universitaires）的原则仍然存在。此外，在大学具有科学和文化的特性基础上，法案还补充了大学教育的职业特性。为了加强高校的民主化管理，法案要求将大学管理委员会的数量从两个增加到三个，即行政委员会、学习和生活委员会和科学委员会。大学及其他公共教育机构的科学性、人文性和职业性得以加强，此外，还对大学内部的专科学院的发展规则做了明确的规定。该法案还规定，工程师培养由专科学校、研究院、大学和高等教育机构完成。工程师培养包括基础研究知识和应用知识的传授。在相关行政机构征得工程师职衔委员会许可之后，才准予发放工程师文凭。

《教育指导法》（Loi d'Orientation sur l'éducation）在1989年7月10日由时任国民教育、青年与体育国务部长若斯潘（Lionel Jospin）的推动下通过，因此也称为《若斯潘法案》（Loi Jospin），这是共和国历史上第一次涉及从学前教育到高等教育所有领域的全面指导性法律。这部指导法的第一条明确写道："教育是国家的第一要务。"强调公民受教育的权利和机会均等；规定中小学实行学校、家长、学生合同制；设立"国家教学大纲委员会"定期审查修改教学内容，改革学制，简化考试；加强教师队伍建设，建立教师培训学院，强调教师接受继续教育的必要性等。有关的法律条文至今仍在施行，可以说，当前法国的教育制度是以这部法律为基本框架来运作的。为了与欧洲以及世界上其他国家和地区的大学协调一致，1998年国民教育部拟定了"第三个千年大学计划"（U3M）。根据这个计划，法国国民教育部对大学的课程和文凭设置做了进一步的调整和改革，并于2004年开始设立新制硕士国家文凭（Master），实行新的"3—5—8"学制，即LMD（Licence-Master-Doctorat），明确在通过全国会考（Baccalaureat）后，完成3年、5年、8年学业将分别获得学士、硕士、博士学位。这项改革有助于"欧洲学分转换系统"（ECTS）的建立，方便了学生进行国际交流，对于高等教育的国际化无疑起着积极的作用。

教育体制

法国国民教育主要由基础教育（l'enseignement scolaire）和高等教育（l'enseignement supérieur）构成。基础部分分为：学前教育（l'enseignement préscolaire)、小学教育（l'enseignement primaire）和中学教育（初中和高中：l'enseignement secondaire）。高等教育分为三个阶段：第一阶段（1er cycle），第二阶段（2e cycle），第三阶段（3e cycle）。国民教育还可以分为普通教育和职业技术教育、学历教育和职业培训。教育机构则分为公立机构和私立机构两大类。此外，在教育领域，还有"远程教育"、"继续教育"和"终身教育"等概念。

1. 基础教育

1) 学前教育

在法国，孩子出生后一个月即可送托儿所（Crèche）。托儿所收的是1个月至3岁的儿童。法国的教育免费，托儿所例外。托儿所的收费由家庭收入来决定，每个人要交的费用不同。通常的计算方式如下：税单上应交税的收入额÷12个月×0.06即为托儿所费用。如果是两个孩子，则乘以0.05，三个孩子的话，费用还要再降，以此类推。若是五个孩子或以上，则是免费。

托儿所形式多样，每个区都会根据人口数量相应设置托儿所。有公立集体式托儿所（Crèche collective），也有公立家庭式托儿所（Crèche Familiale）。家庭式托儿所需要具备一定的条件，首先家里要有一位获得育儿文凭的保姆（Nounou），最多只能照顾三个儿童，家中不可有动物，房屋装修及摆设必须符合安全标准，育儿保姆本人还不能有太小的孩子，否则她没有精力照顾其他孩子。无论是集体式的，还是家庭式的托儿所，都是公立的，费用按照收入计算并交到政府收费处。另外还有托管所（Garderie）和儿童花园（Jardin d'enfant），这两种也是公立性质的，不过只属于应急之用，不能天天去。比如公立托儿所罢工，家长又要上班，那么，这里是不错的选择。当然也有私立性质的托儿所，通常以协会（Association）的名义出现，那里有专门的育儿保姆，政府网站上也会公布拥有育儿保姆证的人员名单。由于每位保姆照顾孩子的名额有限，所以常被告知名额已满。这类机构的收费不菲，但如果它们与政府有合作协议，家长只需支付与公立托儿所相同的费用，剩余部分由政府补贴。

此外，法国还有很多家长选择休3年育儿假（Congé parental）直至孩子上幼儿园，家长会得到政府补贴，而且这种育儿假也计入工龄。

对于那些无法按时接送孩子的父母，则需要请一位临时照看幼儿的人（Baby sitter）。通常是高中学生来充当这样的角色，每个小时10欧元左右，这也成为不少学生的零花钱的主要来源。由于在法国禁止用黑工（Travail noir），即使是临时照看幼儿的事情（Baby sitting）也需要向政府申报，以领取一种服务支票

(Chèque de service)。这样既可免去高额的聘人税,又不用冒请黑工的风险。被免去的公摊金由政府支付,从而使受聘者可以同其他工作者一样享受应有的待遇。

法国的第一家幼儿园(École maternelle)诞生在1828年的巴黎,那是为减轻家长负担而接待幼儿的地方,称为"避难室"(Salle d'asile)。1881年"避难室"被早期的幼儿园替代,其工作人员也是经过专门培养、用来从事初级教育的专业人员。1881年8月2日所颁布的法令规定,幼儿园的主要任务便是为孩子在身体、心理和智力上的发展提供必要的照顾。

幼儿园的教育部分属于免费且非强制性质,家长本着自愿的原则送孩子上学。尽管如此,根据统计,2015年2岁的儿童入园率为11.50%,但3至5岁的儿童几乎全部都上幼儿园。目前法国有15 079所公立幼儿园和137所私立幼儿园。

幼儿园接受2岁以上至6岁的儿童,一般分三个班:小班(Petite section,简称PS)、中班(Moyenne section,简称MS)和大班(Grande section,简称GS)。至于那些不到3岁的儿童,则设立一个幼童班(Toute petite section,简称TPS)。幼儿园开放时间通常是早上8点半到下午4点半。下午4点半以后,为了方便没有时间来接孩子的父母,政府在幼儿园设立儿童兴趣中心,孩子们可以在那里参加游戏、唱歌跳舞等活动。虽然地方依然是学校的,但是工作人员却是外聘的,所以要支付薪酬,这就需要家长付费,而收费标准则是依照家长的工资多少决定,即收入少少付,收入多多付。如果父母在孩子假期时需要工作而无法照看孩子,则可以送孩子到政府组织的夏令营或冬令营。这里不是为了课程学习,而主要是游玩,如参观博物馆、海洋馆或泡泡游泳池等。至于费用,因有政府资助,家长只需象征性地支付一些。当然,只有大班的孩子以及正式上小学的孩子才能参加,因为需要孩子在生活上能够自理。

在幼儿园,教师对幼儿进行启蒙教育,主要通过游戏让孩子逐步认识外面的世界,认识自己的身体,学会与其他孩子相处并学习一些简单的知识。法国幼儿园由各个市镇具体主办,但教师则由教育部管辖。

2) 小学教育

小学教育是法国义务教育的基础阶段。儿童满6周岁,必须进入小学就读。法国小学为期五年,第一年为预备班(Cours Preparatoire,简称CP),第二年和第三年为基础班(Cours élémentaire 1—2,简称CE1—2),第四年和第五年是中级班(Cours moyens 1—2,简称 CM1—2)。

　　法国的教育法要求小学教育应使学生获得基本知识以及学习知识的基本方法,启发学生的智慧及其对事物的敏感性,并使学生的动手能力、艺术表现和体能得到训练和发展,还要使学生提高对时间、空间、物体、世界及自身的意识。小学的课程主要包括法语、数学、历史、地理、艺术教育、体育和观察实习等。法国的小学一般采用一个教师负责一个班的方式,由学生在教师引导下根据兴趣分组上课。法国的小学阶段没有考试,只有一些小测试,很少直接给分数,只是有如下四个评价:"很好""较好""一般""需努力"。所以,学校的学习氛围很宽松,对学生也没有特别严格的行为要求。在教学大纲的框架内,老师可以根据学生的差异和适应性灵活安排教学活动。教师要受过师范教育,并经过考试后才会录用。此外,从小学开始,法国的学校只发书本清单,不发教材。想要书可以到书店购买,也可以向有大孩子的家庭索借,或者去图书馆借阅,甚至可以上网发帖寻旧书赠送。如果家里有几个孩子,一套书大家都可以用。在整个学习阶段,情况都是如此。

　　在法国,想要进入小学,包括托儿所和幼儿园,需要给住宅所在地的市镇政府教育处递交申请,不可以直接向学校申请,学校只负责教育,在行政及经济方面,无权决定任何事,收费时段的费用及餐费也是由市政府收取。因为自 1833 年以来,法国小学校舍的建设和管理由所在地的市镇政府承担,产权自然归市镇政府,但教师工资由国家统一发放,国家通过当地学区和国民教育督学对学校的教学活动进行监督和指导。

　　3) 初中教育

　　法国中等教育的学习年限为 7 年,前 4 年为初中(Collège),也称第一阶段(Premier Cycle),后 3 年为高中(Lycée),也称第二阶段(Second cycle)。初中属于义务教育阶段,完成小学学业的学生继续就近入学。在法国,初中第一年称为"六年级"(la Sixième)、初二为"五年级"(la Cinquième)、初三为"四年级"(la Quatrième)、初中最后一年称为"三年级"(la Troisième)。六年级为"适应阶段"(Cycle d'adaptation),五年级和四年级是"深入阶段"(Cycles centraux),三年级为"导向阶段"(Cycle d'orientation)。

　　初中的前两年是观察期,之后根据学业情况,将学生分成两种类型班级:成绩良好的学生编入普通版,毕业后可以继续考长期中学即普通高中;而学业不理想的学生则编入到职业预备班或学徒预备班,毕业后进入短期中学即职业高中。实际上，初中阶段也没有期中或期末考试，只有平时作业、小测试、阶段测试的成绩综合，然后给出"优秀、很好、较好、一般以及需努力"(Excellent, Tres bien, Assez bien, Passable, Travail pas suffisant)之类的评价。在这个方面，初中和小学阶段差不多，只是初中结束后，学生将获得初中国家文凭(diplôme national du brevet,简称DNB)。这是法国学生的第一个正式文凭，若想进入高中，必须获得这个文凭。这个考试也不难，平时表现占一半成绩，考试成绩仅占一半，而且只考法语、数学、历史和地理四门课程。另外，针对那些成绩差的学生，学校会将他们集中起来，专门开设适应性课程，毕业后为其颁发一种"普通学习证书"(Certificat de formation générale,简称CFG)。

初中的基本建设和校舍管理由所在省政府教育处负责，教师工资都是由国家承担。

4）高中教育

法国高中属于中等教育的第二阶段，分为普通和技术高中(Lycée général et technologique)以及职业高中(Lycée professionnel)两大类。

（1）普通高中。普通和技术高中实施三年制的长期教育，高中第一年(la seconde)课程相同，主要有法语、数学、物理、化学、历史、地理、第一和第二外语、生命科学与地球科学、信息与自动化技术、体育、艺术、经济学与管理学、社会学、医药卫生等，其中有选修课，也有必修课。高中第二年(la première)，普通教育与技术教育开始分开。普通教育分为文学、经济与社会科学、自然科学等专业班；技术教育则分为工业科技、第三产业科技、实验室科技、社会医疗科学、农业技术、艺术等专业班。高中第三年(la terminale)，也称毕业班，学业完成后，普通版学生获得"普通业士"文凭(Bac général)，技术班学生获得"技术业士"文凭(Bac technologique)或"技师证书"(Brevet de technicien)。

（2）职业高中。职业高中实行两年制的短期教育，此外，法国还有一些相当于职业高中的机构，如"学徒培训中心"(Centre de formation d'apprentis)或者"学徒培训单位"(Unité de formation d'apprentis)。这里的学生攻读"职业学习证书"(Brevet d'études professionnelles)或"职业能力证书"(Certificat d'aptitude professionnelle)，毕业生通常都是直接就业，从事基层技术工作。

（3）技工班和预备班。法国某些高中还附有高等教育的学习阶段：一类是为获得"高级技工文凭"(Brevet de technicien supérieur,简称BTS)的高级技工班，需要两年的学习，文凭涵盖第三产业、工业、农业以及旅馆业等方面的技师；

另一类是为进入高等学校(Grande école)设立的预备班(Classes préparatoires aux grandes écoles,简称classes prépas ou prépas),尤其是为了进入高等师范学校(Ecole Normale Supérieure,简称ENS)、商业学校(Écoles de commerce)、工程师学校(Écoles d'ingénieur)以及兽医学校(Écoles vétérinaires)等。教育部管辖的预备班分为三类:文学、科学以及经济和贸易。还有一些文化部下属的预备班,针对那些有意报考高等艺术学校(Écoles supérieures d'art)以及高等音乐舞蹈或戏剧艺术学院(Conservatoires supérieurs de musique et de danse ou d'art dramatique)的学生;还有一些为了准备会计和管理文凭(Diplôme de comptabilité et de gestion,简称DCG)的预备班,通常需要学习三年。

在法国。高中结束时的业士文凭考试(BAC)可以说是第一次真正的人生大考,因为需要这项考试成绩才能进入大学,这一点类似中国的高考。然而,法国的业士文凭只要成绩及格就能获得,毕业证书上也不注明成绩,只写成绩优良或成绩不错,非常体贴人心。高中毕业生获得的业士文凭(le Baccalauréat)虽然授予完成中学毕业的学生,但也可以被认为是第一张大学文凭。因为一旦拥有它,中学生便变成了大学生,而且能够选择攻读短期两年的学业,从而获得高级技工文凭(BTS)或大学技术文凭(DUT),或者进入大学(Université)学习,以便获得学士(Licence,Bac+3)、硕士(Master,Bac+5)和博士(Doctorat,Bac+8)学位,或者进入预备班学习,再参加考试,进入工程师学校或商学院等高等教育机构学习,以获得相应的文凭。另外,法国还有一些高等教育机构,如法兰西学院(Collège de France)、国立技术与职业学院(Conservatoire national des arts et métiers)则提供没有文凭的高等教育。

2. 高等教育

法国的高等教育历史悠久,最早的索邦大学(la Sorbonne)创建于1253年。在漫长的发展过程中,法国的高等教育积累了一整套理论,也建立了一系列结构复杂、层次多样的高等教育机构,形成了大学(Université)[①]与高等专科学校(Grande école)[②]的两个序列构成的系统。现行的法国高等教育体制和文凭体系是基于欧洲博洛尼亚(Bologna)进程的要求,基本采用欧洲通行的学制标准,即学士3年(180个欧洲学分)、硕士2年(120个欧洲学分)和博士3年。法国

---

① 大学(Université),在国内也有译成"普通大学"或"综合性大学"。
② 高等专科学校(Grande école),在国内也译成"大学校""高等学校""高等专科院校"等。

高校的学制和颁授学位的层次主要以高中会考(Bac)加学习年限,实行 Bac+3 本科学士学位(Licence)、Bac+5 硕士学位(Master)和 Bac+8 博士学位(Doctorat)的统一学制。除普通高等教育外,具备适应各种职业目的的职业高等教育同样种类繁多,构成了高等教育不可或缺的部分。

1) 大学(Université)

除了几所私立的天主教大学外,法国大学基本上都是公立机构,目前法国有 75 所大学。

(1) 注册入学制

法国大学实行注册制和开放式教学,即高中毕业获得业士学位(Bac)的学生不需要参加任何入学考试,便可以选择大学注册学习。学生可以选择全国任何一所大学,录取不按分数,只根据申请书投寄的时间。一般不用担心不被录取,因为可以同时投多所学校,然后选择一所就读即可。虽然入学容易,但是法国高校的淘汰率很高。大学一年级的淘汰率为 50% 左右,二年级为 25% 左右。遭淘汰的学生可以复读,或者思考所选专业是否适合自己,从而考虑重新选择新的专业。2016 年法国高等院校注册的大学生人数约为 255.1 万,注册大学的学生人数达到 159.3 万。大学教育是免费的,学生只需缴纳"注册费"(Droits d'inscription),本硕博大约分别为 200 欧元、300 欧元和 400 欧元,当然学科不同也有差异。另外若是在一所学校攻读两个文凭,也会有 30% 左右的优惠。每个阶段学业结束,学生要参加考试,成绩合格者才能获得相应的文凭。法国高校的学习成绩采用 20 分制,16 分以上为优秀,14—16 分为很好,12—14 分为好,10—12 分为及格,10 分以下为不及格。

(2) 三阶段学制

法国大学学制分为三个阶段(Cycle):第一阶段 2 年,成绩合格者获得"大学基础阶段学习文凭"(Diplôme d'études universitaires générales,简称 DEUG)或"大学基础阶段科学与技术学习文凭"(Diplôme d'études universitaires scientifiques et techniques,简称 DEUST),法国也称为 Bac+2,即两年大学学习证明。有了这种毕业证书,学生便可以进入第二阶段的学习,为期两年。第一年考试成绩合格,即可获得学士学位(Licence,相当于 Bac+3)。如果再学习一年,考试合格便可获得硕士学位(Maîtrise,即 Bac+4)。然后进入第三阶段的学习,第三阶段属于高水平的培养阶段,即研究生教育阶段。在大学第五年的学习有两种情形:一是为攻读博士学位做准备,学生完成深入学习的课程,参加研讨班并撰写一篇论文（Mémoire），通过答辩后获得"深入学习文凭"（Diplôme d'études approfondies，简称 DEA）。获得此文凭者表明已具备攻读博士学位资格，然后再进行 2—4 年左右的学习，完成博士论文（Thèse），获得博士学位（Doctorat）；还有一种情形，学生选择职业性比较强的课程，获得"高等专业学习文凭"（Diplôme d'études supérieures spécialisées，简称 DESS），学生毕业后一般进入相关领域开始工作，当然也不排除继续攻读博士学位的可能性。

（3）LMD 学制与 ECTS 学分转换系统

在欧洲一体化的背景下，1998 年，法国、德国、英国和意大利在巴黎发表《索邦声明》，启动了欧洲教育体制一体化的进程，具体做法就是将各国原有的大学学制都统一到"3 年学士（Licence）—5 年硕士（Master）—8 年博士（Doctorat）"的设置，简称为 LMD 学制。从 2005 年秋季学期开始，法国大学类高校推出了这一学制的课程。而"欧洲学分转换系统"（European Credit Transfer System，简称 ECTS）是欧盟委员会为寻求欧洲各国高校课程互认和衔接而创立。学生可以不受学年、学校和国别的约束，根据自己的需要和可支配的时间注册入学。传统一学年的课程相当于 60 个欧洲学分，若想拿到三年的学士文凭，只要修完 180 学分，无论在哪里皆可。比如一个学生在法国一所大学读完一年，可以继续在本校读二年级，也可以申请去另外一所大学接着读，可以是别的城市，甚至是欧洲的其他国家。总之，成绩到哪里都是被承认的，修完足够的学分就能毕业，这就要归功于"欧洲学分转换系统"（ECTS）。随着 LMD 学制的实施，法国原有的 DEUG、Maîtrise、DESS 和 DEA 等文凭会逐步取消。实际上，考虑到这几种文凭具有的特殊价值，在学生自愿的条件下，他们仍可以获得，这为学生离开学校就业或将来重返学校继续深造提供了便利和证据。

（4）大学职业教育

法国大学十分重视职业技术教育，部分大学设有两年制的"大学科技学习文凭"（Diplôme d'etudes universitaires scientifiques et techniques，简称 DEUST），三年制的职业学士（Licence professionnel）、四年制的科技本科文凭（Maitrîse de science et techniques，简称 MST）和管理学本科文凭（Maîtrise de sciences de gestion，简称 MSG）以及相当于五年制硕士学位的大学实践文凭（Magistère）。法国部分大学还附属有"大学技术学院"（Institut universitaire de technologie，简称 IUT）或"大学职业学院"（Institut universitaire professionnel，简称 IUP）。大学技术学院（IUT）学制两年，学生毕业后获得"大学技术文凭"

(Diplôme universitaire de technologie，简称 DUT），再学习一年可获得"国家专业技术文凭"(Diplôme nationale de technologie spéciale，简称 DUTS），相当于学士学位。大学职业学院(IUP)课程从大学二年级开始，学制三年，学生可获得硕士学位（Maîtrise），同时获得一种工程师头衔（Ingénieur maître），再修一年便可以获得相当于硕士学位的"技术研究文凭"(Diplôme de recherche technologique，简称 DRT）。

此外，法国大学医学和药学专业学制与文凭的设置比较特殊，时间要远多于普通大学，完成博士学位往往要达到 10 年，甚至更长的时间。

2）高等专科学校（Grande école）

法语词汇 grande école 是与大学（université）相对应的高等教育的另外一个体系，字面意思为"大学校"。

高等专科学校包括行政管理学校、工程师学校和高等商业学校等，是法国为适应社会发展需要而成立，宗旨是培养政府和企业管理人员以及各类高级专业人士。这类学校教学严谨，与企业联系密切，在社会上享有很高声誉。学校的专业设置通常为应用性学科，如行政管理、工科、农科、法律、商业等。学校的规模一般都不大，学生人数大多仅有数百人。学校的性质既有公立，如直属国民教育部或政府其他部门，也有私立或为商会所有。与大学不同，这类学校需要通过考试获得入学资格。学制通常为五年，在法国被称作 Bac+5。毕业文凭相当于硕士学位，在就业市场上，此类学校的毕业文凭一般优于硕士学位文凭。

（1）预备班

既然高等专科学校的入学需要通过考试获得入学资格，而且越是有名的学校，选拔越是严格。那么，一些高中就为优秀的高中毕业生报考高等专科学校专门设立了"高等专科学校预备班"，学制两年。两年后参加高等专科学校组织的入学竞考（Concours d'admission），成绩合格者才可以进入高等专科学校，一般学习三年，也有少部分的是四至五年。

根据法国国民教育部 1994 年 11 月 23 日颁发的法令，高等专科学校预备班有三种类型：科学类、文学类和经管经贸类。

科学类预备班

科学类预备班主要以两种科目为中心：一种是数学、物理和工程师科学，旨在培养工程师以及数学、物理和化学方面的专业人才，让学生考入工程师学校或高等师范学校；另一种是生物和地球科学，旨在培养生物学家、兽医、地质学者，学生考入农艺学专业方面的工程师学校，比如国立高等农业学校（ENSA）等。入学竞考形式可以是一所学校单独组织的考试，或是几所学校共同组织的统一考试。

文学类预备班

文学类预备班也有两种系列：一种是纯文学的，法语称为"Lettres"。学生是准备进入高等师范学校（ENS）、高等商学院（ESC）及管理学院、政治学院（Sciences Po，简称 IEP）、国家古文献学校（ENC）以及法国高等翻译学院（ESIT）等；另一种是文学与社会科学，"Lettres et Sciences Sociales"。这类班级提供数学和经济与社会科学，课程包含哲学、文学、历史、地理、语言等，学生准备参加竞考，以便进入巴黎高等师范学校、里昂高等师范学校、国立统计与经济管理学校（简称 ENSAE）、国立信息统计与分析学校（简称 ENSAI）、商学院以及政治学院等。

经贸类预备班

经贸类预备班可通过科学（简称 ECS）、经济（简称 ECE）和工艺（简称 ECT）三种途径进入高等管理与商业专科学校，如巴黎高等商学院（简称 HEC Paris）、高等经济商业学院（简称 ESSEC）、里昂商学院（简称 EM Lyon）、欧洲巴黎高等商学院（简称 ESCP Europe）、北方高等商学院（简称 EDHEC）等。另外，也可以通过巴黎高等商学院（HEC）统考，此考试向文科预备班的学生开放。

另外，还有一些预备班，专门为进入高等艺术学院、音乐和舞蹈学院和戏剧学院的学生开设，只是这种类型的预备班隶属于文化部。

（2）工程师学校

法国工程师教育历史悠久，特色鲜明，成就卓著，享有盛誉。法语中的工程师（ingénieur）源于古法语词"engigneor"，意思是"制造战争机器"的人，泛指一切制造或发明战争机器，设计或制造防御工事以及围城、攻城器械的人。

公元前 58 年，恺撒攻打法国（高卢），花了整整八年时间占领全境。数万人的大军行军自然少不了修桥铺路、攻城略地设计和制造攻城、破城机器的人，虽然年代久远，难以一一考证，但很多残存的要塞围墙无疑可以佐证。在历史上，法国总是特别注重军事要塞的修建和攻城器械的研发，自然也就导致国家对军事工程人才的需求，这就是为什么工程师院校首先诞生在军事领域。

1765 年，狄德罗在《百科全书》中将工程师分为三类：军事工程师、海事工程师和民用工程师。

从16世纪到19世纪的近400年的历史中,法国战争频繁。为了确保在战争中的优势,法国需要为军队配备优良的武器装备,也要为军队的远征提供道路、桥梁和运输方面的支持。为了培养相关的工程人才,工程师学校——诞生。1747年成立的皇家路桥学校(Ecole Royale des Ponts et Chaussées,简称ENPC),即现在的巴黎高科路桥大学(Ecole des Ponts Pari Tech)的前身,成立于法国与西班牙王位战争之后,大革命之前的那段时间,主要是当时的统治者发现了道路、桥梁和运输对于战争的重要性。1794年成立了中央公共工程学校(Ecole Centrale des Travaux Publics),即现在的综合理工学校的前身,1805年拿破仑正式明确了综合理工学校(Ecole Polytechnique)的军事地位。1829年成立了巴黎中央艺术制造大学(Ecole Centrale des Arts et Manufactures),即巴黎中央理工大学的前身,1894年成立了高等电力学校(Ecole Supérieure d'Electricité)等,培养了大批军事和民用工程技术人才。

19世纪下半叶,越来越多的工程师学校陆续创立,形成一股兴建工程师学校的潮流。

1934年法国工程师职衔委员会(Commission des Titres d'Ingenieurs,简称CTI)正式成立。委员会的成立是一件影响很大的事件。1934年之前,法国出现了工程师文凭发放过剩的现象,呈现泛滥的趋势。为了提高工程师文凭的质量,法国高等教育委员会提议,国家应当对文凭的发放进行立法。1934年8月5日,法国政府颁布法令,正式成立法国工程师职衔委员会。该委员会主要负责工程师资格认定和工程师文凭发放。

(3)商业管理学校

商业管理学校属于精英教育系统。经过两年预备班学习的学生,还需再进行两年或两年以上的学习,以获取高等专科学校毕业文凭、硕士文凭或MBA等文凭。商业管理学校一般是由工商会(CCI)管理,这些学校除了共同的基础课,还会根据各个地区的特点和需要,设有相应的选修课程。

商学院是法国教育机制的一大特色,主要是其毕业生具有美好的发展前景,成为求学者梦寐以求的院校。法国高等商学院以培养世界高级商业精英而闻名于世。法国名牌商校的学生筛选标准严格,薪酬高,适应企业环境能力强,擅长外语,在就业市场上非常抢手。法国高等商学院存在多个版本的排名,这些排名的评判标准包括学术水平、国际化、与企业关系、校园设施、就读费用、毕业率、毕业生满意率、就业率、薪资水平等众多维度。根据法国《标点》(Le Point)、《大学生》(L'Etudiant)和《巴黎人》(Parisien)在内的媒体发布的法国商学院排名,2016年综合排名前十的法国高等商学院如下:

排名	英文名	中文名	《巴黎人》	《标点》	《大学生》
1	HEC	巴黎高等商学院	1	1	1
2	ESSEC	法国高等经济商业学院	2	2	2
3	EMLYON	里昂管理学院	3	2	4
4	ESCP-EUROPE	欧洲管理学院	3	4	3
5	EDHEC	北方高等商学院	5	5	4
6	GRENOBLE	格勒高等管理学院	6	6	6
7	AUDENCIA	南特高等商学院	9	8	8
8	TOULOUSE	图卢兹高等商学院	9	7	9
9	SKEMA	斯科玛高等商学院	7	9	11
10	KEDGE	马赛高等商学院	7	11	11

对于全世界的商科院校而言,目前国际上存在三大权威认证,分别是国际高等商学院协会(AACSB)、欧洲管理发展基金会(EFMD 即 EQUIS)和英国工商管理硕士协会(AMBA)。这三大认证被誉为三皇冠(Triple Crown)认证,是商学院中的最高荣誉。目前国际上仅有不到1‰的商学院同时拥有三大权威认证。

国际高等商学院协会(The Association of Advance Collegiate Schools of Business International,简称 AACSB)1916年成立于美国,是全球首屈一指的商学院和会计项目非政府认证机构。全世界仅有5%的商学院取得了这项精英认证。AACSB认证被认为是三大认证中资格最老、含金量最高的,它的平均认证时间为5—7年,获得AACSB认证的商学院被视为教学质量一流的商学院。

EQUIS(European Quality Improvement System)是由总部设在比利时布鲁塞尔的欧洲管理发展基金会(European Foundation for Management Development,简称EFMD)创办的一个以认证为形式,对高等管理教育机构进行质量评价,推动教育发展的国际认证体系。它是欧洲最严格的对国际性商学院进行质量认证的体系。自1997年创立以来,共有30多个国家的100余所商学院获此认证。

英国工商管理硕士协会(Association of MBAs,简称AMBA)1967年成立于英国,是专门从事MBA质量认证的独立机构。它既是世界三大商学教育认证组织之一,也是全球最具权威的管理教育认证体系之一。AMBA认证是针对商学院MBA项目的国际认证体系,它注重体现商务和管理实践的发展。AMBA的标准则包括高等管理教育机构整个MBA项目的质量、机构能否独立自主地颁发学位、个人及MBA毕业生雇主是否认同国际MBA认证体系。AMBA的认证仅针对被认证高等管理教育机构所提供的MBA学位。

四 院校介绍

1. 大学(Université)

法国目前拥有70多所大学,限于篇幅,这里仅介绍巴黎大学。巴黎大学(Université de Paris)即索邦大学(Sorbonne),1150年以巴黎地区教师和学生行会的形式出现,1200年和1215年分别受到法国国王菲利普·奥古斯都(Philippe Auguste,1165—1223)和教皇英诺森三世(Innocent Ⅲ,1160—1216)的承认。巴黎大学最初设有法学、医学、神学、艺术四个专业,主要承担了为皇家和教会培养管理干部的任务。1793年,巴黎大学被分成法学院、医学院等专业性学校。1896年,巴黎大学在法学、医学、药学、文学和理学五个学院的基础上得到重建。1971年,巴黎大学被分成13个独立的大学。2000年之后,巴黎的一部分大学和研究机构组建了3个大学和高等教育机构联盟(Communauté d'universités et établissements,简称ComUE):索邦巴黎城市大学(Sorbonne Paris Cité)、索邦大学(Sorbonne Universités)和厄萨姆大学(HeSam Université)。索邦巴黎城市大学创建于2010年,目前拥有13个成员,其中有法兰西岛地区的8所高校以及5个国家科研机构;索邦大学拥有巴黎索邦大学(巴黎四大)、皮埃尔和玛丽-居里大学(巴黎六大)、欧洲工商管理学院(INSEAD)等高等教育机构以及国家自然历史博物馆、国家科学研究中心(CNRS)、国家信息和自动化研究院(INRIA)、国家健康和医学研究院(INSERM)等研究机构;厄萨姆大学名称在2015年8月26日正式得到承认,目前拥有包括国家科学研究中心(CNRS)、国家公立工艺博物馆(CNAM)、卢浮宫学校和国立遗产学院等9家机构。鉴于上述3个联盟的复杂性,为了方便读者,这里还是简要地介绍13所巴黎大学。

1) 巴黎一大(Paris-I ou Université Panthéon-Sorbonne)

巴黎一大,也称先贤祠-索邦大学,成立于1971年1月1日,位于巴黎拉丁区,主要专业有经济学、管理学、艺术、人文科学、法学和政治学等。2017年拥有1 079名教师,42 000名学生,分布在10个教学科研单位(UFR)和4个研究院。巴黎一大是厄萨姆大学联盟创始成员,不过,该校在2016年11月17日退出了该联盟。巴黎一大是一所以法律、政治、经济管理以及人文科学为主的综合性大学,在欧洲乃至全球学术界有着重要影响。

2) 巴黎二大(ParisII ou Université Panthéon-Assas)

巴黎二大,也称先贤祠-阿萨斯大学,成立于1970年,位于巴黎拉丁区,是索邦大学联盟成员。2017年拥有2 048名教师,19 086名学生,主要专业有法学、管理学、经济学、社会学、新闻学和政治学等。巴黎二大是法国法律领域的顶尖学府。

3) 巴黎三大(Paris-III ou Université Sorbonne-Nouvelle)

巴黎三大,也称新索邦大学,成立于1970年,位于巴黎拉丁区,是索邦巴黎西岱大学联盟成员。2017年拥有583名教师,17 350名学生,主要专业有文学、语言学、应用外国语言、对外法语教学、电影、戏剧研究、文化媒介和欧洲研究等。巴黎三大是全法国语言文学及社会文化类专业最为权威的大学之一。在巴黎13所公立大学中,巴黎三大又以语言和电影艺术方面学科而闻名。

4) 巴黎四大(Paris-IV ou Université Paris-Sorbonne)

巴黎四大,也称为巴黎-索邦大学,成立于1970年,位于巴黎拉丁区,是索邦大学联盟成员。2017年拥有1 300名教师,23 271名学生,主要专业有艺术、语言学、文学、历史、地理、哲学、社会学等人文社会科学。巴黎第四大学,与巴黎第三大学同为原巴黎大学文学院的一部分,是一所人文领域单一性学科大学,也是世界上文学与人文科学领域著名的大学之一。

5) 巴黎五大(Paris-V ou Université Paris Descartes)

巴黎五大,也称为巴黎笛卡尔大学,成立于1971年,位于拉丁区,是索邦巴黎西岱大学联盟成员。2017年拥有2 180名教师,38 900名学生。巴黎五大在心理学、社会学、教育学及神经科学、生理学、遗传学、免疫学、流行病学、药学及公共卫生等领域的教学和研究都处在领先地位。该校设有9个教学和研究单位,涵盖了医学、药学、牙医学、生物医学、心理学、社会科学、法学、数学和细心学等领域。巴黎五大的前身是建于18世纪末期的巴黎医科大学,是法兰西岛唯一一所同时拥有医学、药学和牙医学的大学。其医学院是法国最大的医学院,该校以其顶级的医、药教学和科研水平闻名于欧洲。

6) 巴黎六大(Paris-Ⅵ ou Université Pierre-et-Marie-Curie)

巴黎六大,又称为皮埃尔-玛丽-居里大学,成立于1971年,位于巴黎拉丁区,是索邦大学联盟成员。1974年起使用皮埃尔-玛丽-居里大学名称,2007年UPMC称为该校的正式名称。2017年拥有2 483名教师,32 000名学生,主要专业有医学、口腔学、纯数学及其应用、统计学、计算学与数学工厂、信息技术、机械学、能量学、机器人学、电子电工技术与自动化、基础物理及其应用、化学、生命科学、地球学及自然环境演变、海洋学等。巴黎第六大学是法国唯一一所只有理工学科的公立大学。它是原巴黎大学科学学院的主要继承人,也是现在法国最大的科学和医学集合体,在许多领域都处于顶尖水平,被多项世界排名评为法国第一和世界第三十至第五十位大学。

7) 巴黎七大(Paris Ⅶ ou Université Paris-Diderot)

巴黎七大,也称为巴黎狄德罗大学,成立于1971年,是索邦巴黎西岱大学联盟成员。2017年有1 400名教师,26 000名左右学生。2007年搬离巴黎五区的朱思欧校区(Campus de Jussieu),来到十三区的巴黎左岸地区(Paris Rive Gauche),主要专业有文学与人文科学、文献学、语言学、电影交际与信息、社会学、人类学、人种学与宗教学、生物与自然学、地球物理学、管理与环境工程、化学、数学、信息学、医学等。该校由原巴黎大学五分之三的院系即科学、医学、文学部分组成,以理学、医学教学出名。它是法国学科涉及面最广的大学之一,是巴黎地区唯一集理工、医学与人文于一体的一所综合性大学。

8) 巴黎八大(Université de Paris Ⅷ)

巴黎八大,曾是著名的万森纳(Vincennes)的实验中心,于1970年改名为巴黎八大,并于1980年迁至巴黎郊区圣·德尼(Saint-Denis)。正因为这个缘故,这所学校的校名时常带有万森纳-圣·德尼(Université de Paris Ⅷ Vincennes - Saint-Denis)。2017年有1 008名教师,20 549名学生。该校主要专业有人文社会科学、哲学、艺术、美学、历史、文学、社会学、外国语言文学与文化、心理学、精神分析、临床与社会实践、信息技术、工艺学、城市建设等。在巴黎13所大学中,巴黎八大以人文社会科学和跨学科研究而闻名。

9) 巴黎九大(Paris Ⅸ ou Université Paris-Dauphine)

巴黎九大,2004年起,又称巴黎-多菲讷大学,名称源于学校所在地巴黎十六区的多菲讷城门。2017年有552名教师,10 320名学生。该校主要专业有经济学、管理学、法学、组织学、社会科学、数学与金融等。

10) 巴黎十大(Paris Ⅸ ou Université Paris-Nanterre)

巴黎十大,又称为巴黎-南泰尔大学或西巴黎大学,位于法兰西岛大区的上-塞纳省的南泰尔(Nanterre),故校名中有南泰尔。巴黎十大创建于1970年,其主校区南泰尔位于巴黎西郊拉德芳斯商务中心附近。2017年有2 000名教师,33 000名学生。该校主要专业有文学、语言、哲学、社会与管理学、心理学与教育学、法学、政治学及行政学、经济管理学、数学与信息技术、综合工艺与文化、体育运动学等。

11) 巴黎十一大(Paris Ⅺ ou Université Paris-Sud)

巴黎十一大,又称为南巴黎大学,是巴黎-萨克雷大学(Université Paris-Saclay)的成员之一。该校有法兰西岛大区的埃松省(Essonne)、上-塞纳省(Hauts-de-Seine)和瓦勒德马恩省(Val-de-Marne)的5个校区,其主校区奥赛校区(campus d'Orsay)位于巴黎西南20公里的埃松省的奥赛镇(Commune d'Orsay),校长以及中心机构都在该校区办公。2017年有2 000名教师,30 200名学生。巴黎十一大创建于1970年,前身是巴黎大学理学院,在法国排名第二,世界百强名校之一。该校拥有127个实验室,5个教学与研究单位,3所技术大学学院(IUT)以及一所工程师学校。该校的物理学、数学、化学、医学和生物科学等专业在法国享有盛誉,在世界上具有领先地位和卓越声望。该校曾有2名校友获得诺贝尔物理学奖,4名校友获得菲尔兹奖。

12) 巴黎十二大(Paris Ⅻ ou Université Paris-Est-Créteil-Val-de-Marne ou UPEC)

巴黎十二大,又称为东巴黎-科雷泰伊-马恩-河谷大学,成立于1970年。2017年有1 609名教师,32 258名学生。校区位于瓦勒德马恩省(Val-de-Marne)、塞纳-马恩省(Seine-et-Marne)和塞纳-圣-德尼省(Seine-Saint-Denis),主校区位于科雷泰伊。这是一所文理工综合大学,主要专业有法学、文学、语言学、人文科学、医学、经济管理学、科学与工艺、教育学、社会学、体育运动学、巴黎城市管理等。

13) 巴黎十三大(Paris-ⅩⅢ, Université de Paris Nord)

巴黎十三大,又称北巴黎大学,成立于1971年。该校位于巴黎北郊,共有5

个校区,分别在:维尔达纳兹(Villetaneuse)、圣德尼(Saint-Denis)、波比尼(Bobigny)、拉普莱纳-圣德尼(La Plaine Saint-Denis)和阿冉特伊(Argenteuil)。2017年有930名教师,25 101名学生。它由文学、语言和人文科学学院、健康、医学和生物学院、法律、政治社会科学学院、经济管理学院、信息传播学院、伽利略学院、3所大学技术学院(IUT)等机构组成。巴黎十三大的职业技术教育在法国最为著名。

2. 高等专科学校(Grande Ecole)

法国有数百所高等专科学校,本书仅选择其中一小部分有特色的学校加以介绍,以帮助读者更好地了解。

1) 法国国立行政管理学校(École Nationale d'Administration 简称 ENA)

法国国立行政管理学校成立于1945年,专门培养高级行政干部和公务员。招收对象主要为高等院校毕业生、在行政部门服务5年以上的公务员以及证明具有8年工作经验或在地方行政有过一次选举任期的人员。需要参加会考,学制为3年。第五共和国期间,该校毕业生曾出现过4位法国总统,他们是德斯坦、希拉克、奥朗德以及马克龙,8位政府总理,多名政府部长和国务委员以及众多的企业负责人等。该校办学独具特色,入学考试、实习、教学等都紧紧围绕着一个目标,即为政府行政部门培养业务素质高、实际工作能力强的高层次公务员,被誉为法国高级公务员的摇篮。

2) 巴黎高等师范学校(École Normale Supérieure,简称 ENS)

法国共有4所高等师范学校,最早的一所自1847年起就位于巴黎乌尔姆街,其最初是制宪会议在1794年创立的。200多年来,它为法国培养出无数的科学和人文艺术领域的杰出人才,萨特(Jean-Paul Sartre)、罗曼·罗兰(Romain Roland)、蓬皮杜总统都是出自这所学校。该校校友中共计有13位获得物理、化学、经济学和文学领域的诺贝尔奖和10次菲尔兹奖,它还培养出了众多虽未拿奖,但却开创了百年潮流、足以永垂史册的科学、文化界人才,如傅立叶(Joseph Fourier)、福柯(Michel Foucault)和巴斯德(Louis Pasteur)等。除了巴黎之外,还有里昂高等师范学校(ENS de Lyon)、卡桑高等师范学校(ENS de Cachan)和雷恩高等师范学校(ENS de Rennes)。巴黎高等师范学校不颁发文凭,学校每年招收200多名学生在四五年的学习时间里为获得硕士或教师资格(Agrégation)做准备。

3) 巴黎政治学院(Institut d'Etudes Politiques de Paris,俗称 Sciences Po)

巴黎政治学院1782年普法战争后由布特米(Émile Boutmy)创立的法国知名大学。这是一所位于巴黎市中心的世界著名的社科类大学,在欧洲乃至世界享有极高的盛名。该校共有7个校区,巴黎校区位于圣·吉约姆街(Rue Saint-Guillaume),另外6个校区分别位于法国6个不同的城市,每个校区都设有针对某个地区的专业研究:南希校区(Nancy)为法德计划;第戎校区(Dijon)为欧洲计划;布瓦捷校区(Poitiers)是欧洲-拉丁美洲计划;蒙峒校区(Menton)为中东-地中海计划;阿弗尔校区是欧洲-亚洲计划;兰斯校区(Reims)为欧美与欧非计划。此外,在法国外省很多城市都有类似的政治学院,比如在斯特拉斯堡、波尔多、里昂和图卢兹等,巴黎政治学院在2007年在注册巴黎政治学院名称时,表示认可其他城市的政治学院,不过,为了区分,这些学院需要在名称前面注明各个城市的名称。一般来说,这些学院都是附属于某所大学,比如斯特拉斯堡政治学院(IEP de Strasbourg)就是附属于斯特拉斯堡大学(Université de Strasbourg),而巴黎政治学院是独立的公立学校。

进入巴黎政治学院需要经过严格的会考,法国多所中学、一些私立院校以及某些大学都设有相应的预科班,为考生应考提供帮助。巴黎政治学院主要提供人文与社会科学和国际关系领域的教育,同样也传授法学、金融、财会、管理、人力资源管理、交际、市场营销、新闻、城市规划以及环境等专业学科知识。

4) 巴黎综合理工(École Polytechnique,简称X)

巴黎综合理工于1794年创立,最初校名为"中央公共工程学校"。1804年,拿破仑赋予它军校地位,现在隶属于法国国防部,学校座右铭为"为了祖国、科学和荣誉"。2017年该校有452名教师,学生2 899名。该校是巴黎-萨克雷大学(Université Paris-Saclay)的创世成员之一,是法国最顶尖且最负盛名的工程师大学,在法国工程师学校的排名中经常位居榜首。该校以培养领导人才著名,毕业生大多进入法国或者国际上的大型企业,乃至进入国家高级行政管理团队。在其校友中有三位诺贝尔奖获得者,一名菲尔兹奖得主,三位法国总统,以及近半数以上的法国企业的首席执行官(CEO)。巴黎综合理工的法国学生是预备役军官,第一年学军事,后两年学科学,三年学习期间均领取军饷。每年法国国庆节游行队伍中,都会有一支巴黎综合理工的学生方队。自1972年起,该校接受女学生。1985年起,该校开始颁发博士学位。2005年起,该校也开始颁发硕士学位。

5) 法国国立巴黎高等矿业学校(École Nationale Supérieure des Mines de Paris,俗称 Les Mines)

国立巴黎高等矿业学校,又称为巴黎高科矿业学校(MINES ParisTech),是 1783 年由法国国王路易十六颁发敕令而创立的工程师学校。该校目前隶属于法国经济、工业和数字化部,是法国排名第二的工程师学校,也是法国巴黎高科(ParisTech)12 所成员学校之一、法国高等矿业学校集团(GEM)7 所成员学校之一。此外,它还是巴黎文理研究大学(Université de Recherche Paris Sciences & Lettres)创始成员之一。法国国立巴黎高等矿业学校是一所培养"通用型、全才型(Généraliste)"工程师的多学科交叉的高等学府,并拥有实力强大的科研团队和研究中心。该校从 1816 年起便落址在巴黎市中心拉丁区的卢森堡公园旁边,目前有 237 名教师,1 449 名学生。20 世纪 60 年代以来,巴黎高等矿业学校分别在枫丹白露、埃松省埃弗里市(Évry)、尼斯市附近的索菲亚科技园(Sophia Antipolis)创立数个实验室和分校区。主要教学科研领域为能源与方法工程、数学与系统工程、地球与环境工程、力学与材料工程以及经济、管理与社会科学等。

关于商学院,这里仅简要介绍 2016 年综合排名前十的法国商学院。在这 10 所商学院中,除法国高等经济商业学院(ESSEC)仅获得三大权威认证中的 Equis 和 AACSB 外,其他学校皆获得三大认证。

1) 巴黎高等商学院(Hautes Etudes Commerciales Paris,简称 HEC Paris)

巴黎高等商学院,创立于 1881 年,由巴黎工商会(CCI Paris)管理与资助。它是法国最负盛名的高等商业管理学院,也是欧洲最著名的商学院之一。1964 年,巴黎高等商学院将校址迁移至巴黎南郊 Yvelines 省凡尔赛宫附近的 Jouy-en-Josas 市镇。设有管理学硕士(Master in Management)、工商管理硕士(MBA)、高级管理人员工商管理硕士(EMBA)和博士学位(PhD)等教学项目。博士生院(Doctorat HEC)建于 1975 年,主要培养管理科学领域的教师、研究人员、咨询人员,招生规模为每年 15—20 人,大多数项目为全英文授课。

巴黎高等商学院

2) 法国高等经济商业学院(Ecole Supérieure des Sciences Economiques et Comerciales,简称 ESSEC)

法国高等经济商业学院,正式名称为埃塞克集团(Groupe ESSEC)。其前身为巴黎天主教学院(Institut Catholique de Paris)于 1907 年创办的经济学院(Institut Economique),1913 年更名为法国高等经济商业学院(ESSEC),1973 年迁至赛尔日-蓬杜瓦兹市(Cergy-Pontoise),从单一的商校发展成为 ESSEC 集团。目前在法国、新加坡、摩洛哥、毛里求斯拥有 4 个校区,在校生约 4 900 人。ESSEC 是一所私立学校,其 80%的经费来自企业投入和学费,每年培养 5 000 多名企业管理干部。2016 年,其工商管理本科项目(Global BBA Program)全法国排名第一。根据《金融时报》,其管理学硕士项目(MIM)全球排名第三,

赛尔日校区

金融学硕士(Master in Finance)全球排名第六。MBA 学院、专业硕士学院(Mastères Spécialisés)、博士生院(Programme Doctoral)、企业干部培训部(ESSEC Management Education)以及科研中心(Centre de Recherche),为法国经济与商业界培养了许多精英人才。

3) 里昂商学院(EM LYON Business School)

里昂商学院建于 1872 年,一所欧洲上流社会的私立贵族学校,全球最老牌商学院之一。学校股份主要由欧洲著名富豪集团里昂商会控制,部分股份由法国政府通过里昂大学系统控制。该校 2016 年最新排名为法国第二(法国《le

Point》观点杂志 2016 年 3 月),筛选严格,学费昂贵。它是全球最早得到 EQUIS、AACSB and AMBA 三大认证的 25 所国际顶级商学院之一。它的主要项目有:一、本科项目:全球工商管理学士为四年制全英文或法文教学;9 至 18 个月实习;50 多个国际院校交流;校区包括巴黎、圣埃蒂安、卡萨布兰卡和上海(华东师范大学)。第二、硕士

里昂商学院

项目:管理学硕士为两年制的管理学通才教育,管理学核心课程+专业模块,自由选课制度。通过 SAI 和其他 4 所联合在全球招生。欧洲管理学硕士为两年制的管理学通才教育,全英文教学,由欧洲三所商学院联合推出:法国里昂商学院、德国 LMU 大学慕尼黑商学院和英国兰卡斯特商学院;开设三个专业方向:金融、战略管理和企业发展。毕业生将分别获得三个学院的正式文凭。奢侈品管理与营销专业硕士为一年半全英文教学。体育行业管理专业硕士为一年半全英文教学,教授体育和户外运动行业就业所必需的专业知识和技能。在巴黎、阿尔卑斯山区和上海校区三地上课。国际酒店管理硕士为一年半全英文教学,教授全球酒店管理的综合知识和专业知识,此外,还有金融工程硕士和国际 MBA 等项目。

4) 巴黎—欧洲高等商学院(Ecole Supérieure de Commerce de Paris—Europe,简称 ESCP-EUROPE)

该校巴黎校区位于巴黎市 11 区,共和国大道,所处地理位置优越,同时也是唯一一所位于巴黎市内的著名商校。ESCP 在校学生 2 000 名左右。学校以国际化为特色,国际交流丰富,每名学生至少要熟练掌握三门语言,并拥有国际经验才能够毕业。ESCP 在欧洲拥有六个校区,分别位于法国巴黎、英国伦敦、德国柏林、意大利都灵、西班牙马德里和波兰华沙,每个校区均参与所在国家排名。在法国,ESCP 整体排名第三,其国际化水平排名第一。其管理学硕士专业在英国排名第二,在西班牙排名第一,在德国排名第一,在意大利排名第一,在波兰排名第一。

巴黎校区

都灵校区

伦敦校区

柏林校区

5）法国北方高等商学院（EDHEC）

法国北方高等商学院

法国北方高等商学院，也译为艾代克高等商学院，成立于1906年，是欧洲最著名的商学院之一，金融类专业尤其突出。EDHEC在法国共有三个校区，分别在里尔、尼斯与巴黎。此外，EDHEC还在伦敦与新加坡各开立了一个新校区，进一步推广其精英金融教育。该校于2010年被 *Challenges* 评为法国最具活力的商学院，被《世界报》评为法国前三的商学院，被《观点》杂志评为法国最好的金融类院校，在《金融时报》2010年世界管理学硕士教育排名中名列前15位。2012年，该校金融学硕士专业（MSc in Finance）在《金融时报》的金融学硕士专业排名中名列全球第六；2013年，在最新一期《金融时报》排名中，该校金融市场学硕士专业（MSc in Financial Markets）名列全球第四。

格勒诺布尔管理学院

6) 格勒诺布尔管理学院(Grenoble École de Management)

格勒诺布尔管理学院,又名"格勒高商",始建于1984年,是欧洲最顶尖的商学院之一。学校由高等商业学院(ESC Grenoble)、商业研究生院(GGSB)、信息管理学院(EMSI)和博士生院(Doctoral School)组成。格勒高商位于欧洲"硅谷"法国格勒诺布尔市中心,并在巴黎、伦敦、莫斯科、新加坡和北京等地拥有国际校区。

7) 南特高等商学院(Audencia Nantes École de Management)

法国南特高等商学院,也称"南特高商",创办于1900年,是一所有超过百年历史的法国顶尖水平高等商学院,也是被三大国际商学院认证的学校。清华大学、浙江大学、同济大学是该校在中国大陆的合作学校。

南特高等商学院

8) 图卢兹商学院(Toulouse Business School)

图卢兹商学院

图卢兹商学院,是法国老牌名校,是欧洲著名贵族商学院。学院位于法国南部一比利牛斯大区(Midi-Pyrénées)省会城市图卢兹。该校是有780年历史的欧洲王牌学府图卢兹大学(University of Toulouse)成员。图卢兹商学院共有五大校区,分别位于法国图卢兹、巴黎、英国伦敦、西班牙巴塞罗那和摩洛哥卡萨布兰卡,所有校区都为学生提供了具备多元文化的国际化学习环境。

9) SKEMA商学院集团(School of Knowledge Economy and Management,简称为SKEMA)

SKEMA商学院集团由创建于1892年的赛哈姆尼斯高等商学院(CERAM Nice-Sophia Antipolis)与成立于1963年的里尔高等商学院(ESC Lille)在2009年合并而成,属于法国目前规模最大的商学院之一,在全球共有六大校区:法国巴黎、里尔、最大的高科技

SKEMA商学院集团

园区索菲亚—安提波利,美国罗利、中国苏州、巴西贝洛。这是法国历史上首次高水平和大规模的独立商学院合并。SKEMA 商学院落户五大洲,注重国际化,培养具有全球观的经济人才和职场人士。该校项目设置有国际本科(BA)、国际硕士(MSc)、管理学硕士(GE)、专业硕士(MS)和博士(PhD)等。其金融硕士在《金融时报》2015 年的排名中位列全球第 6 位。

10) KEDGE 高等商学院(KEDGE Business School)

KEDGE 高等商学院(KEDGE Business School)是波尔多高等商学院(Bordeaux École de Management)和马赛商学院(Euromed Management)在 2013 年合并而成。马赛商学院成立于 1872 年,是法国历史上的第一批商学院。波尔多高等商学院由波尔多工商会创建于 1874 年。合并前,两所学校均拥有美国商学院协会(AACSB 国际)、欧洲质量改善系统(EQUIS)和英国工商管理硕士协会(AMBA)的三大商科顶级认证。KEDGE 高等商学院前身之一的波尔多高等商学院在 1984 年设立了物流与供应链管理专业(ISLI-Global Supply Chain Management),这是欧洲第一个开设该专业的学校。该专业连续多年被评为法国第一,在世界上仅次于美国麻省理工学院,排名第二。该校在中国的合作伙伴有上海交通大学和中国人民大学等多所著名学校。

第三节 文学艺术

一 文学概览

法兰西民族热情幽默的天性,造就了源远流长、风格新颖而独特的法国文学。它绚丽多彩、浩如烟海,以其丰富多彩而举世闻名。在其发展过程中曾涌现出各种文艺思潮、运动和流派,这不仅丰富了法国文学的宝库,也对世界文学产生了巨大的影响。法国文学中众多的传世之作,既为读者带来崇高的艺术享受,也为世界文学的发展做出了重要贡献。法国的文学作品蕴含着深刻的思想,且极富探索精神。法国自 1901 年获得第一届诺贝尔文学奖以来,已经有 15

次获得该奖,是获得该项文学奖最多的国家。可见,法国文学在世界文学史上占有十分重要的地位。

1. 中世纪文学

英雄史诗、骑士文学和市民文学是中世纪最主要的文学体裁。英雄史诗产生于 11 世纪,12 世纪为兴盛期,随后衰落。英雄史诗是以历史事件为题材而创作的诗歌,内容上有真人真事,也有虚构的情节和人物。英雄史诗可分若干类,其中主要有 3 类:第一类歌颂查理大帝的功绩(Le cycle de Charlemagne);第二类是敦·德·梅央斯系列(Le cycle de Doon de Mayence),描写封建王国的诸侯叛乱;第三类称为吉约姆·德·奥朗日系(Le cycle de Guillaume d'Orange),描写吉约姆及其家族勤王征战的事迹。

《罗兰之歌》(*Le Chanson de Roland*,约 1100 年)是英雄史诗的代表作,它是法国最古老、最优秀的一部英雄史诗,在 11 世纪前后以吟唱的方式在民间流行。现存英国牛津图书馆的手抄本发现于 1837 年,共 4 002 行,291 节,十音节诗,用盎格鲁-诺尔曼方言写成。这部史诗歌颂了查理大帝的武功和他麾下骑士的勇敢、正直和虔诚的品德。奋战而死的罗兰是这类骑士的典型形象,面对强敌,他表现出英雄气概,与敌人血战到底,维护了法兰西的荣誉。

骑士文学从 11 世纪下半叶开始在法国南方兴起,后来传播到北方,13 世纪中叶逐渐衰落。法国的骑士制度形成于 11 世纪,这是骑士文学产生的背景。贵族骑士从崇尚武功,转变为热衷于奢华的生活。骑士文学的内容大多是情爱,而非尚武。形式通常为抒情诗和故事诗。主题则是歌颂骑士之爱,将爱情和与之相关的冒险置于尚武精神之上。

《特里斯当和伊瑟》(*Tristant et Iseult*)是骑士文学中最动人的诗篇。男主人公特里斯当和伊瑟相爱,然而命运却不让他们如愿,最后在特里斯当死后不久,伊瑟悲痛过度而逝,从而造成了一部爱情悲剧。

市民文学中最重要的民间创作是《列那狐传奇》(*Le Roman de Renard*,约 1174—1250 年)。故事诗的中心角色是列那狐,同时描绘了各种飞禽走兽,故有"禽兽史诗"之称。故事诗吸收了公元前 6 世纪古希腊民间流传的讽喻故事《伊索寓言》(*Les Fables d'Aesop*)的创作手法,以幽默和嘲讽来反映现实。

诗中的动物既有各自的生物属性,又赋予了人的社会属性:凶猛的大动物代表贵族统治阶层,弱小的动物则是下层阶级的代表。《列那狐传奇》的作者不止一人,他们是市民阶级的代言人,采用嘲讽幽默的方式反对封建贵族统治阶级。其魅力来自动物拟人化而又保留动物特性,将动物属性和人的社会属性巧妙结合,并具有一种幽默的意趣。

2. 16 世纪文学

16 世纪在法国文坛占主导地位的是人文主义,它是文艺复兴运动在文学上的反映。文艺复兴是新兴的资产阶级打着恢复古希腊古罗马文化的旗号,在思想文化领域所进行的一场大规模的反封建、反教会的思想文化运动。人文主义是反对神权至上的宗教思想和封建意识,提倡个性解放,肯定现实生活,追求世俗欢乐和享受的人生。

拉伯雷(François Rabelais,约 1483—1553)是法国文艺复兴时期最重要的作家,法国长篇小说的开创者。在一定意义上,他也是法国近代小说的奠基者。他的 5 卷本长篇小说《巨人传》(*Gargantua et Pantagruel*)以民间传记为题材,用滑稽的文笔尖锐地讽刺了封建制度的腐朽,揭露教会势力的黑暗。这部作品充分表达了作者反对战争、热爱和平、论功行赏、崇尚自由的政治理想。拉伯雷以人文主义思想去观察和揭露当时的法国社会,其作品具有明显的反教会和反封建意义。《巨人传》被称为滑稽史诗,在艺术上极富想象力,语言丰富,擅长运用夸张以及讽刺手法。

法国文艺复兴时期的诗歌以七星诗社的影响最大。他们是龙沙(Pierre de Ronsard,1524—1585)、杜·贝莱(Joachim Du Bellay,1522—1560)等 7 位作家组成的团体。他们致力于法兰西语言的统一,并试图建立与希腊、罗马相媲美的法国诗歌。由杜·贝莱执笔的《保卫和发扬法兰西语言》是七星诗社的宣言书,在文学发展历史上具有一定的影响。七星诗社在法国的语言改革和诗歌理论上都做出了重要贡献。

蒙田(Michel Eyquem de Montaigne,1533—1592)是法国文艺复兴后期最具影响力的思想家和散文家。在其代表作《随笔集》(*Essais*)中,蒙田宣扬尊重理性、抨击禁欲主义和教条主义,同时也阐述了他的怀疑论的观点。《随笔集》在法国散文史上占有重要地位。

3. 17 世纪文学

古典主义是 17 世纪法国文学的主流。从古典主义的发展轨迹来看,路易十三执政时期是古典主义文学形成时期,路易十四当政的 17 世纪 60 至 80 年代是其成熟和繁荣时期,此后为古典主义文学的后期,以"古今之争"为其标志。

马莱布(François Malherbe,1555—1628)是古典主义文学的创始人之一。

它主张文学为王权服务,要求语言规范化,反对七星诗社任意扩大语言的主张。哲学家笛卡尔(René Descartes,1596—1650)所倡导的唯理主义对古典主义文学的形成起到了重要作用,成了古典主义的哲学基础。笛卡尔强调理性的重要性,以致得出"我思故我在"的结论。

古典主义文学主张使用规范的语言,依据规定的创作原则,尊重传统,崇尚理性,模仿古希腊、古罗马的艺术形式进行创作,作品的内容主要来自古代题材。

法国古典主义文学以戏剧的成就最为突出。戏剧创作要遵循"三一律"原则,即要求情节、时间与地点相一致。著名的戏剧家有三位,两位悲剧作家,一位喜剧作家。高乃依(Pierre Corneille,1606—1684)被视为古典主义悲剧的奠基人,法国文学史上第一位重要的戏剧家。他的代表作《熙德》(*Le Cid*)开创了古典主义戏剧的先河。拉辛(Jean Racine,1639—1699)是具有代表性的古典主义悲剧作家。他将悲剧艺术推进到一个新的高度,成为"三一律"的典范。他一生创作了11部悲剧,其中《安德洛玛克》(*Andromaque*)和《费德尔》(*Phèdre*)是其代表作。莫里哀(Molière,1622—1673)是古典主义喜剧的创建者,世界喜剧大师之一。他的喜剧作品无情讽刺资产者,反对封建道德,揭露宗教伪善,歌颂下层百姓,其作品《太太学堂》(*L'École des femmes*)、《伪君子》(*Le Tartuffe*)以及《吝啬鬼》(*L'Avare*)等是家喻户晓,至今仍是一些剧院的保留节目。

拉封丹(Jean de la Fontaine,1621—1695)是这个时期著名的寓言诗人,其代表作《寓言诗》(*Fables*)揭露了社会各阶层人物的性格和社会问题,讽刺封建社会的黑暗与腐败。他的作品在法国以及欧洲都享有盛誉。

4. 18世纪文学

启蒙文学是18世纪法国文学的主流,启蒙文学具有强烈的政治色彩,成为资产阶级登上历史舞台、进行舆论准备的得力工具。启蒙文学与哲学、法学、史学相互影响、联系密切,很多启蒙文学家也是哲学家和法学家,他们用随笔、小说、散文、信札等通俗易懂的形式来解释深奥的哲学思想。法国启蒙文学的代表作家有孟德斯鸠、伏尔泰、狄德罗和卢梭。

孟德斯鸠(Montesquieu,1689—1755)是早期著名的启蒙思想家。在《波斯人信札》(*Les Lettres persanes*)中,他用波斯人的口吻嘲讽法国腐败和荒唐的现象,批判上流社会的恶习和生活方式。在《论法的精神》(*De l'esprit des lois*)中,他提出了三权分立的理论,这一理论成为资产阶级政治体制的基本原则。

伏尔泰(Voltaire,1694—1778)是个具有很高声望的启蒙思想家。他的作品极为丰富,包括哲学、史学、戏剧、小说、诗歌和信札。伏尔泰的文学才华在哲理小说中表现得最为出色,其哲理小说在他的文学作品中也最有价值,主要有《查第格》(*Zadig*)、《老实人》(*Candide*)和《天真汉》(*L'Ingénu*)。他的作品在法国和欧洲都产生了很大的影响。

狄德罗(Denis Diderot,1713—1784)是杰出的启蒙思想家,一个唯物论者和无神论者。他在哲学、美学、戏剧、文艺理论、小说等方面都取得了突出的成就。在1751年至1772年,他与人合作主持《百科全书》的编撰工作。这部著作全面介绍了科学与艺术的发展成果,宣传了启蒙思想,抨击了封建社会的政治制度以及宗教思想。

卢梭(Jean-Jacques Rousseau,1712—1778)著名的文学家和杰出的启蒙思想家。他在《论不平等的起源》(*Discours sur l'origine de l'inégalité*)的论文中指出,私有观念和私有财产是人类不平等的起源。在其政论著作《社会契约论》(*Du contrat social*)中,他认为国家的建立是人民所订立的社会契约,国家的权利应属于人民。他还提出了"自由、平等"的口号。他的这些观点对法国资产阶级大革命产生了重要影响。书信体小说《新爱洛绮丝》(*La Nouvelle Héloïse*)是他主要的文学作品,他在书中通过描写一对青年爱情的悲剧,揭露了封建等级制度的罪恶,表现了人们渴望自由与平等的愿望。在自传体小说《忏悔录》(*Les Confessions*)中,他敢于说出一切,袒露一切,勇敢地说出事情的真相,不管是缺点,还是错误,乃至那些见不得人的丑事。在这一点上,他可谓是前无古人,后无来者。他在书中回忆了自己一生的生活经历和感受,为自己的思想进行辩护,同时也揭露统治阶级的罪恶与腐朽。

5. 19世纪文学

在19世纪,法国先后出现了浪漫主义、现实主义、自然主义和象征主义等艺术流派。

法国大革命催生出浪漫主义思潮,但浪漫主义先是出现在英国和德国。斯塔尔夫人(Mme De Stael,1766—1817)率先将浪漫主义的概念引进到法国;夏多布里昂(François - René de Chateaubriand,1768—1848)对法国浪漫主义文学产生了巨大的影响;乔治·桑(George Sand,1804—1876)以爱情为主题,提倡妇女婚姻自由与个性解放而成为杰出的浪漫主义女作家;雨果(Victor Hugo,1802—1885)则是浪漫主义文学的最杰出代表。浪漫主义在创作原则上反对古典主义,宣扬资产阶级的自由、平等、博爱思想。它以热情奔放的语言、丰富的想象和夸张的手法讴歌理想,抒发个人情感,反映现实生活,描写自然景观,塑造人物形象。

雨果在《〈克伦威尔〉序言》(la Préface de Cromwell)中树起了浪漫主义的大旗,全面提出了浪漫主义的纲领,是浪漫主义形成的重要标志。他的《巴黎圣母院》(Notre-Dame de Paris)是浪漫主义的典范之作,《悲惨世界》(Les Misérables)和《海上劳工》(Les Travailleurs de la mer)等作品无疑都是浪漫主义的巅峰之作。

现实主义是法国19世纪影响最大和最具杰出成就的文学流派。它兴起于19世纪30年代和40年代,在50年代和60年代达到巅峰。现实主义文学主要是对资本主义社会的弊端、黑暗与罪恶的现实予以无情地揭露与批判。由巴尔扎克(Honoré de Balzac,1799—1850)和司汤达(Stendhal,1783—1842)奠基的现实主义文学,为欧美文学开创了一个新纪元。司汤达的《红与黑》(Le Rouge et le Noir)表面上是一部爱情小说,实际上是描绘波旁王朝复辟时期的社会现实的政治小说。福楼拜(Gustave Flaubert,1821—1880)追求客观与真实性,在《包法利夫人》(Madame Bovary)小说中,他用精美的文字讲述了一个平民女子的悲剧命运。中短篇小说大师梅里美(Prosper Mérimée,1803—1870)追求异国情调和地方色彩,将浪漫主义和现实主义融于一体,写出了举世闻名的中篇小说杰作《卡门》(Carmen)和《高龙巴》(Colomba)。

巴尔扎克无疑是法国现实主义文学最伟大的代表,他创作的《人间喜剧》(La Comédie humaine),堪称文学史上的奇迹。这部巨著包括了近百部小说,分为私人生活、哲学研究和分析研究三大类。《人间喜剧》无情地揭露了资本主义的罪恶,猛烈地抨击了资本主义社会人与人之间金钱关系的社会本质。

现实主义发展到后来逐步演变成自然主义,可以说,自然主义是过渡到20世纪现实主义文学的一种中介。自然主义先驱埃德蒙·龚古尔(Edmond de Goncourt,1822—1896)和于勒·龚古尔(Jules Goncourt,1830—1870)兄弟开创了从生理学和病理学方面研究人的先例,为自然主义开辟了道路。莫泊桑(Guy de Maupassant,1850—1893)对人物刻画细腻、生动、特色鲜明,出色地创作了300多篇短篇小说,尤其是《羊脂球》(Boule de suif)和《项链》(La Parure)等名篇,奠定了法国最著名短篇小说家的地位。自然主义的代表人物无疑是左拉(Emile Zola,1840—1902)。自然主义试图事无巨细地描绘现实,给人一种实录生活和照相式的印象，因为他们主张按生活"本来面目"去反映现实。左拉创作的鸿篇巨制《卢贡-马卡尔家族》（*Les Rougon-Macquart*）描述了一个家族的两个分支在遗传基因和环境的支配下所遭受的不同命运，是法国19世纪下半叶社会的真实写照。

19世纪最后一个文学流派是象征主义诗歌。波德莱尔（Charles Beaudelaire, 1821—1867）被视为象征主义诗歌的先驱。他创作的《恶之花》（*Les Fleurs du mal*）是世界诗歌史上的一个重要里程碑。他主张以丑为美，化丑为美。他还提出了通感理论，把文学和其他艺术沟通起来，丰富了艺术表现手法，为现代派的出现开辟了道路，由此被称为现代派的鼻祖。魏尔兰（Paul Verlaine, 1844—1896）也被视为象征主义诗歌的先驱之一，他认为梦是诗歌的国度，被象征派诗人奉为大师。兰波（Arthur Rimbaud, 1854—1891）创作的诗被视为象征主义诗歌的典范。他的诗表现出对现实生活的不满，展示了一个青年郁郁寡欢、愤世嫉俗的情绪，带有明显的象征主义色彩。

6. 20世纪文学

20世纪法国文学流派纷呈，思想活跃，尤其是现代主义文学的兴起和迅速发展对传统文学产生了很大的冲击和影响。20世纪的两次世界大战对人们思维的影响巨大，首先表现在达达主义和超现实主义的出现。

达达主义是以特里斯唐·查拉（Tristan Tzara, 1896—1963）为核心，于1916年在瑞士苏黎世成立的一个团体，取名达达，这是随便翻开字典找到的一个单词。其宗旨是彻底否定当今世界、传统价值、理性和艺术规律，表现出虚无主义倾向。达达主义反映了当时欧洲青年人对世界大战的憎恶、恐惧和绝望的精神状态。达达主义曾风靡一时，但很快便被超现实主义所取代。

超现实主义是两次世界大战期间最流行的文学思潮。它虽然源于达达主义，但与它却有很大差别。超现实主义作家深受弗洛伊德（Freude, 1856—1939）的精神分析理论的影响，重视知觉，强调潜意识和梦幻。他们否定理性、意识、逻辑思维和道德传统，认为它们已被社会异化，只能将人类引入歧途。他们主张在创作时抛弃一切理性、逻辑、诗学、美学和道德观念的制约，只是无意识地、自动地把自己真实的思想表达出来。这就是超现实主义所倡导的"自动写作法"。超现实主义的代表人物是布勒东（André Breton, 1896—1966），他与苏波（Philippe Soupault, 1897—1990）联名在《文学》杂志上发表名为《磁场》（*Les Champs magnétiques*）的文章，成为"自动写作法"的首次尝试。1924年，布勒东发表了《超现实主义宣言》(Manifeste du surréalisme),阐述了超现实主义的理论和创作原则。超现实主义阵营中还有阿拉贡(Louis Aragon,1897—1982),他与布勒东和苏波被称为超现实主义"三剑客",直到1969年超现实主义小组解散,超现实主义延续了半个世纪的时间。

第二次世界大战之后,法国出现了存在主义、新小说派和荒诞派戏剧三种文艺思潮。

存在主义文学兴起于二战前后,并风靡欧洲及美国,在世界文学界产生了广泛的影响。存在主义认为世界是荒谬的和令人厌恶的,人生充满着痛苦、恐怖与忧虑,表现了对人类,对生活和社会的忧虑及绝望的情感。萨特(Jean-Paul Sartre,1905—1980)是存在主义的倡导者,是他最早揭开了存在主义的序幕。1938年萨特发表的小说《恶心》(La Nausée)被认为是存在主义的奠基之作。1939年出版的短篇小说集《墙》(Le Mur)阐释了"存在先于本质""自由选择"等存在主义观点。1943年,他在哲学著作《存在与虚无》(L'Être et le Néant)中阐述了存在主义的纲领。1946年,他的《存在主义是一种人道主义》(L'existentialisme est un humanisme)是一篇存在主义的重要文献。他于1964年获得诺贝尔文学奖,但他是这项奖项的历史上第一个未接受奖的作家。

加缪(Albert Camus,1913—1960)是存在主义文学另一位代表人物,他的代表作《局外人》(L'Étranger)塑造了一个与他人隔膜,与现实格格不入,对法律、教会采取鄙视态度的荒诞人的形象。他的小说《鼠疫》(La Peste)体现了加缪反抗荒诞世界的思想,人们与鼠疫做斗争,象征着对法西斯和一切非正义的抗争。他于1957年获得了诺贝尔文学奖。萨特的终身伴侣波伏娃(Simone de Beauvoir,1908—1986)也是一位著名的存在主义作家和文艺评论家。1943年,她发表的《女宾》(L'Invitée)让她成名。她在1954年发表的《名士风流》(Les Mandarins)是一部存在主义的重要作品,让她获得了法国文学最高奖项——龚古尔文学奖。她的论文集《第二性》(Le Deuxième Sexe)使她成为女权主义的理论家,也是世界上女权运动的重要作品之一。

荒诞派戏剧是二战后发源于法国的具有重大国际影响的文学流派。荒诞派戏剧试图表明生命是空虚的和毫无意义的,宇宙是荒谬的和无章可循,人的一切行为都是无序的和无理由的。为表现世界的荒诞性,荒诞派戏剧抛弃了戏剧艺术的所有的传统要素,向观众展现了一个杂乱无章的语言和行动的混合体。贝克特(Samuel Beckett,1906—1989)是最著名的荒诞派剧作家,也是新小说的重要作家。1969 年,他获得诺贝尔文学奖。获奖评语是:"由于他的作品以一种新的小说与戏剧的形式,以崇高的艺术表现人类的苦恼。"贝克特在作品中描写的是等待、孤独、异化、衰弱、死亡、无法交流的人类生存状况。1952 年发表的《等待戈多》(*En attendant Godot*)是贝克特最著名的剧作,此剧反映了在一个荒诞的世界里人类所面临的窘迫处境,在西方社会引起很大反响。

尤内斯库(Eugène Ionesco,1912—1994)是荒诞派戏剧的另一个代表人物,他在 1950 年发表的剧作《秃头歌女》(*La Cantatrice chauve*),写出了人与人之间的互不了解和隔绝状态。他的作品表现了社会的荒诞、生活的无聊以及人类精神的空虚。

新小说派出现在 20 世纪 40 年代和 50 年代,罗布-格里耶在子夜出版社当文学顾问时,对新小说的发展起到推波助澜的作用。新小说派继承了意识流和超现实主义的某些创作方法,否定现实主义的创作原则,反对文学为某种政治服务的倾向性,认为文学作品只是作家虚构的语言世界,于是,新小说派的作家力求在语言和写作上进行创新。萨洛特(Nathalie Sarraute,1900—1999)在 1938 年发表的《向性》(*Tropisme*),预示着新小说的出现。1956 年发表的《怀疑的时代》(*L'Ère du soupçon*)是新小说的第一篇宣言。1963 年,《金果》(*Les Fruits d'or*)获得国际文学奖。罗布-格里耶(Alain Robbe-Grillet,1922—2008)1953 年发表的《橡皮》(*Les Gommes*)让他获得了费内昂文学奖(Prix Fénéon),1955 年发表的《窥视者》(*Voyeur*)让他一举成名。1963 年,他出版论文集《为了一种新小说》(*Pour un nouveau roman*),让他成为新小说的理论家。布托尔(Michel Butor,1926—2016)1957 发表的代表作《变》(*La Modification*)获得勒诺多文学奖(Prix Renaudot),他在 2013 年获得法兰西科学院文学大奖(Grand prix de littérature de l'Académie franéaise),以奖励他一生的文学创作。西蒙(Claude Simon,1913—2005)1967 年发表的作品《历史》(*Histoire*)获得了美迪奇文学奖(Prix Médicis)。他的作品文笔独特,极富个性地向世人展现了 20 世纪的历史画卷,因为其本人亲自见证了那段人类的战争历史。1985 年,他因"在对人类生存状况的描写中,把诗人、画家的丰富想象和对时间作用的深刻认识融为一体"而获得诺贝尔文学奖,这使法国和世界文学界深感震惊和意外。因为评论界一向是把罗伯-格里耶推崇为这一流派的首领,娜塔丽·萨洛特和米歇尔·布托位居第二、第三,西蒙一向是位居第四。如今,西蒙的作品已被当代文学批评和广大读者所接受,尤其是《弗兰德公路》(*La Route des Flandres*,

1960)已成为20世纪西方小说的经典,也正是凭借这部小说,他获得了诺贝尔文学奖。西蒙不仅热衷于文学创作,还热心当代社会问题。新小说派在20世纪50年代和60年代曾风靡西方世界,然而由于其过于追求形式,内容难以理解,以致在70年代后逐渐失去影响力。

20世纪法国还涌现出很多具有现实主义倾向的作家,他们创作了许多文学名著。他们不仅在法国文坛,乃至世界上都享有很高的声望。

尤瑟纳尔(Marguerite Yourcenar,1903—1987)的作品《哈德里安回忆录》(*Mémoires d'Hadrien*,1951)、《苦练》(*L'Oeuvre au noir*,1968)等作品中既有真人真事,也将一些历史人物虚构在小说人物身上。其作品《虔诚的回忆》(*Souvenirs pieux*,1974)和《北方档案》(*Archives du Nord*,1977)分别描写母系和父系的家族式,以反映法国北部的历史发展。尤瑟纳尔的历史小说和家族小说的创作取得了辉煌成就,在文坛产生了重要影响。她于1970年当选为比利时皇家法国语言文学科学院院士。1980年,她当选为法兰西学士院院士,而且是首位女院士。1982年,她还当选为美国艺术与文学科学院院士。

杜拉斯(Marguerite Duras,1914—1996)的成名作是1950年发表的《抵挡太平洋的堤坝》(*Un barrage contre le Pacifique*)。此后,她创作了一些电影剧本,如获得戛纳电影节评论奖的《广岛之恋》(*Hiroshima mon amour*,1958)、获得戛纳电影节金棕榈奖的《长别离》(*Une aussi longue absence*,1961)等。1984年,小说《情人》(*L'Amant*)让她获得龚古尔文学奖,1991年,她又改写《中国北方的情人》(*L'Amant de la Chine du Nord*)。杜拉斯常以家庭经历为创作蓝本,其中就有她的出生地越南,因此其作品从侧面反映了法国殖民东南亚的历史。

萨冈(Françoise Sagan,1935—2004)是个才女作家。1954年,年仅18岁就写出了小说《你好,忧愁》,让她一举成名。书写中产阶级和年轻人的爱情以及空虚孤独心情,构成了她的写作模式。

图尼埃(Michel Tournier,1924—2016)具有哲理性和神话性的作品为他在文学界赢得了很高的声望,他甚至被视为法国20世纪后半叶最具影响力的作家。20世纪80年代末,当他和勒克莱齐奥以及莫迪亚诺一起被介绍到中国的时候,他们三人被贴上了"新寓言派"的标签,他们被称为"新寓言派三剑客"。虽然他们在题材、形式和风格上都不尽相同,然而他们都力图在形象描绘中蕴含深邃的寓意,因而有了这个称号。图尼埃的第一部小说《礼拜五或太平洋上的灵薄狱》(Vendredi ou les Limbes du Pacifique，1967)便获得法兰西科学院大奖，此后，他又以《桤木王》(Le Roi des aulnes，1970)赢得法国著名的文学奖——龚古尔文学奖。1972年，图尼埃当选为龚古尔学院成员。他的其他作品有《流星》(Les Météores，1975)、《金滴》(La Goutte d'or，1986)、《爱情半夜餐》(Le Médianoche amoureux，1989)等。

勒克莱齐奥(Jean-Marie Gustave Le Clézio，1940—　)是2008年诺贝尔文学奖获得者。他始终对异域文明给予关怀和思考，是一个具有国际视野的作家。他通过人与自然的沟通，来表现现代人的生活状态。他的第一部小说《诉讼笔录》(Le Procès-verbal，1963)获得法国勒诺多文学奖，此后，他发表了《洪水》(Le Déluge，1966)、《逃遁录》(Le Livre des fuites，1969)、《战争》(La Guerre，1970)、《巨人》(Les Géants，1973)、《沙漠》(Désert，1980)、《漫游的星星》(Étoile errante，1992)、《非洲人》(L'Africain，2004)和《阿尔玛》(Alma，2017)等。

莫迪亚诺(Patrick Modiano，1945—　)以"唤起了对最不可捉摸的人类命运的记忆"而获得2014年诺贝尔文学奖。他的作品大都以神秘的父亲和二次大战的环境为主题，运用大量的回忆、想象，把现实和虚构结合起来，以探索和研究当代人的存在及其与周围环境、现实的关系。他的代表作有《星形广场》(La Place de l'étoile，1967)、《夜巡》(La Ronde de nuit，1969)、《环城大道》(Les Boulevards de ceinture，1972)、《暗店街》(Rue des boutiques obscures，1978)、《夜半撞车》(Accident nocturne，2003)、《青春咖啡馆》(Dans le café de la jeunesse perdue，2007)、《地平线》(L'Horizon，2010)、《夜的草》(L'Herbe des nuits，2012)等。其中《暗店街》于1978年获龚古尔文学奖。莫迪亚诺是当今仍活跃于法国文坛并深受读者喜爱的著名作家之一，法国评论界一致公认的当今法国最有才华的作家之一。

二 电影戏剧

1. 电影

电影的确切起源至今仍然是众说纷纭，然而，法国称得上是最早发明电影的国家之一，那是因为法国里昂照相器材制造商吕米埃尔兄弟(Louis Lumière，1864—1948；Auguste Lumière，1862—1954)在前人研制的基础上，于1894年制成了一种既可用于放映、又可用于拍片和冲洗底片的活动电影机

（cinématographe）。1895 年 3 月 19 日，路易·吕米埃尔在里昂用这种手摇的电影机拍摄了一些纪录日常生活情景的短片。其中一部电影名为《工厂的大门》(La Sortie de l'usine Lumière)，表现当时法国里昂吕米埃尔工厂放工时的情景，片长仅一分多钟，但这是世界上第一部影片，因而在电影史上占有重要地位。此后又拍摄了《园丁》(Le Jardinier)，后来以《水浇园丁》(L'Arroseur arrosé)的名称播放，引起了很大的反响。1895 年 12 月 28 日在巴黎大咖啡馆印度沙龙（Salon Indien du Grand Café）首次公映，一次放映包括《工厂的大门》《婴儿餐》(Le Repas de bébé)和《大海》(La Mer)等 10 部电影，获得成功。这一天被公认是电影诞生的日子。

吕米埃尔兄弟

由 cinématographe 简化的 cinéma 一字成了"电影"的国际名词。从此，电影也逐渐成为法国文艺的主要形式，电影也在世界各地迅速传播和发展。如今，电影已经成为一门重要的和深受人们喜爱的艺术门类，被称之为"第七艺术"。

1897 年，魔术师、戏剧导演和演员出身的梅里埃（Georges Méliès）在巴黎附近的蒙特勒伊（Montreuil）创办了世界上第一家电影制片厂，建造摄影棚，拍摄影片。此后，又有企业家夏尔·百代（Charles Pathé）及其兄弟以及莱昂·高蒙（Léon Gaumont）等加入电影拍摄和发行行列。1908 年，保罗·拉菲特（Paul Laffite）成立了一家艺术电影制片公司（Le Film d'Art），公司邀请著名的作家撰写剧本，聘请戏剧导演和法兰西喜剧院演员出演，从而让电影登上了大雅之堂。1908 年 12 月，第一部艺术电影《吉斯公爵被刺》(L'Assassinat du duc de Guise)放映，获得了文艺界的广泛好评。虽然此后该公司在商业竞争中失败了，但"艺术影片"在法国，乃至世界上都产生了重大影响，它被认为是无声电影艺术的开始。第一次世界大战之前，法国在世界电影市场所向披靡。"到 1910 年，世界上三分之二的影片是由法国公司制作的。"①

20 世纪 20 年代和 30 年代的先锋派（Avant-garde）电影主要是在法国和德国兴起的一种电影运动，它的重要特点是反传统叙事结构而强调纯视觉性。先锋派电影大约延续了十余年时间，其影响遍及整个欧洲。由于先锋派电影与当时风靡欧洲的各种现代艺术思潮有着明显的对应关系，加上艺术家可能同时接

---

① 朗佐尼.法国电影——从诞生到现在[M].王之光,译.北京:商务印书馆,2011:22.

纳多种思潮的影响,所以先锋派电影流派纷呈,成员交错,主要包括:印象主义、表现主义、抽象主义、超现实主义等,另外还有纯电影、街道电影、室内电影等电影主张和实践。先锋派电影主张与商业电影决裂,把电影当作一门艺术来探讨,让电影成为"为艺术而艺术"的艺术。

1927年有声电影在美国诞生,法国最早出现有声电影是在1929年。至于是《三个面具》(Les Trois Masques),还是《皇后的项链》(Le Collierde lareine)为首部法国有声电影仍然是莫衷一是。30年代在法国电影中占主导地位的是一种叫作诗意现实主义(le réalisme poétique)的艺术潮流。诗意现实主义直接来自于现实主义,艺术家的目的是要传达其真实客观的生活态度。这个时期始于1929年席卷欧美的金融危机,延续到1939年第二次世界大战的爆发。当时,大部分影片末尾都是比较悲观的,主角常常是以死亡结束,尤其是影星迦本(Jean Gabin,1904—1976)出演的电影,如《逃犯贝贝》(Pépé Le Moko,1936)、《人面兽心》(La Bête humaine,1938)等。

在德国纳粹占领时期,一些电影人离开法国到美国发展,也有一些电影人采用各种形式参加了抵抗运动。德国占领军和维希傀儡政府严格控制法国电影业,没收并销毁了很多被认为是煽动法国爱国情绪的电影胶片。当时,只能引进德国片,英美电影遭到禁演,某种程度上也鼓励了法国本土的电影创作。法国高等电影学院(Institut des hautes études cinématographiques,简称为ID-HEC)诞生于1943年,一些年轻的导演开始崛起,发行了不少至今仍被奉为经典的影片,比如卡尔内(Marcel Carné)执导的《夜间来客》(Les visiteurs du soir,1942)、《天堂儿女》(Les Enfants du paradis,1945)等。可以说,无论是德国纳粹统治还是法国维希政府,都未能遏制法国电影的创造力。战后的法国电影业发展迅猛,这个时期一般是指1945年至1958年。彩色电影和宽银幕电影相继出现,战时被禁的美国电影大量涌入,高上座率让电影业获得了资金上的稳定,从而形成了前所未有的繁荣期。

电影运动"新浪潮"(La Nouvelle Vague)始于20世纪50年代中后期,它在世界电影史上具有非常重要的影响力。所谓"新浪潮",特指法国电影在1959—1965年间,伴随着技术进步和经济变革而爆发的,以现代主义精神来改造电影艺术的运动。该运动倡导严肃、简约和写实的电影风格,它的出现将西欧的现代主义电影运动推向了高潮。法国在这场运动中涌现了一批才华横溢的电影天才,他们拍出了电影史上世界闻名的代表作;法国电影也因而进入了继无声电影"默片时代"后的第二个黄金时期。这类影片较强调生活气息,采用实景拍摄,主张即兴创作。影片大多没有完整的故事情节,表现手法上也比较多变,可以说是一个创新的时代。特吕弗(François Truffaut)的《四百击》(*Les Quatre Cents Coups*,1959)是早期的代表作;戈达尔(Jean-Luc Godard)的《筋疲力尽》(*A bout de souffle*,1960)是此类创作风格的体现。法国"新浪潮"电影运动是20世纪世界电影史上规模最广、影响最深、作用最大的电影运动。这场运动为法国乃至世界留下了宝贵的电影文化遗产,影响波及许多国家,这场运动被公认为是传统电影与现代电影的分水岭。

70年代的法国社会充满了拜金主义,对于金钱和权利的贪婪造成了社会上掌权的政治阶层身陷各种丑闻之中,由此在法国电影业诞生了一个新的电影类型:政治性叙事电影。1969年由加夫拉斯(Costa-Gavras)执导的影片《Z》引起了世界影坛的强烈反响。该片根据真实事件拍摄而成,获得该年度戛纳电影节评委会大奖和奥斯卡最佳外语片奖。"政治电影"一词发端于该片的问世,这部电影对于世界范围的政治电影起到了推动作用。此外,这个时期的维尔讷耶(Henri Verneuil)的法国式警匪片也备受瞩目。影片《西西里黑帮》(*Le Clan des Siciliens*,1969)聚集了当时最炙手可热的的三大电影明星迦本、德龙(Alain Delon)和凡杜拉(Lino Ventura)。

20世纪末至21世纪初,法国电影业遭遇到美国好莱坞电影的激烈竞争。从90年代中期,观看美国电影的法国观众首次超过观看法国电影的观众,尤其是在年轻的观众群中。然而不可否认,法国电影至今仍然是欧洲国家中最为活跃的。即使遭遇美国电影的竞争,拥有4 000多家电影院的法国电影业依然取得了不错的利润回报,例如影片《初吻》(*La Boum*,1980)、《王中王》(*L'as des as*,1982)等。面对美国电影日益增长的竞争态势,法国电影依靠政府和国产片融资协调体制,在激烈的市场竞争中得以生存。财政资助制度对电影制作有专款援助,这是一笔经由国家电影中心(Centre National de la Cinématographie)批准后,直接提供给制片人的长期贷款。法国在1985年创办了影视业融资公司,以弥补电影制作预付款的不足,同时为电影人在资金上提供帮助。法国每年有100多部故事片面世,在欧洲电影业中始终处于领先地位。

法国政府非常重视电影事业,为了电影产业健康发展,国家通过立法,以便电影业的发展有章可循,有法可依。政府通过国家电影中心起草有关的法律、法令、规章和条例。比如,建立电影许可证制度、影片分级制度、影片登记制度、影片备案制度、影片收入监察制度以及影片在电视台放映的规定和制作影片录像带的规定等。法国还成立了专门的电影机构,对电影事业给予大量的资助,使法国成为欧洲最大的和最重要的电影生产国。法国电影的产量在世界上名列第五位。法国的电影艺术水平有目共睹,拥有一大批著名的导演和电影明星,拍出了无数电影佳作。

法国著名的导演主要有戈达尔(Jean-Luc Godard,1930—　)、贝汉(Jacques Perrin,1941—　)、吕克·贝松(Luc Besson,1959—　)、阿诺(Jean Jacques Annaud,1943—　)、雷诺阿(Jean Renoir,1894—1979)、布列松(Robert Bresson,1901—1999)、特吕弗(François Truffaut,1932—1984)、侯麦(Eric Rohmer,1920—2010)、夏布洛尔(Claude Chabrol,1930—2010)、里维特(Jacques Rivette,1928—2016)、雷奈(Alain Resnais,1922—2014)、马勒(Louis Malle,1932—1995)、米勒(Claude Miller,1942—2012)等。

法国拥有许多闻名世界的电影明星,其中女影星有德纳芙(Catherine Deneuve,1943—　)、于佩尔(Isabelle Huppert,1953—　)、玛索(Sophie Marceau,1966—　)、阿佳妮(Isabelle Adjani,1955—　)、芭铎(Brigitte Bardot,1934—　)、比诺什(Juliette Binoche,1964—　)等。男影星有迦本(Jean Gabin,1904—1976)、菲奈斯(Louis De Funès,1914—1983)、德龙(Alain Delon,1935—　)、贝尔蒙多(Jean-Paul Belmondo,1933—　)、德帕迪约(Gérard Depardieu,1948—　)等。

法国有很多家电影公司,主要的是3家:高蒙电影公司(Gaumont)、百代电影公司(Pathé)和万国电影联合公司(Union Générale Cinématographique)。它们拥有庞大的规模和雄厚的资金,既制作电影,也从事电影的发行和放映,形成法国电影业三足鼎立的局面。高蒙电影公司1895年由莱昂·高蒙(Léon Gaumont)创办,是世界上最早的电影公司,也是法国最大的电影公司。2016年的营业额为1.890亿欧元,净利润为1 890万欧元。2001年,随着电影院线竞争日益激烈,高蒙公司与法国百代电影公司联合成立了子公司"Europalaces",整合两家公司共有的院线生意。高蒙公司是法国电影史上最重要的制片公司和发行公司,也是当今法国重要的制片公司和发行公司。万国电影联合公司成立于1971年,是一家欧洲电影经营集团,法国第二大电影公司。它以经营影院为主,同时从事电影影片制作和发行业务。百代电影公司是继高蒙电影公司之后成立的。至今仍在经营的最早的公司,1896年由百代兄弟(Charles et Émile Pathé)创办。百代电影公司以经营影院为主,在法国拥有309家影院,同时还生产纪录片、电视片和广告片以及从事影片发行业务。

为促进电影事业的发展,扩大法国电影在国际上的影响和加强与外国的电影交流,法国每年都举办许多国际性的电影节。法国主要的电影节有:戛纳国际电影节(Festival International du Film de Cannes)、南特三大洲电影节(Festival des 3 Continents de Nantes)、巴黎真实电影节(Cinéma Réel de Paris)和亚眠国际电影节(Festival International du Film d'Amiens)等,其中戛纳国际电影节最为有名,它是世界上影响和规模最大的电影节之一。

戛纳位于法国南部,是滨海阿尔卑斯省的省会。戛纳小城背靠青山,面临地中海,一年四季温暖如春,阳光灿烂。蔚蓝的大海,白色的沙滩,红白相间的楼房,高大翠绿的棕榈树与蓝天白云的交相辉映,构成一幅幅令人迷醉的曼妙风景,令无数游人流连忘返。戛纳国际电影节创建于1939年,由于第二次世界大战的爆发未能正常举行。战后,在法国政府和国际上电影界人士的共同努力下,第一届戛纳国际电影节于1946年9月20日隆重举行。此后,每年举办一次。从1951年起,电影节改为5月份举行,为期2周时间。授予最佳影片的金棕榈奖(Palme d'or)创设于1955年。戛纳国际电影节向全世界展示了不同于奥斯卡传统典型的另类形象,长期以来推动欧洲联合制片以及在西方世界知之甚少的亚洲电影的发展,从而成为新闻媒体最为关注的电影节之一。每次电影节期间,世界各国的电影明星和社会名流云集戛纳,观众如潮,场面隆重热烈,使戛纳电影节成为国际电影界的盛会。

戛纳节庆宫

2. 戏剧

戏剧是法国文学艺术中一块璀璨的瑰宝。在这个舞台上曾经产生过无数名垂青史的大师,莫里哀、高乃依、拉辛、博马舍、雨果、缪塞、克洛代尔、萨特……经历了数百年风雨的考验之后,这一颗颗昔日之星至今仍然闪烁着耀眼的光芒。多少年来,法国的戏剧艺术与文学、绘画、音乐等艺术一样,始终呈现着色彩斑斓的景象。

法国戏剧最早出现于9世纪,那时主要有宗教剧和世俗剧两种戏剧形式。15世纪,法国戏剧行会的出现推动了世俗戏剧的发展。16世纪,宗教戏剧日渐式微,从而出现了以喜剧为主的市民戏剧与贵族文人喜剧的分化。17世纪,法国古典主义喜剧占主导地位,高乃依被称为古典主义戏剧的创始人,而莫里哀则创建了古典主义喜剧。18世纪,以狄德罗和伏尔泰代表的启蒙戏剧的共同点是借笔下人物传播启蒙思想,而博马舍喜剧的出现标志着古典主义喜剧已经完成了向资产阶级喜剧的过渡。

19世纪,法国浪漫主义戏剧占据戏剧舞台。浪漫主义戏剧要求创作自由,强调个人感情,借历史题材反映社会现实。雨果无疑是浪漫主义戏剧的代表性人物。浪漫主义戏剧的发展对歌剧、芭蕾舞剧都产生了积极而深远的影响。

19世纪至20世纪初,法国喜剧领域出现了各种流派、思潮。其中象征主义、超现实主义、达达主义、神秘主义等对法国戏剧产生了重大影响,尤其是在表演和导演方面对后世的影响深远。以安托万(André Antoine)为首的一批导演和演员通过舞台艺术实践做出了重大贡献。1887年安托万创立自由剧团,强烈地追求真实,并对舞台实践的各个方面进行全面革新。这不仅提高了戏剧艺术的价值与地位,而且开创了全世界"小剧场运动"之先河,无论对法国戏剧还是对整个世界的现代戏剧的发展都做出了巨大贡献,因此被视之为法国现代戏剧之源头。

波厄(Lugné-Poé)于1893年创办的"作品剧场"(Théâtre de l'Oeuvre)向观众介绍了象征主义和神秘主义戏剧。此外,创作了闹剧《愚比王》(*Ubu Roi*)的雅里(Alfred Jarry)对超现实主义、现代黑色幽默以及荒诞派戏剧都产生了一定的影响。

"二战"之后,法国戏剧的新思潮和新流派层出不穷,形成了一个多元共存、互相碰撞、互相吸收的局面。尤其是20世纪60~70年代,法国诞生了大量的现代剧种,如生活喜剧、荒诞喜剧、边缘戏剧、咖啡戏剧等,反映了法国各种文艺思潮和流派。20世纪80年代,法国剧作家的阵容越来越庞大,戏剧的通俗化和大众化倾向也越来越突出。

20世纪末至21世纪,法国戏剧主题革新的形式是在实验室上演。导演和剧作家轮流担当主角和配角,故事情节无关紧要,观众可有可无,重要的是要实现"戏剧理想",即真实而深刻地再现人类心灵的运行轨迹,从而使当代法国戏剧成为耐人寻味的"文学魔术"。

法国目前拥有1 000多个专业和半专业的剧团,每年人约演出5万场,观众约为 800 万人次。法国的剧院大部分集中在巴黎,巴黎共有 57 个剧院,其中有 4 个国家剧院,6 个市立剧场,47 个私立剧院。外省的剧院较少,马赛和斯特拉斯堡有国家剧院,其他的大多是省立或市立的,波尔多的莫里哀剧院和里昂的小剧院为私立剧院。

三 音乐美术

1. 音乐

法国具有悠久的音乐传统,涌现出很多在世界音乐界都享有极高声望的音乐家。从 1982 年起,法国在每年 6 月 21 日夏季到来的日子里都要举办音乐节。这一天,在法国的大街小巷,都能见到人们自发组成的乐队在尽情歌唱。这是一种每个人都可以参加的群众性活动,无论是职业的音乐人,还是业余的音乐爱好者,大家都可以在街上演出。这些人中还不乏著名的歌星和音乐界的名人,他们都是免费为人们演唱。音乐给人们的生活带来欢乐。

法国音乐起源于民间音乐。在中世纪,由于受到基督教的影响,宗教音乐占有统治地位,音乐自然而然成为宗教生活和文化的重要组成部分。大约在公元 5 世纪,法国人用圣歌作为宗教礼拜仪式的音乐。到了 14 世纪和 15 世纪,法国封建王权的势力得到加强,音乐领域也出现了"新艺术"。所谓的"新艺术"就是不同于以往"古艺术"的音乐风格,主要指文艺复兴初期法国和意大利等国的音乐艺术。这与法国主教维特利(Philippe De Vitry,1291—1361)所著的《音乐新艺术》(Le Nouvel Art de Musique,1320)书籍有关。法国"新艺术"的代表人物是马绍(Guillaume de Machaut,1300—1377),他被视为法国 14 世纪最著名的作曲家,他创作了大量的世俗音乐和宗教音乐。虽然宗教音乐在中世纪占有绝对的主导地位,但世俗音乐也有一定的发展。流浪艺人和吟唱诗人是世俗音乐的主要创作者和传播者,他们演唱的大多为爱情的、民间的以及有关十字军东征的歌曲。

文艺复兴时期,人文主义思想激起了音乐家们的创作热情,法国的音乐得到繁荣发展。这个时期的音乐冲破了中世纪音乐理论的束缚,音乐的范围不断扩大,复调音乐达到全盛阶段,和声风格也得以逐渐形成。16 世纪,世俗的歌谣曲成为法国最有名的音乐体裁。歌谣曲大多反映现实生活,体现普通市民的爱好。最著名的代表人物是雅讷坎(Clément Janequin,1485—1558),他的复调歌曲最为著名，其作品享誉欧洲，在音乐界产生了很大的影响。

17世纪至18世纪上半叶，巴洛克风格的音乐流行于法国。音乐艺术在这个时期有了长足的发展，产生了不少新的音乐体裁，其中最具影响的是歌剧艺术。歌剧是将戏剧、音乐、文学、舞蹈和美术等结合起来的综合性艺术。它最早产生于意大利，对欧洲各国的音乐文化都有影响。法国是除意大利外歌剧最为盛行的国家，法国还创作出具有本国特色的歌剧艺术。吕利（Jean-Baptiste Lully，1632—1687）堪称法国民族歌剧的奠基人。他出生于意大利，后来到法国，先被选为宫廷乐师，最终担任路易十四的宫廷音乐总监。1664年，他与戏剧家莫里哀相遇，开始了两人在戏剧上的合作，并开创了"喜剧芭蕾"（la Comédie Ballet）。他的第一部歌剧《爱神与酒神的欢宴》（*Les Fêtes de l'Amour et de Bacchus*，1672）是一部具有芭蕾性质的歌剧。吕利的歌剧的题材大多取于希腊神话，以表现爱情和奇遇为主，反映了路易十四君权至上的精神。他所创作的歌剧代表了法国歌剧的新风格，对法国歌剧的发展做出了重要贡献，甚至对当时的欧洲音乐都产生了巨大影响。

法国的"喜歌剧"（Opéra-Comique）产生于17世纪末，喜歌剧一词最早出现在1714年。它是由"喜剧芭蕾"发展而来，一种流行于巴黎集市上的兼有歌舞、说话以及器乐伴奏的戏剧。这种音乐戏剧深受新兴市民阶级的喜爱，因为当时流行的意大利正歌剧（Opera Seria）通常以希腊神话及古代英雄传奇故事为题材，内容大多脱离现实，表演形式僵化俗套，不符合新兴市民的口味，而喜歌剧的内容则取材于现实社会生活，表演形式轻松活泼，显然更易于被大众接受。第一部法国喜歌剧是卢梭著的《乡村卜者》（*Le Devin du Village*，1753），该剧被誉为法国喜歌剧的典范。作者在剧中把农夫形象刻画得淋漓尽致，给人留下深刻印象。格雷特里（André Grétry，1741—1813）创作的《狮心查理》（*Richard Coeur-de-Lion*，1784）是法国喜歌剧中著名的代表作。喜歌剧的发展启发了音乐人对正歌剧的改革，它还对近代器乐创作产生了积极的影响。

18世纪，音乐已不再是王公贵族的特权，群众性的音乐活动非常活跃。各种节日和群众性活动中都有音乐演出，音乐与人民的日常生活密切相关。当时用许多民间曲调填词歌曲，其中德里勒（Rouget de Lisle，1760—1836）在1792年创作的《马赛曲》影响最大，这个歌曲密切配合当时政治生活的需要，节奏铿锵有力，充满英雄气概。1795年7月14日被国民议会选为法国国歌。

19世纪初，法国音乐进入辉煌灿烂的浪漫主义时代。所谓浪漫主义音乐，是它既承袭古典乐派的传统,并在此基础上进行了新的探索。浪漫主义音乐强调音乐要与诗歌、戏剧、绘画等音乐以外的其他艺术相结合,提倡一种综合艺术;它强调个人主观感觉的表现,作品富于幻想性,出现了许多描写大自然的作品。在音乐形式上,它突破了古典音乐的形式结构的限制,具有更大的自由性。和声是表现浪漫主义色彩的重要工具,多乐章的标题交响曲和单乐章的标题交响诗,构成浪漫主义音乐的重要形式。柏辽兹(Hector Berlioz,1803—1869)是法国杰出的浪漫主义音乐家。他是浪漫主义标题交响曲的创立者,其代表作品是《幻想交响曲》(*Symphonie Fantastique*,1830),它体现了音乐与文学、音乐与戏剧结合的理想。这是一部有文学标题的、浪漫主义的和带有自传性的作品,它的副标题是《一个艺术家的生活片段》。这部作品充满幻想与激情,在标题音乐方面具有划时代的意义。

19世纪20~40年代,巴黎成为欧洲的歌剧中心。以英雄故事为题材,场面富丽堂皇,乐曲充满激情的大歌剧(Grand opéra)盛极一时。欧贝儿(Daniel-François-Esprit Auber,1782—1871)在1828年创作的《波尔蒂奇的哑女》(*La Muette de Portici*)揭开了法国大歌剧的序幕。此后,梅耶贝尔(Giacomo Meyerbeer,1971—1864)以及斯克里布(Eugene Scribe,1791—1861)等人的作品相继问世,让法国大歌剧逐渐走向成熟。50年代后,大歌剧逐渐衰弱,而抒情歌剧和轻喜剧开始在法国流行。

抒情歌剧是介于喜歌剧和大歌剧之间的一种体裁,它侧重描写普通人的生活和思想感情,以优美的旋律引人入胜。古诺(Charles Gounod,1818—1893)是抒情歌剧最重要的作曲家之一。他的歌剧兼具悲剧和喜剧性质而独具特色,《浮士德》(*Faust*,1859)是其代表作,也是世界最著名的歌剧之一。比才(Georges Bizet,1838—1875)是抒情歌剧的另一个重要作曲家。他采用现实主义的手法创作抒情歌剧,为法国的歌剧艺术开辟了一条新的道路。他的代表作是根据梅里美的同名小说《卡门》(*Carmen*,1875)创作的同名歌剧,这标志着法国现实主义歌剧的诞生,是法国歌剧史上重要的里程碑,也是世界经典歌剧作品之一。

轻喜剧则是一种诙谐幽默、具有讽刺性的喜歌剧,它运用当时流行的音调,通俗易懂。奥芬巴赫(Jacques Offnbach,1819—1880)是轻喜剧的创始人和代表作曲家。他共创作了一百多部音乐作品,在19世纪50~60年代,它的轻喜剧在巴黎盛极一时。他的第一部作品《地狱中的奥尔菲》,也叫《天堂与地狱序曲》(*Orphée aux Enfers*,1858)一上演便获得成功。其他的作品,如《美丽的海伦娜》(La Belle Hélène, 1864)、《霍夫曼的故事》(Les Contes d'Hoffmann, 1881)等都有不俗的表现。

19世纪末20世纪初,受到印象主义绘画和象征主义诗歌的影响,印象主义音乐在法国流行。德彪西(Claude Debussy,1862—1918)是印象主义音乐的代表人物。他在民族音乐传统的基础上,吸收了东方音乐的元素以及西班牙舞曲和爵士乐的一些特点,将法国印象派艺术手法运用到音乐上,创造出了别具一格的和声,大大丰富了音乐的表现力。他的音乐具有奇异的幻想因素、朦胧的感觉和神奇莫测的色彩,他所创立的这种音乐,就是被后人称为"印象主义"的音乐,所以说他的音乐具有划时代的意义,尤其是他那独特的"印象主义"风格,对20世纪现代音乐起到了直接影响,因此德彪西又往往被认为是20世纪现代音乐的开创人物。他的代表作有管弦乐《牧神午后前奏曲》(Prélude à l'Après-Midi d'un Faune,1894)、《大海》(La Mer,1905)以及歌剧《佩利亚斯和梅丽桑德》(Pelléas et Mélisande,1902)等。印象派的另一位大师拉韦尔(Maurice Ravel,1875—1937)更注重形式的严谨,喜好运用民间音乐素材,尤其是西班牙的旋律和节奏。拉韦尔发展了印象派音乐的表现力,赋予了音乐丰富的色彩。他主要的作品有《镜》(Miroirs,1906)、《夜之幽灵》(Gaspard de le Nuit,1908)、《达芙妮与克罗埃》(Daphnis et Chloé,1912)、《鹅妈妈》(Ma mère l'Oye,1912)、《波莱罗舞曲》(Bolero,1928)等。

进入20世纪后,法国的音乐艺术领域呈现出丰富多彩的局面,音乐在节奏、和声、旋律和器乐等方面都发生了深刻变化并充满着革新精神。20世纪初,萨蒂(Erik Satie,1866—1925)率先举起大旗,不仅反对浪漫主义音乐,也反对"印象主义"模糊暧昧、矫饰浮华而过度精密复杂的音乐。他的音乐呈现简朴、明晰的特质,其音乐观点对现代音乐有举足轻重的影响,被认为是新古典主义的先驱。他的代表作是舞剧《炫技表演》(Parade,1917)。在他的影响下,被称为"六人团"的青年作曲家米约(Darius Milhaud)、奥涅格(Arthur Honegger)、普朗克(Francis Poulenc)、奥里克(Georges Auric)、迪雷(Louis Durey)和塔耶费尔(Germaine Tailleferre)联合在一起。虽然他们在创作上和思想上并没有统一的原则,但是他们在反对浪漫主义和印象主义音乐的立场上观点一致。这六个人当中最多产的是米约,共创作了400多部作品,其中代表作有《屋顶上的牛》(Le Boeuf sur le toit,1920)、《创世纪》(La Création du monde,1923)、《克里斯托夫·哥伦布》(Christophe Colomb,1960)等。他醉心于各种手法的创新，其良好的艺术趣味和动人的音乐效果得到世人的公认，被认为是继拉韦尔之后法国音乐界的领军人物。

第二次世界大战之后，音乐呈现出多元化的发展趋势，各种音乐流派异彩纷呈。此外，许多新的音乐流派都与现代科技的发展关系密切。序列音乐就是出现在这个时期的一种音乐创作手法，并发展成为一种现代音乐类型和流派。其特征是将音乐的一些参数按照一定的数学排列组合，称为一种序列，然后这些编排序列或编排序列的变化形式在全曲中重复。梅西安（Olivier Messiaen，1908—1992）是序列音乐的代表性人物，他被公认为20世纪最具代表性的作曲家之一。他的作品具有浓厚的宗教色彩，宗教、大自然与爱情构成他所有的音乐主题。他的主要作品有《基督降生》（*La Nativité du Seigneur*，1935）、《末日四重奏》（*Quatuor pour la fin du Temps*，1941）、《爱之交响曲》（*Turangalîla-Symphonie*，1949）和《异邦鸟》（*Oiseaux Exotiques*，1958）等。他的名声与其弟子的成功不无关系，他在巴黎音乐学院任和声学教授，学生中包括布莱兹（Pierre Boulez）、施托克豪森（Karlheinz Stockhausen）、泽纳基斯（Iannis Xenakis）、罗里奥（Yvonne Loriod）以及旅法华人作曲家陈其钢等知名音乐家。

到了20世纪50年代，发展已经趋于完善的磁带录音机彻底改变了先锋音乐的方式，这个类似于音乐革命的行为要归功于两位法国广播电台的音响工程师谢菲尔（Pierre Schaeffer，1910—1995）和亨利（Pierre Henry，1927—2017）。1948年，他们利用录音机将风雨声、流水声、人声、动物叫声、火车轰鸣声等自然界的声音录下来，通过电子技术进行加工，像改变速度、倒转、剪切、叠加音轨等等，制作成《铁道练习曲》（*Étude aux chemins de fer*）、《炒菜练习曲》（*Étude aux Casseroles*）等5部练习曲。由于里面的声音都是现实中存在的声音，因此这种音乐被称作"具体音乐"（la Musique Concrète）。谢菲尔被视作"具体音乐"和"电声音乐"（la Musique Électroacoustique）的先驱，他与亨利共同创作的《为一个人而作的交响曲》（*Symphonie pour un Homme Seul*，1949）是"具体音乐"的第一部重要作品。其实，这就是电子音乐的一种形式。从90年代中期开始，电子音乐大爆发，几乎所有的音乐都带上了电子的味道。随着科技，或者说器材的发展，整个音乐的未来恐怕都和科技的变革和发展有着极大的关系。科技将在未来的音乐中扮演着关键作用。回顾20世纪电子音乐发展历程，从具体音乐到合成器音乐，再到计算机音乐，电子音乐发展的每一步巨大跨越都使我们真切感受到科技的力量。在世纪之交的今天，以计算机为龙头的高新技术的突飞猛进为音乐发展打开了更为诱人的广阔前景,电子音乐领域作为信息时代音乐发展一个必然趋向已逐步被大家所认同。现代音乐呈现多样性和复杂性的特点,它将继续这样不断变化地发展着。

2. 美术

法国绘画艺术源远流长,名家荟萃,群星灿烂,流派迭出,在世界美术史上占有极其重要的地位。

早在旧石器时期,法国南部地区就出现了欧洲当时最精美的洞穴壁画作品,即著名的拉斯科洞穴(Grotte de Lascaux),这是欧洲史前美术最重要的发源地。拉斯科洞穴位于法国西南多尔多涅省的维泽尔峡谷(la Vallée de la Vézère),这个洞穴的动物壁画距今已有1.5万年左右的历史。1979年,拉斯科洞穴壁画被列为世界文化遗产。

拉斯科洞穴壁画

罗马帝国征服高卢时期,罗马艺术与当地的特色融为一体。里昂的斗兽场、尼姆的方形神庙以及奥朗日的凯旋门等建筑都是用大块砖石砌成。这些建筑物都很高大、壮观和坚固,属于"高卢-罗马式"风格。在雕刻艺术方面,当时流行的石雕和铜雕为主的肖像雕刻,也是这种风格的体现。

在中世纪,艺术家的主要任务是通过各种视觉形式来叙述宗教故事。那时,法国绘画具有鲜明的宗教色彩。圣经故事、宗教人物自然就成为艺术家们的主要描绘对象。中世纪艺术的发展大致可以分为三个阶段,即拜占庭艺术、罗马式艺术和哥特式艺术。

公元395年,罗马帝国分裂为东、西两个部分。公元476年西罗马帝国灭亡,东罗马帝国延续了近千年之久。拜占庭艺术是公元5世纪到15世纪在东罗马帝国发展起来的艺术风格和技巧,其中心位于君士坦丁堡和欧洲东南部的巴尔干半岛。17世纪,西欧历史学家为了区分古代罗马帝国和中世纪神圣罗马帝国,便将东罗马帝国称为"拜占庭帝国",其艺术即拜占庭艺术。拜占庭艺术继承早期基督教艺术,圣经故事、基督神迹是拜占庭艺术的主要表现对象。大约在10世纪末期,拜占庭艺术尚在风靡欧洲,另一种叫作罗马式艺术已在西欧各地逐渐形成,并延续到12世纪。罗马式艺术并非是古罗马艺术的翻版,它融合了古罗马艺术和拜占庭艺术以及近东艺术的风格,并进而开启了哥特式艺术。哥特式艺术是最早出现在12世纪法国的一种新艺术,并扩展至欧洲其他地区,延续到15世纪。哥特式艺术在13~14世纪曾风靡欧洲。

文艺复兴时期,人文主义者全身心投入到研究古希腊和古罗马的文化之中,极力颂扬古代世界的同时,也在贬抑中世纪。建筑从中世纪的哥特式风格转向古代雅典的巴台农神殿和古代罗马的万神殿风格,艺术家们则以古希腊和古罗马神话中的神和英雄作为表现的对象。从15世纪末期至16世纪中叶,被称为"文艺复兴国王"的弗朗索瓦一世数次发动战争,入侵意大利,法国因而接触到了意大利文艺复兴时期的文化,并且掠夺了大量文艺复兴时期的艺术品。另外,还有一批意大利的艺术家受邀到法国的宫廷工作,比如达·芬奇等,这对法国的文艺复兴运动,尤其是美术产生了重大的影响。法国中部卢瓦河谷的香波堡和舍农索城堡等宫廷建筑不仅延续着法国的建筑传统,还都带有明显的意大利文艺复兴的建筑风格。弗朗索瓦一世于1530年在巴黎郊区兴建的枫丹白露行宫,是法国和意大利的艺术家合作的成果。这些画家和雕塑家将哥特式传统与文艺复兴的风格巧妙地融合在一起,创造了灰泥膏浮雕与绘画相结合的装饰方法,从而形成了独特的枫丹白露画派。

法国文艺复兴初期最著名的画家富凯(Jean Fouquet,约1420—1478)堪称法国绘画之父,尤其是肖像画之父。他获得"国王画师"的称号,其代表作有《圣母子》(*La Vierge et l'Enfant*,1452)和《查理七世肖像》(*Portrait du roi Charles Ⅶ*,约1455)等,他的画作对法国艺术的发展产生了很大的影响。

17世纪是古典主义盛行的时期,法国绘画人才辈出,涌现了一批具有古典主义的大师和杰作,与此同时,还出现了一些其他艺术流派的绘画作品。17世纪上半叶,勒南三兄弟(Frères Le Nain)和德拉图尔(Georges de La Tour,1593—1652)是美术界的代表人物。勒南三兄弟被称为农民画家,他们擅长表现农村生活题材,对社会底层的农民给予极大的关注。其中排行第二的路易·勒南(Louis Le Nain,1593—1648)成就最大,不过,鉴于他们三人在画上只签勒南的名字,所以后人很难将他们的作品区分开来。他们的代表作有《卖牛奶农妇的一家》(*La Famille de la laitière*,1640)、《农家室内》(*LaFamille de paysans dans un intérieur*，1642)和《铁匠铺》(*La forge*，1641)等。德拉图尔是法国 17 世纪最重要的法国画家之一。他极具个性,被人们尊称为"烛光画家",因为他始终坚守自己的绘画理念,在烛光的方寸之间绘制出自己的天地。德拉图尔以宗教和反映日常生活的风俗画的作品而闻名,其作品含蓄、静谧,无论是探讨生死或是宗教画的主题,都带着一股神秘感。他的代表作有《玩牌的作弊者》(*Le Tricheur à l'as de carreau*，约 1636)、《油灯前的玛德莱娜》(*La Madeleine à la veilleuse*，约 1644)、《木匠圣约瑟》(*Saint Joseph charpentier*，约 1645)等。

普桑(Nicolas Poussin,1594—1665)是 17 世纪法国著名的画家,是法国古典主义绘画的先驱。"如果说法兰西民族绘画形成于 17 世纪,那么普桑可谓是'法兰西绘画之父'"①。他堪称 17 世纪法国古典主义艺术的一代宗师。普桑的作品大多取材神话、历史和宗教故事。虽然篇幅不大,但构图严谨,精雕细琢,追求完美与庄严,体现了画家对古典传统的深刻理解。其代表作有《花神的凯旋》(*Le Triomphe de Flore*，1627)、《诗人的灵感》(*L'Inspiration du poète*，约 1929)和《阿卡迪亚的牧人》(*Les Bergers d'Arcadie*，约 1630)等。

将法国建成为当时欧洲大陆的第一强国的路易十四在 1715 年去世,在他的王位继承人路易十五统治下,法国宫廷生活越来越奢靡。在艺术上,古典主义艺术逐渐被一种叫作"洛可可式"(Rococo)的风格所取代。这种风格受到路易十五的大力推崇,所以也有"路易十五式"的称呼。与雄伟健壮的巴洛克(Barocco)艺术风格相比,洛可可风格给人一种轻盈、华丽、精致、柔媚的感觉。在构图上强调以非对称代替对称,在家具和建筑上常用 C 形、S 形、漩涡形装饰。洛可可艺术是产生于 18 世纪的法国、盛行于路易十五的统治时期,并遍及欧洲的一种艺术形式。洛可可时期重要的画家有华托和夏尔丹等人。

华托(Jean-Antoine Watteau,1684—1721)是公认的洛可可艺术的奠基人,也是这个时期最有影响力的一位画家。《舟发西苔岛》(*Pèlerinage à l'île de Cythère*，1717)是他的代表作。西苔岛(l'île de Cythère)是希腊神话中爱神阿芙洛狄忒(Aphrodite)的居住之地。画中描绘一群贵族男女聚会、游玩、谈情说爱的场景,他们幻想着一个无忧无虑的爱情乐园。

夏尔丹(Jean-Baptiste-Siméon Chardin,1699—1779)是 18 世纪法国重要

---

① 包礼祥,等.美术鉴赏——西方美术卷[M].上海:复旦大学出版社,2013:115.

的画家,西方美术史上的静物画巨匠之一。虽然出生在洛可可艺术盛行的时代,但他与洛可可画家笔下描绘的贵族们纸醉金迷、骄奢淫逸的生活不同,他所表现的则是普通市民的日常生活,传达的是一种自然、亲切、朴实的审美情趣。作为当时平民写实主义绘画的代表人物,他用艺术作品真诚地赞美普通市民的生活,其画作中流露出淳朴的艺术特点,反映了新兴市民阶层的美学理想。夏尔丹的艺术对后世的现实主义和印象主义画家都有着深远的影响。他的代表作有《鳐鱼》(*La Raie*,1728)、《橱柜》(*Le Buffet*,1728)、《洗衣妇》(*La Blanchisseuse*,1730)等。

1789年资产阶级大革命前夕,法国民众越来越反感散发着表现情欲和过分雅致的贵族气息的洛可可艺术,人们期待一种新的艺术形式。在这样的背景下,新古典主义诞生了。这种艺术思潮之所以被称作"新古典主义",那是因为它提倡古希腊和古罗马的语言、样式、题材和风格,追求一种宁静、典雅的理性主义精神。当然,它既不是古希腊和古罗马艺术的再现,也非17世纪法国古典主义的重复。它是在特定的历史条件下,即法国资产阶级革命形势需要的情况下,出现的一种艺术潮流。达维德和安格尔是法国新古典主义绘画的代表人物。

达维德(Jacques Louis David,1748—1825)一生致力于推动新古典主义,是这一流派最杰出的代表。法国大革命爆发后,他加入了雅各宾派,追随罗伯斯庇尔。他曾当选为国民公会的代表,投票支持处决路易十六。他不仅将自己视作一个画家,更是一个有责任的革命者。他认为艺术家应该为人类的幸福而奋斗,在其画作《马拉之死》中可以看到他的这种理想。这是一件描写真实历史事件的作品,它的意义非凡。作为大革命时期的公安委员会的委员,他在1794年热月政变后,作为雅各宾派的负责人之一而被捕。获释后他主要从事教学和肖像画的创作,培养出了像安格尔(Jean Austave Dominique Ingres,1780—1867)、热里科(Théodore Géricault,1791—1824)、格罗(Antoine Jean Gros)等著名的画家。拿破仑一世执政时期,他成为拿破仑宫廷的首席画师。他的代表作有《荷拉斯兄弟之誓》(*Le Serment des Horaces*,1785)、《马拉之死》(*La Mort de Marat*,1793)、《拿破仑加冕》(*Le Sacre de Napoléon*,1806—1807)等。

安格尔是将新古典主义推向新阶段的代表人物。他1797年来到巴黎,进入达维德画室,接受了古典主义艺术的训练。经过达维德和意大利传统的培养教育,安格尔对古典法则的理解非常深刻。他擅长于把握古典艺术的造型美,将这种古典美融化在自然之中,并始终在理论和实践上捍卫新古典主义的基本原则。作为新古典主义的代表,他与当时新兴的浪漫主义和现实主义画派相对立,形成尖锐的学派斗争。安格尔几乎对每幅画都力求做到构图严谨、色彩单纯、形象典雅,尤其凸显人体美,如《大宫女》(La Grande Odalisque,1814)、《泉》(La Source,1856)、《土耳其浴》(Le Bain turc,1862)等。

浪漫主义艺术产生于19世纪上半叶的波旁王朝复辟时期,此时,新古典主义在艺术上所崇尚的审美情趣已渐渐与时代脱节,并成为艺术发展的束缚,因而强调艺术幻想和激情,主张个性解放和创作自由的浪漫主义开始兴盛。浪漫主义艺术家反对权威、传统和古典模式,倡导自由抒发个人感情,重视个性和主观性,善于运用象征、对比和夸张的手法塑造形象,表现奔放激烈的情感。如同文学一样,法国浪漫主义绘画在这个时期达到了鼎盛时期,涌现了一批世界闻名的绘画大师。

热里科被认为是浪漫主义画派的先驱,不幸的是他在一次意外坠马事故中英年早逝。他于1819年取材于一件历史事件所绘制的画作《梅杜萨之筏》(Le Radeau de La Méduse,1818—1819)是其代表作,同样也被誉为法国浪漫主义的杰作。

最伟大的浪漫主义绘画大师无疑是德拉克洛瓦(Eugène Delacroix,1798—1863),"他与文学界的雨果、音乐界的柏辽兹共同代表着法国浪漫主义文艺的最高成就。"[①]他善于挖掘人物的内心世界,运用对比强烈的色彩、自由的构图和生动的气势等艺术手法,表现惊心动魄的场面,塑造现实的冲突和社会矛盾。他一方面遵循思想自由、个性解放和情感抒发的浪漫主义原则,同时,又不拘泥于现有的艺术表现形式和美学原则,对艺术进行大胆的革新。他被视作印象主义和表现主义的先驱,对雷诺阿、塞尚、凡·高、毕加索等后世的艺术家产生

《自由引导人民》

了很大的影响。他于1824年创作的《西阿岛的屠杀》(Scènes des massacres de Scio)是浪漫主义在绘画中取代古典主义的标志。这幅画表现了血腥屠杀的可怕场面,画家笔法奔放,情感强烈,冲破了古典主义的束缚,显示出他对艺术的开拓

---

① 包礼祥,等.美术鉴赏——西方美术卷[M].上海:复旦大学出版社,2013:136.

创新精神。德拉克洛瓦的名作《自由引导人民》(La Liberté guidant le peuple，1830)极具浪漫主义色彩，被视为浪漫主义绘画发展的巅峰。

19世纪中叶，随着资本主义的发展，社会上贫富不均两极分化严重，金钱观念在人们头脑中不断加强，甚至成为衡量人的主要的，乃至唯一的标准。刚摆脱了封建束缚的人们发现启蒙思想者所宣传的"民主""自由""平等"和"博爱"的社会并不存在，人与人之间的关系好像反而趋于恶化。人们对现实产生抱怨和失落的情绪，他们既反对僵化的新古典主义，也对追求抽象理想、充满幻想和激情的浪漫主义失去了兴趣，于是，一种新的写实性与批判性很强的现实主义思潮就应运而生了。与此同时，哲学上唯物主义和实证主义的出现，也促使人们开始以客观、现实的眼光看待生活和周围的发生的一切。

现实主义艺术思潮起源于法国，后来逐渐波及欧洲各国。现实主义坚持表现当代人的真实生活，往往以普通平民，即社会底层人物作为表现对象，满怀同情地描绘他们艰难的生活状况，以揭示社会的不公。这一流派在法国绘画界的代表人物有库尔贝和米勒。

库尔贝(Gustave Courbet，1819—1877)认为反映生活的真实是艺术创作的最高原则，主张艺术家要大胆直面生活，强调表现平民实际生活的重要性。1855年，在巴黎博览会上，他的画作全部被拒绝。为表示抗议，他在展览会旁边租了一间房子，单独开了一个个人画展，并提名为"现实主义展览馆"，同时发表"现实主义宣言"。现实主义便由此得名，此后逐渐形成了一种声势浩大的文艺思潮。他的主要作品有《采石工人》(Les Casseurs de pierres，1849)、《奥尔南葬礼》(Un enterrement à Ornans，1849—1850)、《浴女》(Les Baigneuses，1853)、《画室》(L'Atelier du peintre，1855)等。

米勒(Jean François Millet，1814—1875)是一位擅长描绘农村劳动者的现实主义绘画大师，他的作品具有浓郁的农村生活气息。出生于诺曼底的一个乡村，他在农村度过了童年和青年，对农民怀有深深的敬意。他的代表作《拾穗者》(Des glaneuses，1857)描绘了三个农村妇女在田间劳动的情景：她们对周围的一切都漠不关心，

《拾穗者》

烈日下只顾埋头拾穗。这幅画看似朴实，然而却寓意深刻，它讴歌了劳动者的

辛劳及其真诚的人格，被视为现实主义绘画的重要代表作之一。其他著名的画作还有《播种者》(*Le Semeur*，1851)、《晚钟》(*L'Angélus*，1857—1859)、《喂食》(*La Becquée*，1860)等。

1825至1875年间，一批反对学院派在室内画风景画，主张走出画室，到大自然中写生、创作的画家来到巴黎郊区枫丹白露森林的巴比松村(Barbizon)。他们从大自然的景色中汲取灵感，强调户外光线自然的效果，画作中表现出他们对自然的热爱。这些风景画家被称为"巴比松画派"(École de Barbizon)。巴比松画派的代表人物有卢梭(Théodore Rousseau, 1812－1867)、杜比尼(Charles-François Daubigny, 1817—1878)、米勒、柯罗(Jean-Baptiste Camille Corot, 1796—1875)等。他们厌倦都市活动，信奉"回归自然"。他们在户外对景写生等创作经验影响到后来的印象主义，成为印象派的先驱。

印象主义在19世纪60年代开始登上法国画坛，70～80年代达到鼎盛时期。印象主义画家走出画室，深入乡村、街头、海滩、森林等地对景写生。他们主张根据太阳光谱所呈现的赤橙黄绿青蓝紫七种颜色去反映自然界的瞬间印象，所以，无论是在城市或是在乡村，印象派画家都试图捕捉到瞬息多变的自然现象。印象主义美术取得了辉煌的成就，涌现了一批杰出的艺术家，其中有马奈、莫奈、雷诺阿等。

马奈(Edouard Manet, 1832—1883)的绘画具有革新精神，被视为印象主义画派的先驱，虽然他本人并不认为自己是一个印象主义画家。他的绘画既有传统绘画的造型，又有印象主义画派明亮、鲜艳、充满光感的色彩，体现了从古典主义向印象主义转化的趋势。1863年，马奈在落选者沙龙(Salon des refusés)上展出了他的作品《草地上的午餐》(*Le Déjeuner sur l'herbe*，1863)，引起了很大的轰动，因为不论是题材还是表现方法，这幅画都与当时占统治地位的学院派原则相悖。马奈画了全裸的女子与衣冠楚楚的绅士在草地上午餐，此画被认为有伤风化而受到激烈批评和嘲骂。在此之前，只有神可以以裸体的形象呈现，而这幅作品却将普通人的形象描绘成裸体，这在当时简直是大逆不道。1865年展出的《奥林匹亚》(*Olympia*，1863)同样以离经叛道的艺

《草地上的午餐》

形式而引起一场风波,再次遭到了评论界的攻击,指责他用亵渎艺术准则的手法来画一个世俗社会中女人的裸体。1867年马奈的作品遭到巴黎世博会的拒绝,不过,1869年,他的作品《阳台》(*Le Balcon*,1868—1869)和《画室里的午餐》(*Le Déjeuner dans l'atelier*,1868)入选官方沙龙。从他的画中,可以发现马奈对于色彩和光影的突破。总之,马奈的艺术观念和实践对印象派画家产生了深远的影响。

莫奈(Claude Monet,1840—1926)是印象主义画派中最著名和最典型的,也是影响最大的一位画家。他擅长光和影的实验和表现技法,光和影的色彩描绘是其绘画的最大特色,莫奈一生都在坚持印象主义的原则并大力推广印象派的理论和实践。为了准确地捕捉和描绘自然界中转瞬即逝的光和色,莫奈经常在同一个位置,在不同时间、不同的光照下对同一个对象进行多次描绘,创作了若干组系列画。1872年或者1873年,莫奈以勒阿弗尔(Le Havre)的一处风景为背景创作了《日出·印象》(*Impression, soleil levant*,1872)。这幅画在1874年第一次印象派画家画展上亮相,画展迅即成为巴黎街谈巷议的话题。巴黎的艺术批评家认为画展"疯狂、怪诞、不堪入目!",观众前往并非为了欣赏,而是去嘲讽,甚至向画布唾啐,其中莫奈所绘的这幅海景画受讥讽最多。一名艺术观点保守

《日出·印象》

的记者借此画名嘲讽画展,他在文章中称这次展览为"印象派画家的展览会","印象派"由此得名。莫奈的其他著名画作还有《野罂粟》(*Les Coquelicots*,1873)、《睡莲》(*Les Nymphéas*,1914—1926)系列画等。

雷诺阿(Pierre-Auguste Renoir,1841—1919)可能是印象派中最受欢迎的画家,因为他生性乐观,愉悦的心境流露在他的画中,所以他的画总是充满着生活的喜悦。花朵、美景、可爱漂亮的儿童和女人经常出现在他的画中,总是给人一种赏心悦目的感觉,因此,人们认为雷诺阿的艺术是幸福的艺术并非没有道理。他的早期作品是典型的记录真实生活的印象派作品,而到了19世纪80年代中期,他则转向肖像画,特别是妇女肖像画,所以,他也被视作印象派画家中比较擅长人物画的画家,而所画的人物又以女性居多。他的主要作品有《薄饼磨坊的舞会》(*Bal du moulin de la Galette*,1876)、《幻想,或珍娜·萨玛丽肖

像》(*La Rêverie*，ou *Portrait de Jeanne Samary*，1877)、《黑装少女》(*Jeunes filles en noir*，1881)等。

  印象派的兴起是西方艺术史的一场伟大变革，那是画家在色彩观察和表现方面的重大突破所掀起的一场视觉革命。印象派的画法对后世的绘画产生了不小的影响。直到今天，他们的作品仍然深受人们的喜爱。然而，印象主义绘画还是属于再现自然的范畴，是写实主义视觉实验的延伸。不过，从1880年起，印象派的相关理论开始受到质疑，印象派画家内部也出现了分化。最后，一些画家将印象主义引向了一个新的方向，那就是超越"再现自然"范畴的绘画。由于这个画派在法国美术史上出现在印象主义之后，所以就称之为"后印象主义"。这个流派的代表人物有凡·高、高更、塞尚等，他们认为艺术形象要区别于生活的物象，因此也就不再忠实地描摹对象的光和色，也不追求对象外表的绝对真实。他们的艺术探索改变了西方绘画的面貌，开启了现代艺术之门。

《向日葵》

  凡·高(Vincent Van Gogh，1853—1890)是一个荷兰画家，他在近代艺术史上占有十分重要的地位。他在线和色彩自身的表现力以及画面的装饰性上对20世纪的艺术，尤其是野兽派(Fauvisme)与表现主义(Expressionnisme)，产生了深远的影响。他所描绘的多幅《向日葵》(*Les Tournesols*，1888—1889)千姿百态，这些画充满了作者强烈的个性，反映出艺术家在艺术领域的新观念。

  塞尚(Paul Cézanne，1839—1906)是后期印象派中最重要的画家之一，被称为"现代绘画之父"。他喜欢用圆形、球形和角形的方式去画静物，注重表现物质的具体性、稳定性和内在结构，对立体主义(Cubisme)产生了较大的影响。他的作品有《静物、苹果和橘子》(*Nature Morte aux Pommes et aux Oranges*，1899—1900)、《玩纸牌者》(*Les Joueurs de Cartes*，1895)等。

  高更(Paul Gauguin，1848—1903)与凡·高、塞尚并称为后印象派三大巨匠，他专注于艺术表现的原始性和象征性，对象征主义(Symbolisme)、超现实主义(Surréalisme)等现当代绘画的发展有着非常深远的影响。1891年，高更离开法国，远赴南太平洋的塔希提岛，他被那里的原始艺术所吸引，将在岛上所见到的一切都呈现在画中。他在岛上完成了创作生涯中最大的一幅油画:《我们从哪里来？我们是谁？我们往哪里去？》(*D'où venons-nous? Que sommes-nous? Où allons-nous?*, 1897—1898)。这幅画隐含着作者对生命富有哲理性的思考，预示着人类从生到死的命运，是人生的三部曲。

20 世纪在法国画坛出现了各种各样的艺术流派，绘画艺术在形形色色的主义和运动中显得更具多变性和主观随意性。

1905 年，一批前卫艺术家在巴黎秋季沙龙举办画展，参展作品强烈的色彩和夸张的造型给人留下了深刻的印象。展览结束后，当看到一件尚未搬走的意大利文艺复兴时期雕塑家多纳泰罗(Donatello)的雕塑时，记者沃克塞勒(Louis Vauxcelles)惊叫道:"多纳泰罗被关在野兽笼子里"。这句话在《吉尔·布拉斯》(*Gil Blas*)杂志上刊登了出来，"野兽派"(Fauvisme)的名称也就很快传播开来。作为一个现代绘画流派，野兽派在法国风靡时间不长，大约在 1910 年就结束了。不过，他们在色彩的运用上大胆泼辣，用笔随意奔放。这个流派当之无愧的领袖人物是马蒂斯(Henri Matisse，1869—1954)，但"野兽派"时期只不过是他艺术生涯中的一个短暂时期，其独特风格则主要是他在"野兽派"时期之后渐渐形成的。他很擅长运用色彩，始终努力探索颜色的自主性和色彩与形状之间的关系。他的作品虽有些夸张变形，但却创造出一种新的光色和空间，给人一种美的享受。他的代表作有《舞蹈》(*La Danse*，1909)、《音乐》(*La Musique*，1910)、《生活的欢乐》(*La Joie de vivre*，1905—1906)等。

立体主义(Cubisme)是西方现代艺术史上的一个运动和流派，它是造型艺术上的一场革命。立体主义绘画与传统艺术的法则迥异，他们否定从一个视点观察和表现事物的方法，而提倡多视点同时观察对象。20 世纪初，立体主义画派在法国画坛占有主导地位，不过，时间不长。该画派的主要代表人物是毕加索和布拉克。

毕加索(Pablo Picasso，1881—1973)是西方现代派绘画的主要代表，西班牙画家。不过，他一生中的大部分时间在法国度过，巴黎建有毕加索博物馆。毕加索是 20 世纪最有创造性的艺术天才之一，对当代西方艺术产生了重大而深远的影响。他于 1907 年创作的《阿维尼翁的少女》(*Les Demoiselles d'Avignon*)被认为是第一张有立体主义倾向的作品，具有里程碑的意义。它不仅标志着毕加索

《阿维尼翁的少女》

个人艺术历程中的重大转折,而且也是西方现代艺术史上的一次革命性突破,引发了立体主义运动的诞生。毕加索不仅热衷于艺术创新,他还密切关注社会现实。他创作的《格尔尼卡》(*Guernica*,1937)和《和平鸽》(*Colombe de la paix*,1949)等画作体现了他对战争的控诉和对和平的渴望。

立体主义运动的另一个代表人物是布拉克(Georges Braque,1882—1963)。他也是这个运动的创始人之一,"立体主义"这一名称还是由他的作品《埃斯塔克的房子》(*Maisons à l'Estaque*,1908)而来。自从他 1907 年脱离野兽派之后,他就一直致力于立体主义绘画研究,并有不少创新之举,比如将字母和数字引入绘画、采用拼贴的手法等。他同样对 20 世纪西方现代派艺术产生了很大的影响。

达达主义(Dadaïsme)是 1916 年在瑞士兴起的一场在绘画、雕刻和文学上的革命运动。这场运动被命名为一个没有实际意义的词语"达达",从而表明了它的随意性。实际上,这是艺术家们表达对第一次世界大战的绝望以及对西方社会传统价值观的否定。与印象派、野兽派和立体派等反叛传统、革新艺术表现手法不同,达达主义从根本上颠覆艺术的本质。达达主义以各种讽刺的手法攻击、羞辱所有的艺术形式,其目的在于摆脱一切艺术和社会方面的规范。它反理性、反艺术、反美学,其性质是否定一切的虚无主义。这个运动持续时间不长,它在 1923 年宣告解体,但它对随后的超现实主义、波普艺术以及后现代主义思潮等都产生了巨大的影响。杜尚(Marcel Duchamp,1887—1968)在达达派画家中影响较大,1917 年,他向纽约独立沙龙送展的作品《泉》(*Fontaine*,1917)引起轰动。其实,这并非他制作的艺术品,而是在商店购买来的一个小便池。艺术在本质上是个人的行为,艺术品是艺术家辛勤劳作的成果,应该是独一无二且不可复制,而这件作品却是机器生产的一个现成品,这完全颠覆了人们对艺术以及艺术品的认知。杜尚用这个小便池参展,摘掉了艺术的光环,抹去了艺术品和现成品之间的区别。这无疑是对什么是艺术品提出疑问,促使人们用新的视角审视艺术。

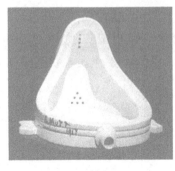

《泉》

1924 年,法国作家布勒东(André Breton,1896—1966)在巴黎发表了超现实主义宣言,发起了超现实主义文学和艺术运动,达达主义的后继者超现实主义诞生了。1925年,第一届超现实主义画展在巴黎举办。第二年又在巴黎开办了超现实主义画廊,此后又陆续举办过多次超现实主义展览。超现实主义深受弗洛伊德的精神分析学和潜意识理论的影响,反对理性的独裁,相信梦幻全能,宣扬想象和非理性的力量。超现实主义是对传统文化的反叛,它既是一个文学艺术流派,也是一场对社会现状不满的思想运动。超现实主义运动波及各个文艺领域,深刻影响了当时的文学、美术、电影、戏剧的发展。在美术方面,超现实主义画家的代表人物有法国画家阿尔普(Jean Arp,1887—1966)、马松(André Masson,1896—1987)和唐吉(Yves Tanguy,1900—1955),西班牙画家达利(Salvador Dali,1904—1989)和米罗(Salvador Dali,1904—1989)以及比利时画家马格利特(Rene Magritte,1898—1967)等人,其中达利最为著名。

20世纪30年代,超现实主义在欧洲的画坛占据着非常重要的地位。"二战"期间,法国的艺术界遭到了严重的破坏,不少艺术家都逃往国外。50年代以后,法国的美术界又呈现出异彩纷呈的景象。抽象和反传统是各种画派的共同特征,艺术家们随心所欲地想象,创造出独具特色的作品。

四 文化设施

法国共有各种各样的博物馆3 000多座,其中国立或公立的博物馆超过60%,近40%的博物馆为私立性质。55%为综合性博物馆,45%为专业性博物馆,包括历史、美术、考古、文学、宗教、音乐等博物馆。全国共有国家级博物馆34座,珍藏着400多万件艺术品。

在首都巴黎就有80多家国家和市属博物馆,其中国家级的博物馆有15座。卢浮宫自然是最受瞩目的博物馆,它收藏了古代东西方的重要艺术珍品达40多万件。卢浮宫是法国文艺复兴时期最珍贵的建筑物之一,以收藏古典绘画和雕刻而闻名于世。卢浮宫共分为希腊罗马艺术馆、埃及艺术馆、东方艺术馆、绘画馆、雕刻馆和装饰艺术馆六大部分,收藏有古代东方、古埃及、古希腊和古罗马的雕塑、绘画、美术工艺作品,还有数量惊人的王室珍玩以及绘画精品等,其中《米罗岛的维纳斯》(Vénus de Milo)、《蒙娜丽莎》(Portrait de Mona Lisa),又称《永恒的微笑》(La Joconde)油画和《萨莫特拉斯的胜利女神》(Victoire de Samothrace)被誉为卢浮宫的三大镇馆之宝。

奥赛博物馆属于法国国家博物馆,位于巴黎七区,在塞纳河左岸,和卢浮宫隔河相望。这里原是奥尔良至巴黎的奥赛火车站,1986年被改建为博物馆。

奥赛博物馆

奥赛博物馆主要收藏了从1848年到1914年间的西方艺术作品,涉及绘画、雕塑、装饰、建筑、摄影等领域。其中印象派(Impressionnistes)和后印象派(Post-impressionnistes)画家的作品达1 000多幅,十分壮观。

蓬皮杜国家艺术文化中心是巴黎市第一座,也是唯一一座外观全部采用金属架构,管道裸露并根据其不同功能分别漆上红、黄、蓝、绿和白等颜色的现代建筑,因外形就像工厂,所以被称作"文化工厂"。1969年,为纪念戴高乐总统,时任总统蓬皮杜倡议修建一座现代艺术馆。遗憾的是,身患绝症的蓬皮杜总统未等工程结束就突然病逝,1977年此建筑竣工时被直接命名为"蓬皮杜中心"以示纪念。

蓬皮杜国家艺术文化中心

此外，1998年开馆的里昂美术博物馆拥有6 300多件展品，仅次于卢浮宫。

自20世纪60年代以来，法国政府积极发展群众性的文化活动，在全国建立了100多家"文化活动中心"之类的机构。至于文化艺术创作的场所，更是高达上千处，人们经常在这些地方举办各类讲座、歌舞晚会、文化展览等活动。

法国的图书馆非常多，有国家的，有市立的，还有各个学校的，多达3 000多家。最大的图书馆是法国国家图书馆。1993年7月21日，法国决定将原国立图书馆和新建的法兰西图书馆合并，重新命名为法国国家图书馆。位于黎塞留街的原国家图书馆的馆舍将作为分馆，用于收藏国家图书馆的特殊藏品，成为国家艺术图书馆。新的法国国家图书馆在希拉克总统的主持下，于1996年12月20日正式开馆，并被命名为密特朗图书馆。法国国家图书馆已有500多年的历史，拥有3 000万册书籍以及杂志、视听制品、手稿、版画、照片、地图册、钱币、各类奖章、演出道具和音乐资料等。

蓬皮杜国家艺术文化中心也内设"公共参考图书馆"，拥有30多万册开架书籍，还有唱片以及各种电影和录像，可供读者随意翻阅和观看。另外，每个省都设有一个外借图书馆，全国各地设立了2万多个借阅点，既有固定的，也有流动的，由流动图书车提供服务。

为了让更多的人了解本国文化，法国文化部于1984年出台了"历史名胜开放日"的政策，规定每年九月的第三个星期日为"法国遗产开放日"。这天，所有游人除了可以免费参观首都巴黎的国家博物馆、教堂、王宫等历史名胜外，还可以参观巴黎市政厅、卢森堡宫等官方人员办公场所，尤其是万众瞩目的爱丽舍宫。这个传统一直延续至今。此外，为了充分利用这些文化设施、文化遗产和实行文化普及教育，法国政府推出了一系列新措施，比如，国有历史古迹免费向18岁以下青少年开放；法国全境100处文化古迹以及国家级博物馆每个月第一个星期日向公众免费开放。为此，法国政府则给予有关博物馆、剧院等文化场所补贴，以便它们更好地为广大群众提供服务。

巴黎歌剧院又叫"加尼叶歌剧院"（Opéra Garnier），堪称迄今为止世界上最美的剧院。自从1989年巴黎市的另一家歌剧院——巴士底歌剧院（Opéra Bastille）建成后，人们更习惯把"巴黎歌剧院"称作"加尼叶歌剧院"，以示区分，因为两家歌剧院都叫"巴黎国家歌

巴黎歌剧院

剧院"(Opéra national de Paris)。

1861年,拿破仑三世打算建造一个"新剧院"(Nouvel Opéra),加尼叶(Charles Garnier)的设计在众多竞争者中脱颖而出,1875年剧院落成。巴黎歌剧院是古希腊罗马式柱廊和巴洛克等几种建筑风格完美结合的典范,也是拿破仑三世时期著名的建筑作品。它集金饰、雕塑、大理石和精美绝伦的壁画于一身,外观恢弘大气、细腻精美,内饰则金碧辉煌,尽显奢华。演出厅设置在楼梯的右手边,整个大厅呈马蹄形,深红色,庄严温馨、高贵典雅。1923年,巴黎歌剧院,即加尼叶歌剧院被列入法国国家历史名胜而加以保护。

复习思考题:
1. 简述法国日常生活礼仪及注意事项。
2. 试析法国教育及其特征。
3. 简述法国古典主义、浪漫主义、现实主义和现代主义文学思想艺术特点。
4. 简述17世纪至20世纪法国绘画流派及其艺术特征。

参考书目

一 外文参考文献

[1] Becker J-J. Crises et alternances (1974—2000)[M]. Paris：Seuil，2002.

[2] Carlo C. Civilisation progressive du français avec 400 activités (Niveau débutant)[M]. Paris：CLÉ International，2003.

[3] Duhamel E.，Forcade O. Histoire et vie politique en France depuis 1945 [M]. Paris：Nathan，2005.

[4] Njiké J. Civilisation progressive de la francophonie avec 350 activités (Niveau debutant)[M]. Paris：CLÉ International，2005.

[5] Njiké J. Civilisation progressive de la francophonie avec 500 activités (Niveau intermédiaire)[M]. Paris：CLÉ International，2005.

[6] Steele R. Civilisation progressive du français avec 400 activités (Niveau intermédiaire)[M]. Paris：CLÉ International，2004.

[7] Verneuil C. Histoire politique de la France (1914—2007)[M]. Paris：Ellipses，2007.

二 中文参考文献

[1] 阿尔弗雷德·格鲁塞. 法国对外政策 1944—1984 [M]. 陆伯源，译. 北京：世界知识出版社，1989.

[2] 包礼祥，罗时武，张相森，等. 美术鉴赏——西方美术卷[M]. 上海：上海复旦大学出版社，2013.

[3] 白澎，叶正欣，王硕，等. 法国社会保障制度[M]. 上海：上海人民出版社，2012.

[4] 陈会颖. 法国政治经济与外交[M]. 北京：知识产权出版社，2014.

[5] 丁雪英，柳利，傅绍梅，等. 法国国家与地区概况[M]. 北京：外语教学与研究出版社，2006.

[6] 宫宝荣.法国戏剧百年[M].北京:生活·读书·新知三联书店,2001.

[7] 胡蓉.法国名牌[M].上海:东华大学出版社,2004.

[8] 郭晓川.西方美术史研究评述[M].哈尔滨:黑龙江美术出版社,2011.

[9] 江乐兴.法国简史[M].北京:北京工业大学出版社,2017.

[10] 家干.浪漫法国[M].上海:东华大学出版社,2004.

[11] 拉维斯.法国史ABC[M].汪少卿,译.上海:东华大学出版社,2014.

[12] 李克勇,杨艳如.法国面面观[M].北京:外文出版社,2004.

[13] 路易·迪索.礼仪——交际的工具[M].高叶编注.北京:外语教学与研究出版社,2007.

[14] 莫里哀.法国戏剧经典[M].李玉民,译.杭州:浙江大学出版社,2011.

[15] 钱端升.法国的政府[M].北京:北京大学出版社,2009.

[16] 皮埃尔·米盖尔.法国史[M].蔡鸿滨,等,译.北京:中国社会科学出版社,2010.

[17] 任德山.图说欧洲史[M].武汉:武汉出版社,2012.

[18] 苏旭.法国文化[M].北京:文化艺术出版社,2001.

[19] 王文新.法国教育研究[M].上海:上海社会科学院出版社,2011.

[20] 王秀丽.法国概况[M].北京:外语教学与研究出版社,2010.

[21] 吴国庆.法国[M].北京:社会科学文献出版社,2014.

[22] 吴泓缈.大国文化心态[M].武汉:武汉大学出版社,2014.

[23] 夏奈尔.法国不止于浪漫[M].武汉:华中科技大学出版社,2015.

[24] 谢汉琪,等.法国概况[M].上海:上海外语教育出版社,1987.

[25] 余志刚.西方音乐简史[M].北京:高等教育出版社,2010.

[26] 熊璋,于黎明.法国工程师教育[M].北京:科学出版社,2012.

[27] 杨敏编著.葡萄酒的基础知识与品鉴[M].北京:清华大学出版社,2013.

[28] 约翰·德林瓦特.世界文学史:上下卷[M].陈永国,尹晶,译.北京:北京大学出版社,2011.

[29] 约瑟夫·德·迈斯特.论法国[M].鲁仁,译.上海:上海世纪出版集团,2005.

[30] 张放,刘驯刚,亢秀兰.留学法国自助指南[M].北京:外语教学与研究出版社,2005.

[31] 张怀亮.法国概况[M].南京:南京大学出版社,1985.

[32] 郑克鲁.法国文学史:上下卷[M].上海:上海外语教育出版社,2003.